中华人民共和国成立70周年山西发展丛书
主　编　杨茂林

山西
社会发展变迁

SHANXI
SHEHUI FAZHAN BIANQIAN

高专诚　李小伟　等著

山西出版传媒集团　山西人民出版社

图书在版编目（CIP）数据

山西社会发展变迁／高专诚等著．—太原：山西人民出版社，2019.12
（中华人民共和国成立70周年山西发展丛书／杨茂林主编）
ISBN 978-7-203-11199-3

Ⅰ.①山… Ⅱ.①高… Ⅲ.①社会发展—研究—山西 Ⅳ.① D672.5

中国版本图书馆 CIP 数据核字（2020）第 016260 号

山西社会发展变迁

著　　者：高专诚　等
责任编辑：高　雷
复　　审：武　静
终　　审：秦继华
装帧设计：谢　成

出 版 者：山西出版传媒集团·山西人民出版社
地　　址：太原市建设南路21号
邮　　编：030012
发行营销：0351 - 4922220　4955996　4956039　4922127（传真）
天猫官网：https://sxrmcbs.tmall.com　电话：0351 - 4922159
E — mail：sxskcb@163.com　发行部
　　　　　sxskcb@126.com　总编室
网　　址：www.sxskcb.com

经 销 者：山西出版传媒集团·山西人民出版社
承 印 厂：山西出版传媒集团·山西新华印业有限公司

开　　本：720mm×1020mm　1/16
印　　张：24.25
字　　数：310千字
印　　数：1—1800册
版　　次：2019年12月　第1版
印　　次：2019年12月　第1次印刷
书　　号：ISBN 978-7-203-11199-3
定　　价：78.00元

如有印装质量问题请与本社联系调换

总 序

2019年，中华人民共和国迎来了自己的70华诞。"70年在人类历史长河中只是弹指一挥间，但对中国人民和中华民族来讲，这是沧桑巨变、换了人间的70年。"抚今追昔，我们无时无刻不在深深感受着时代的巨大变迁和祖国的繁荣富强，其成就之伟大令我们无比自豪，其探索之艰难令我们万分感慨，其未来之光明令我们无限憧憬。我们走在新时代的征程上，昂首阔步、内心澎湃。

70年来，在追求国家富强、民族振兴和人民幸福的伟大革命中，中国共产党带领人民始终初心不改、矢志不渝，砥砺前行、攻坚克难，擘画波澜壮阔的美丽画卷，谱写感天动地的华彩乐章，走上了社会主义现代化强国建设之路，为发展中国家走向现代化贡献了中国智慧，提供了中国方案。70年来，山西与新中国共同成长，勤劳智慧的三晋儿女在党的坚强领导下，发扬太行精神、吕梁精神、右玉精神，在15万平方公里的土地上不断创造伟大奇迹，建设起共和国能源重化工基地，担当起转型综改试验和能源革命综改试验重任，以高质量发展之势向着全面建成小康社会目标迈进。

中华人民共和国成立后，我们冲破重重困难不断发展壮大，创造了民族独立和国家富强的伟大奇迹，走上了实现伟大复兴的壮阔大道。我国确立社会主义制度，努力探索社会主义革命和建设道路。以毛泽东同志为主要代表的中国共产党人开基创业、立纲立纪，确立人民民主专政的国体，建立人民代表大会制度的政体，进行极富创造性的社会主义三大改造。在山西，党领导人民巩固新生人民政权，确立社会主义基本制度，实现了历史上最深刻最伟大的社会变革。加快恢复国民经济，开展工业基地建设，有力撬动新中国工业化进程，从华北、华东到华中、华南，每三盏灯就有一盏是山西煤炭工人"点燃"的。在"一穷二白"基础上，建立起比较完整的工业体系和国民经济体系，三晋大地展现出旺盛的生命活力和巨大的发展潜力。山西经济一时间复苏乃至发展速度惊人，曾在全国排第二，仅次于北京，重工业生产总值占全国重工业生产总值的1/3。经过多个五年计划的建设，到1978年，全省国民生产总值和财政收入比中华人民共和国成立初期分别增长5.5倍和23倍，农业生产条件得到很大改善，原有工业部门不断加强完善，许多新的工业部门从无到有、从小到大，迅速发展起来。随着建设事业的发展，广大人民群众的物质与文化生活水平逐步得到提高。当然，社会进步从来不会一蹴而就，希望一直与艰难共生，探索始终同曲折并存。党在山西所领导的社会主义建设伟大实践探索及发展成就，为山西经济社会发展奠定了重要物质基础。

改革开放后，我们应对各种挑战、突破艰难险阻，创造了经济巨大发展和社会长足进步的伟大奇迹，社会主义中国巍然屹立在世界东方。我国开启了社会主义建设新征程，不断探索中国特色社会主义道路。我们党深刻总结我国社会主义建设正反两方面经验教训，果断做出把党和国家工作中心转移到经济建设上来、实行改革开放的历史性决策。以邓小平同志为主要代表的中国共产党人，成功开创了中国特色社会主义；以江泽民同志为主要代表的中国共产党人，成功将中国特色社会主义推向21世纪；以胡锦涛同志为主要代表的中国共产党人，成功在新的历史起点上坚持和发展了中国特色社会主义。在山西，党领导人民解放思想、开拓创新，依托自身优势融入全国经济发展大潮，在国内区域产业分工发展格局中占据了特殊地位。以1980年省委总结农业学大寨经验教训为起点，全省农村经济体制改革全面推进，在生产领域推行家庭联产承包责任制改革基础上，农产品流通领域改革也逐步推开。1985年，城市经济体制改革全面启动，私营企业从无到有，个体工商户增速发展，成为活跃于城乡经济领域的生力军。特别是在国家支持下，山西依托煤炭等资源优势和工业基础，致力于国家能源重化工基地建设，在"六五""七五"时期集中全国近1/10的重点建设项目，通过大规模投资，促进了能源工业快速发展，形成了以煤炭、电力、焦炭等为主导的产业格局。20世纪90年代后期，山西确定战略性产业结构调整为经济发展重点，全面推进经济体制改革和扩大开放，以培育新经济增长点和培育优势产业、优势产品、优势企业为主攻方向，实施"八大战略工程"，构建"六大支撑体系"，增强了经济整体素质和竞争能力，实现了经济整体创新和综合发展。2010年山西获批"国家资源型经济转型综合配套改革试验区"，为建设这全国第一个全省域、全方位、系统性的国家级综合配套改革试验区，山西围绕产业转型、生态修复、城乡统筹、民生改善四大转型任务，在煤电联营机制、煤层气审批制度改革、低热值煤发电项目审批、用地管理改革等多个领域进行突破，经济结构调整向纵深推进，全省经济转型发展有了显著进展。

党的十八大以来，我们在应势而动中战胜一个又一个艰难险阻，中国大踏步赶上了时代发展，中国人民意气风发走在了时代前列。我们推动中国特色社会主义进入新时代，踏上全面建成小康社会的新征程。以习近平同志为核心的党中央，带领全党全国各族人民进行伟大斗争、建设伟大工程、推进伟大事业、实现伟大梦想，形成了习近平新时代中国特色社会主义思想。在以习近平同志为核心的党中央坚强领导下，党和国家事业取得历史性成就、发生历史性变革。山西持续深入贯彻落实习近平总书记视察山西重要讲话精神，抓好五大任务贯彻落实，在"两转"基础上全面拓展新局面，保持经济持续健康发展和社会大局稳定，脱贫攻坚取得决定性成果，为全面建成小康社会打下决定性基础，山西在新时代全国改革发展大格局中的战略地位和对资源型经济转型的示范作用进一步凸显。山西适应新常态下发展条件变化，以新发展理念推动高质量发展，把转方式调结构放在更加重要位置，以提高经济发展质量和效益为中心，大力推进经济结构战略性调整和区域协调发展。以转型综改区建设为统领，以供给侧结构性改革为主线，全面深化各领域改革。国家监察体制改革试点发挥"探路者"作用，制度优势不断转化为治理效能。争取国家出台42号文件，标志着山西资源型经济转型发展上升为国家战略，"以改促转"成为主旋律。开展能源革命综合改革试点，开启"煤老大"向"排头兵"的历史性跨越。"三基建设"、党政机构改革、企业投资项目承诺制、开发区"三化三制"、国资国企改革、民营经济"30条"等一系列改革措施，极大地增强了全省发展的动力和活力。统筹推进煤炭产业与非煤产业发展，大力推进传统产业升级改造，推动煤炭产业"减""优""绿"发展，支持先进制造业优先发展，工业"内部结构反转"取得积极成效。加快培育和推动新兴产业及金融、物流、康养等现代服务业发展，黄河、长城、太行三大旅游板块在全国叫响，文化旅游成为新的支柱产业。"山西农谷""中部盆地城市群""两山七河一流域"生态系统、"一带一路"对外交流等一批重大项目加快推进，对全省经济社会发展起到了示范引领作用。进入新时代，山西庄严承诺，确保与全国同步全面建成小康社会，确保经济转型升级取得显著进展，确保良好政治生态全面有效构建，不断塑造美好形象，逐步实现振兴崛起。

从现在起到21世纪中叶，我们面临百年未有之大变局，为实现"两个一百年"奋斗目标，将开启更为光辉的历程，创造足以彪炳史册的人类奇迹。全面建成小康社会，是第一个百年奋斗目标。山西将同全国一起抓重点、补短板、强弱项，坚决打好防范化解重大风险、精准脱贫、污染防治的攻坚战，坚定不移深化供给侧结构性改革，推动经济社会持续健康发展，使全面建成小康社会得到人民认可，经得起历史检验。2020年全面建成小康社会后，全党全国各族人民将为实现第二个百年奋斗目标而努力，即建设富强民主文明和谐美丽的社会主义现代化国家，实现中华民族伟大复兴，这是鸦片战争以来中国人民最伟大的梦想，是中华民族的最高利益和根本利益。山西将高举习近平新时代中国特色社会主义思想伟大旗帜，紧扣重要战略机遇新内涵，着眼社会主要矛盾转变，坚持稳中求进工作总基调，坚持新发展理念，推动高质量发展，着力转变发展方式，促进经济发展由粗放型转向质量效益型，着力培育经济发展新动能，不断增强经济创新力和竞争力，建设国家资源型经济转型发展示范区，打造全国能源革命排头兵，构建内陆地区对外开放新高地，奋力谱写新时代中国特色社会主义山西篇章。

春华秋实何寻常，如椽巨笔著华章。在中华人民共和国成立70周年之际，如何通过梳理和总结山西的发展实践与巨大成就，更好地回顾中国发展的伟大历程，深入总结国家进步的宝贵经验，进一步深化对共产党执政规律、社会主义建设规律、人类社会发展规律的认识，山西省社会科学院（山西省人民政府发展研究中心）组织研究和编撰《中华人民共和国成立70周年山西发展丛书》，围绕70年来山西发展变迁，从经济结构变化、社会变迁发展、能源经济发展、区域发展进步、重大发展成就、口述山西发展等方面，出版一套集理论性、史料性和可读性于一体的通俗理论读物，力求做到以事实表现主题、以故事讲述历史、以细节反映时代，既突出重点又兼顾全面，既环环相扣又自成一体，达到寓教于史、寓教于理、拓展知识、开阔视野的目的。

这套丛书希望通过理性分析，揭示70年山西辉煌成就的内在逻辑。《山西经济结构变革与发展》以山西经济转型为主线，从农业、工业、服务业、财税、收入分配、就业等方面客观分析山西经济结构变迁的历程和特征，全面梳理、系统总结70年来，特别是党的十八大以来，山西经济发展取得的历史成就和历史变革，深入研判山西经济结构的突出问题，对山西今后经济发展重点和战略方向做了探讨。《山西社会发展变迁》展现山西改革在社会领域中不断破除旧体制束缚，坚持理论创新、体制创新、政策创新和实践创新，建立起充满生机活力的社会治理新体制，其演变脉络充分体现着中国特色社会主义制度的活力与优势，进一步证明了党的领导是党和国家事业发展的根本保证。

这套丛书希望运用写实叙述，描绘70年来山西波澜壮阔的实践历程。《山西能源发展成就与展望》突出国家综合能源基地建设，分别从煤炭、焦化、电力、煤化工、煤层气、能源安全、矿区生态环境治理、能源体制机制、可再生能源等领域对山西能源发展历程和显著成就进行梳理和阐述，记录了山西为推动全国经济发展、保障国家能源安全、改善人民生活方面做出的历史性贡献，也为新时代深入开展能源革命综合改革试点提供了坚实基础。《山西区域经济与社会发展》围绕70年来山西发展历史性巨变，全面展示了山西区域经济社会发展70年来的实践和成就，特别是党的十八大以来山西大力推进两山与平川、城市与乡村、经济与生态协调发展的实践与成就，并在此基础上，探讨和总结山西区域经济社会发展的基本经验，为我们进一步推进新时代山西区域经济社会发展提供了启示和借鉴。

这套丛书希望秉持昂扬向上品格，展现70年来山西人民砥砺奋进的精神风貌。《当代山西70年口述史》走访18位与当代山西重要历史节点紧密相关的代表人物，借助他们口述的生动鲜活的重要事件和历史情景，从政治、经济、文化、社会、生态文明以及党的建设方面，记载当代山西革命、建设、改革的实践历程，讴歌山西人民艰苦奋斗、战天斗地的豪迈情怀，为山西历史和文化留下非常珍贵的一手资料。《山西若干重大成就回顾与展望》通过专题形式，充分展示山西人民在中华人民共和国成立初期一穷二白基础上不断艰辛创业、改革创新、砥砺奋进的斗争历史，着力叙述党的十八大以来，山西以习近平新时代中国特色社会主义思想为指引，深入学习贯彻习近平总书记视察山西重要讲话精神，努力践行新发展理念、推动高质量转型发展所取得的重大成就，以及打造富有改革生机、创新活力新山西的历史进程。

特别要强调的是，这套丛书力图从山西发展成就和变革中揭示出成就和变革背后的深层原因和内在机理，因此，既有宏观叙事和判断，也有具体描述和分析，既用历史逻辑纵向贯穿，讲清楚中国社会主义事业的继承接续，又用实践逻辑横向展开，突出山西各方面各领域革命、建设、改革的探索历程，既求深入浅出、通俗易懂，又求以点带面、点面结合，为大家进一步认识山西、了解山西、支持山西转型、助力山西发展贡献我们的绵薄之力！这也是我们应该担起的历史责任！

植根于深厚历史文化中的山西，会在新时代改革开放中纳百川、聚资源，焕发新生机、走出新路子、活出新样子！

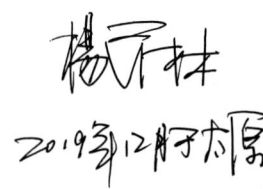

目 录

总 序 ……………………………………………… 杨茂林 001

总论 变革中的山西社会发展 ……………………………… 001
  一、社会发展与变迁的历史探索 ………………………… 001
  二、社会结构的演变 ……………………………………… 008
  三、社会事业的全面发展 ………………………………… 015
  四、社会转型的深入推进 ………………………………… 025
  五、经验与启示 …………………………………………… 034

专题一 人民生活水平不断提高 …………………………… 044
  一、人民生活追求温饱：实现从贫困落后到基本温饱的
     生活需要（1949~1978）……………………………… 044
  二、人民生活奔向小康：从保障基本需求走向小康式满足
     （1978~2012）………………………………………… 055
  三、人民生活走向富裕：从总体小康向全面小康迈进
     （2012~　）…………………………………………… 063
  四、面向未来：人民生活前景辉煌 ……………………… 074

专题二 劳动就业制度改革持续深化 ……………………… 083
一、中华人民共和国成立初期的劳动就业制度
（1949~1957）……………………………………… 084
二、计划经济时期的劳动就业制度（1958~1978）…… 091
三、改革开放初期劳动就业制度的初始化改革
（1979~1991）……………………………………… 099
四、市场经济时期劳动就业制度的全面改革（1992~2001）… 107
五、21世纪劳动就业制度的深化改革（2002~　）…… 115
六、发展与展望 ……………………………………… 123

专题三 教育体制改革与教育事业的全面发展 …………… 127
一、基础教育：从全面恢复到提质增量 ……………… 127
二、高等教育：从去分层化到内涵式发展 …………… 144
三、职业教育：从专有人才培养到全民技能培训 …… 159
四、发展与展望 ……………………………………… 179

专题四 医疗卫生事业的建设与探索 ……………………… 184
一、改革开放前的医疗卫生事业发展 ………………… 184
二、改革开放后医疗卫生事业的发展变革（1978~2011）… 199
三、党的十八大以来卫生事业的快速发展（2012~　）… 219
四、发展与展望 ……………………………………… 234

专题五 老龄化社会与养老体系建设 ……………………… 237
一、山西省老龄化社会现状 …………………………… 237

二、计划体制下的养老安排（1950～1985） …………… 241
　　三、社会化养老探索阶段（1986～2008） …………… 244
　　四、多层次养老体系完善阶段（2009～　） …………… 253
　　五、发展与展望 …………………………………………… 265

专题六　人口政策与人口结构的演变 ……………………… 269
　　一、从鼓励生育到节制生育的政策演变（1949～1978） … 269
　　二、从严格控制到稳步发展的转变（1979～2013） …… 289
　　三、从"单独二孩"到"全面二孩"政策的实施（2013～　） … 298
　　四、发展与展望 …………………………………………… 304

专题七　社会治理的发展变迁 ……………………………… 311
　　一、改革开放前的计划管理体制（1949～1978） ……… 311
　　二、改革开放推动社会管理体制深刻变革（1978～2012） … 323
　　三、党的十八大以后社会治理的创新发展（2012～　） … 333
　　四、发展与展望 …………………………………………… 351

参考文献 …………………………………………………… 367

后　记 ……………………………………………………… 371

总论　变革中的山西社会发展

从1949年到2019年，伴随着中华人民共和国的成长，山西历经70年风雨，以一往无前的进取精神和敢为人先的创新精神，在奋进中崛起，在砥砺中前行，谱写了山西发展的壮丽篇章。70年来，山西全面推动社会进步，人民生活显著改善，社会事业蓬勃发展，城乡面貌日新月异。全面、系统地记录这70年来社会发展变迁的历史脉络、重大事件和辉煌成就，弘扬改革创新精神，必将为开创山西的美好未来、促进山西社会发展提供源源不断的动力支撑。

一、社会发展与变迁的历史探索

70年的社会发展历程中，1978年十一届三中全会拉开了改革开放的帷幕，成为中国社会发展的分水岭；2012年党的十八大召开，中国特色社会主义进入新时代，这是中国社会发展的又一分水岭。不同的发展时期，面临着不同的社会矛盾和发展任务，形成了社会发展变迁的历史轨迹，在历史上留下了清晰而鲜明的印记。

改革开放前30年，中国的社会发展先后经历了过渡时期、社会主义全面建设时期和"文化大革命"时期。虽然这期间充满了曲折和艰辛，但社会主义基本制度得以确立和巩固，从而为日后一切发展奠定了制度基础。同时，经过30年的努力，山西初步建立起比较完整的工业体系和国民经济体系，综合经济实力大为增强。到1978年，山西地区生产总值和财政收入分别比中华人民共和国成立初期有了几倍、十几倍的增长；农业生产条件得到很大改善；原有的工业生产能力大大加强，许多新的工业部门从无到有、从小到大，迅速发展起来，几乎所有工业产品都比中华人民共和国成立初期有了几倍、几十倍的增长。基于当时经济发展状况而实行的按劳分配制度和福利制度，在保障人民基本生活需要方面发挥了重要作用。[1]这些成就为当代山西的发展进步奠定了坚实基础。

中华人民共和国成立后，社会主要矛盾已不再是人民大众与"三座大山"的矛盾。在过渡时期，党把无产阶级与资产阶级的矛盾作为社会主要矛盾，在此指导下开展社会主义改造，巩固了社会主义制度和政权，恢复并发展了国民经济。从1949年中华人民共和国成立到1952年，为加强政权建设和维护社会秩序，山西先后在全省普遍召开了各级各界人民代表会议，代行人民代表大会的职权，加强了民主政治建设；在全省开展了土地改革运动，彻底消灭了封建土地制度，实现了耕者有其田，极大地解放了农村生产力；成功取缔了"一贯道"等反动会道门组织，取得了镇压反革命斗争的重大胜利；掀起了轰轰烈烈的抗美援朝运动，有力地支援了朝鲜前线中朝两国军队的抗美斗争，空前地激发了全省人民的爱国热情和建设热情；大力进行了禁毒、禁赌、禁娼和司法、婚姻、文化教育制度改革，彻底荡涤了旧社会遗留下来的污泥浊水，促进了全省社会秩序的稳定，促进了民主法制的建立健全和文化教育事业的发展。

---

[1] 马生怀：《探索中前进　曲折中发展——党领导山西社会主义革命和建设的历程》，《党史文汇》2014年第4期。

1953年,对农业、手工业和资本主义工商业的社会主义改造全面开始。山西是全国率先进行农业合作化运动的地区之一,早在1951年省委即在长治专区选择10个村庄,试办了全国第一批以"土地入股,统一经营"为特征的半社会主义性质的农业生产合作社,对全国农业合作化运动产生了巨大而深远的影响。1952年3月1日,山西省成立了互助合作委员会,到1956年3月,全省参加高级社的农户已占到总农户的97%。至此,山西提前完成农业的社会主义改造,其中平顺县西沟村金星农林牧生产合作社成为全国农村互助合作运动的典型之一。对资本主义工商业的改造,从1955年下半年起,开始大力发展公私合营形式的国家资本主义企业。到1956年2月底,山西对资本主义工商业改造的任务基本完成。对手工业的社会主义改造到1956年7月也基本完成。1956年,社会主义改造取得决定性胜利。农民、手工业者的个体所有制,基本上转变为劳动群众的集体所有制;资本主义的私有制,基本上转变为社会主义的全民所有制。以生产资料公有制为基础的社会主义经济制度,在山西全面确立,从1956年起,山西同全国一样进入了社会主义社会时期。社会主义改造这场深刻的社会变革,不仅没有引起社会秩序的动荡和混乱,也没有对生产发展形成制约和破坏,而是直接促进了经济社会的发展,为山西的下一步发展奠定了基础。

在社会主义建设全面展开时期,随着社会主义革命和改造的基本完成,毛泽东同志首创社会主义社会的矛盾理论,提出中国共产党应着力解决先进社会制度同落后生产力之间的矛盾。围绕破解这一矛盾,我党带领全国人民开始建设社会主义,取得了骄人成果。1957年在党的八大路线的鼓舞下,山西人民迸发出极大的社会主义热情,积极投入到伟大的社会主义建设事业中。1958年"大跃进"运动兴起,山西开始了全民大炼钢铁和人民公社化运动,以高指标、瞎指挥、浮夸风、"共产风"为主要标志的"左"的错误一度干扰了正常的生产生活秩序。1961年1月,中共中央召开八届九中全会,决定对国民经济进行调整。山西的调整首先从农业开始,主要是整顿农村人民公社,加强农业战线,恢复和发展农业生产;工业调整主要是紧缩生产战线,调整生产指标,整顿企业秩序等等。调整方针的贯彻,使山西的经济形势趋于好转。山西国民经济从1962年开始逐步摆脱了严重困难的局面,得到恢复和发展。这一时期,山西的经济建设和各项事业发展都取得了新的成就,特别是在农田水利建设方面,修建了漳河水库、册田水库、文峪河水库、关河水库、后湾水库等5个大型水库和700余座中小型水库,1963年全省掀起了"农业学大寨"运动,大寨逐步成为全国农业战线先进典型。工业建设上大中型骨干企业,包括山西电机厂、山西电解铜厂、山西电解铝厂、山西电石厂等企业的建成投产,填补了地方工业的缺项,使山西省的工业布局趋向合理。

  1966年,"文化大革命"运动兴起,由于当时国内外斗争形势的极端复杂性和对人民内部利益冲突、意识形态分歧等问题的重视,这些冲突和分歧被定性为阶级矛盾而列为社会主要矛盾,工作重心也从发展生产力转为阶级斗争,严重干扰了社会的正常发展,全省局势处于较为混乱的状态。但在动荡之余,经济和社会事业也取得了一定的发展。在农村,电气化、机械化和现代化取得显著进步,全省大部分县都建立了发电厂,农村大面积通电,许多生产大队购买了拖拉机、抽水机、脱粒机、粉碎机、碾米机、磨面机等农业机械，在抽水、灌溉、耕种、收割、运输、脱粒、碾米、磨面、榨油、轧花、粉碎等农业生产和农村生活方面初步实现了机械化。特别是农村合作医疗制度，米山社办合作医疗的经验在全国推广，山西全面建立、完善了合作医疗体系。工业方面，从1966年到1976年，全省兴建国营企业5000多个，神头发电厂、侯马发电厂、太原铜业公司、山西化工厂、山西焦化厂、太原合成洗涤剂厂、原平化肥厂、山西维尼纶厂、山西印染厂、太原涤纶厂、山西轴承厂、太原自行车厂等一批国有大中型企业都是在这一时期兴建的。借助于全省的轻工业大会战，山西省新建了一批轻工业企业，产品包括自行车、电视机、电冰箱、洗衣机等，这些企业在20世纪80年代都成为著名的轻工业产品品牌。

1978年，党的十一届三中全会拉开了改革开放的序幕，重新明确了人民日益增长的物质文化需要与落后的社会生产之间的矛盾为社会主要矛盾，党和国家的工作重心开始转移到经济建设上来。拨乱反正工作在全国范围展开，山西结合揭批清运动，调整和加强了各级领导班子，全省初步实现了安定团结的政治局面，社会生活的新格局由此开启。平反冤假错案和解决历史遗留问题有效地理顺了各方面的社会关系；恢复高考制度更是深刻影响了社会发展，1977年冬至1978年春，全省12所高校招生4985人，45所中专招生1.02万人，这些人后来都成了改革开放的主力军；农村家庭联产承包责任制不仅解决了农民的吃饭问题，更是带来了农村发展的勃勃生机，农民生活面貌焕然一新。1984年10月通过的《中共中央关于经济体制改革的决定》，表明了改革的重点开始由农村转向城市。由于城市改革阻力大、牵涉面广，所以改革主要是由政府主导自上而下地进行。自此，方方面面的改革全面展开。这一时期，在改革开放全面展开的社会环境下，制度创新成为热点。城乡就业模式的改革使城乡社会生活日趋活跃，农村剩余劳动力的转移使城乡人口流动加速，教育、医疗卫生、社会保障等社会事业的改革与建设被提上日程，从而更加推进了全方位的社会变革。1992年，建立社会主义市场经济体制的目标正式确立，整个国家的资源配置方式发生了根本转变，由政府控制全面转向了以市场为主的资源配置方式，从而带来所有制结构、分配方式和阶层利益关系结构等方面的深刻调整，这也就促使了社会转型的加速。在构建社会主义市场经济格局的过程中，城乡关系、教育、医疗卫生、社会保障等社会领域发生了多重变革，社会发展进入快速变革阶段。2002年以后，社会发展开始进入多元化发展时期。市场经济的全面兴起带来了思想的多元化，也导致个人自主意识的不断增强。娱乐、消费、婚姻、择业、迁徙、价值观等各领域的多元发展日益显现，自我选择空间变得越来越宽阔。市场化的深入发展，也带来了社会关系的重组，经济利益的重新分配不仅导致了社会阶层的变化，也使得贫富差距问题有所凸显，不同的社会群体、不同的收入与财富分配状况的急剧分化造成了不同阶层不同群体间的矛盾。在这种背景下，党和政府更加重视社会建设，提出了构建社会主义和谐社会的重大任务，民生问题受到高度重视，社会保障体制得到进一步改革，社会福利事业建设得到全面深化。与此同时，中国特色社会主义事业形成了包括经济建设、政治建设、文化建设、社会建设在内的"四位一体"总体布局。以此为基础，党的十七大进一步提出要加快推进以改善民生为重点的社会建设。通过优先发展教育、扩大就业、深化收入分配制度改革、加快建立覆盖城乡居民的社会保障体系、建立基本医疗卫生制度等一系列措施，党和政府努力创建社会和谐人人有责、和谐社会人人共享的生动局面。各项民生事业发展取得新的进展，到2011年年末，收入方面，全年城镇居民人均可支配收入18123.9元，比上年增长15.8%；城镇居民人均消费性支出11354.3元，增长15.9%。全年农村居民人均纯收入5601.4元，增长18.3%；农村居民人均生活消费支出4587.0元，增长25.2%。城镇占调查总户数20%的低收入家庭人均可支配收入7551.2元，增长8.3%；农村占人口20%的低收入者收入1797.1元，增长11.2%。城镇居民家庭恩格尔系数（即居民家庭食品消费支出占家庭消费支出的比重）31.3%，农村居民家庭恩格尔系数37.7%。教育事业方面，全省高等教育毛入学率30.0%，高中阶段毛入学率88.5%。成人技术培训学校培训结业职工和农民共计213.6万人次。文化事业方面全省共有群众艺术馆12个、文化馆119个、博物馆89个。全省文化系统共有艺术表演团体291家。全省公共图书馆126个、档案馆131个。全省报纸发行20.4亿份，各类杂志出版200种、3955.8万册，各类图书出版4638种、14852万册，广播电台5座、电视台6座、广播电视台108座，有线电视用户462.7万。卫生事业方面，全省共有卫生机构（含诊所）12004个，其中妇幼保健院（所、站）132个；全省卫生机构（含诊所）共有床位15.8万张，卫生技术人员18.9万人。社会保障方面，参加城镇基本养老保险623.8万人；参加新型农村社会养老保险1083.7万人；参加城镇基本医疗保险1005.1万人；参加失业保险309.4万人；参加工伤保险348.5万人，其中农民工116.0万人；参加生育保险266.0万人。社会救助方面，全省纳入城市最低生活保障的居民91.7万人，发放城市低保资金26.5亿元，比上年增加8.3亿元；纳入农村最低生活保障的居民136.8万人，比上年增加4.7万人，发放农村低保资金19.8亿元，比上年增加8.7亿元。

2012年，党的十八大胜利召开，中共中央进一步深化改革，开启了中国特色社会主义新时代。党的十九大报告指出："我国社会主要矛盾已经转化为人民日益增长的美好生活需要和不平衡不充分的发展之间的矛盾。"从日益增长的物质文化需要到日益增长的美好生活的需要，这说明新时代的人们不仅仅关注物质文化，更加关注有没有更稳定的工作、更可观的收入、更舒适的生活环境、更可靠的社会保障、更高水平的社会医疗卫生服务等，意味着人民群众对社会发展有了更高的期望和要求。一些关乎百姓切身利益的制度革新释放出红利，让群众体会到实实在在的获得感：户籍制度改革的有序推进，使一部分由于各种原因而无法落户者实现了最基本的权利；新医改走向纵深，进一步扩大了保障范围，缓解了老百姓看病难的问题，极大地减轻了群众的看病负担；旨在实现社会公平的社保与养老制度改革让企业退休职工的权益得到更充分保障；"二孩"政策的推行将从根本上调整优化当代中国的人口结构；等等。在众多举措中，制度创新对社会各层面的影响最为深远，它从根本上促进了社会更加公平，充分体现了以人民为中心的发展思想。

二、社会结构的演变

社会结构是由家庭结构、就业结构、社会组织结构、城乡结构、地区结构、社会阶层结构、文化结构等多个方面组成的，是一个复杂的结构系统。"社会结构变迁的最重要表现就是社会阶层结构的变迁,社会阶层结构的变化不仅是社会变迁的基本内容,而且社会阶层结构本身对于社会变迁的发生、过程和变化方向都将产生极大影响。越是处于社会变革时期,社会阶层结构变化的问题就越有现实意义和理论意义"[1]。因此,这里的社会结构主要指一个社会中各种社会群体和力量之间所形成的相对稳定的关系,其主要内容是社会分层。

中华人民共和国成立后,通过暴风骤雨般的土地改革运动和随后而来的镇压反革命运动,彻底摧毁了原先称霸于中国乡村社会的封建地主阶级。土地改革通过阶级划分重构了农村的社会结构,使得农村社会分化状态发生急剧变化,长期无地或少地的贫雇农的经济地位大为跃升,富农经济暂时被保留下来用以促进经济的恢复和发展。与此同时,城市也经历着一场社会整合的变迁历程。城市工矿、交通等行业通过反对封建把头压迫剥削的民主改革运动,基本铲除了城市中的封建制度,人民政府在全国范围内对工商业进行了合理调整,着力调整了公私关系、劳资关系、产销关系,民族资产阶级在此间获益良多,官僚资产阶级被消灭,工人阶级地位上升并得到保障,民族资本家也受到一定保护。跨城乡的流动个体手工业是当时国民经济的一个重要组成部分,个体手工业者阶层也是当时社会阶级结构中的一部分。社会各阶层在实现地位变动的同时也保持了一定的分化状态。1956年,经过对农业、手工业、资本主义工商业的社会主义改造,原先的土地所有者和工商业者不再拥有原来的资产,其经济地位发生了根本变化,富农作为中国农村最后

---

[1] 郑杭生、李路路:《社会结构与社会和谐》,《中国人民大学学报》2005年第2期。

一个剥削阶层不复存在；民族资产阶级按照国家的利用、限制、改造政策分两步纳入社会主义轨道，被改造成为自食其力的劳动者；而作为小私有者的农民和手工业者，则通过合作化把分散的小生产组织起来，转变成为社会主义集体所有制下的新型农民和工人。到1956年年底，国民经济结构中曾经多种经济成分并存的状态已被彻底改变，全民所有制经济和劳动群众的集体所有制经济居于绝对统治地位。这种崭新的社会主义公有制的生产关系以及苏联模式影响下实行的计划经济体制成为以工农联盟为基础的人民民主专政国家的经济基础。随着富农阶级、民族资产阶级、小资产阶级的消亡，中华人民共和国成立后的第一次社会结构变迁由此完成，剥削阶级作为完整意义上的阶级被消灭了，整个社会由工人阶级和农民阶级构成，加上旧中国改造过来的一些知识分子和新中国培养的新的知识分子，两个阶级一个阶层（即工人阶级、农民阶级和知识分子阶层，知识分子阶层是工人阶级的一部分）的社会结构形成。这次社会结构变迁具有极强的政治主导性和政治权力强力安排的特点。

各阶级阶层之间的差距主要表现为政治分层上的差距。在单一公有制经济基础上的中国社会，阶级划分实际上已经失去了经济依据，社会利益关系结构的建立以单一公有制和计划经济体制为基础。在这种社会利益结构中，国家拥有至高无上的地位，控制几乎全部社会资源并通过层层行政系统配置社会资源。国家利益是各种活动的出发点和归宿，群体利益和个人利益被淹没在国家利益之中，没有多少诉求权，个体之间在国家的控制与调节之下实现平均化。对农民和城市中的在业人员阶级成分的划分更多体现的是政治身份差异，是一种政治分层，如阶级成分好的、阶级成分不好的和处于中间状态的，这种阶级成分并没有因为社会主义改造的完成而消失，而是作为一种政治身份特征一直保留，并严重影响着个体的生活。

社会阶层固化，社会结构呈封闭状态。所谓阶层流动，指的是社会成员在社会结构中的地位和位置的变化，它既包括人们在社会位置之间的流动，也涉及人们从一个群体或阶层向另一个群体或阶层的转移。所有制结构的单一和行政权力的泛化、扩大化更使整个社会呈现出一种整体性特征，社会利益结构所固有的多元化、流动性特点被人为地压制下来。国家实行一套严格的政治身份制度，主要包括阶级、城乡、干部与工人以及不同所有制等身份系列，以此来限制社会各阶层之间的流动，最终导致城乡人口的空间与社会位置分布具有很高的社会稳定性，各阶级阶层始终处于一种强有力的行政控制下。但是，这种整体性社会否认利益差别和利益矛盾，弱化利益群体的能动性，使作为利益主体的群体和个人失去了自我发展的向度，也使得整个社会发展缺乏动力，停滞不前。

十一届三中全会以后，国家总结了中华人民共和国成立以来社会主义革命和建设的若干教训，结束了以阶级斗争为纲的路线，把国家工作的重心转移到经济建设上来，一方面，通过各种制度改革逐步使各阶层从一系列的政治身份中解放出来，加大了社会阶层的流动与分化；另一方面，改变了之前以消灭阶级差别为目标并采取各种手段防止阶层分化的做法，在政策取向上由强调人民内部利益的一致性，忽视或否定人民内部存在利益差别或冲突，转为承认社会主义制度下利益分化的客观性，尤其是社会主义初级阶段追求个人利益的合理性，并在政策上允许一部分地区、一部分人先富起来。在农村，家庭联产承包责任制全面推行，极大地促进了农村生产力的发展，越来越多的农民从土地上解放出来，兴办乡镇企业，发展农村二、三产业。大批农民进入城市，从事各种各样的工作，由此农民内部已经由单纯从事农业生产的人民公社社员分化为"农业劳动者、农民工、雇工、农民知识分子、个体企业主、乡镇企业管理者、农村管理者等若干亚阶层"[1]。在城市，工人阶级已经不是原来单一的国营企业和集体企业的工人，同时也包括三资企业、私营企业、个体经济中的工人。与私有制经济相联系的私营企业主和个体户等新的社会阶层相继出现，原来的工人阶级分化为企业家阶层、管理者阶层、普通工人阶层、低收入职工阶层。知识分子阶层主要由专业型知识分子、公务员型知识分子、经理型知识分子、业主型知识分子、中介型知识分子、自由职业型知识分子、个体户型知识分子等7个群体构成。陆学艺在《当代中国社会阶层研究报告》中，通过大量翔实的调查数据，依据职业分化和组织资源、经济资源、文化（技术）资源等3种资源的掌控情况，将当代中国人口划分为10个社会阶层："国家和社会管理者阶层、经理人员阶层、私营企业主阶层、专业技术人员阶层、办事人员阶层、个体工商户阶层、商业服务业员工阶层、产业工人阶层、农业劳动者阶层和城乡无业失业半失业者阶层"[2]。

随着所有制形式、社会治理方式、社会分工和产业结构发生的深刻变化，一个不同于农民、工人和知识分子的新的社会群体逐步

---

[1] 陆学艺：《社会结构的变迁》，中国社会科学出版社，1997年，第106页。

[2] 陆学艺：《当代中国社会阶层研究报告》，社会科学文献出版社，2002年，第8页。

形成，他们多数占据了社会声望较高的职业位置，占据了职业结构甚至产业结构中比较重要的位置，成为经济社会建设中一支不可忽视的重要力量，这就是新的社会阶层人士。新的社会阶层所包含的具体人群类别一直处在演变和沉淀的过程之中，2001年，江泽民同志在庆祝中国共产党成立80周年大会上的讲话中首次提出"新的社会阶层"的概念，明确包括六类人员，即民营科技企业的创业人员和技术人员、受聘于外资企业的管理技术人员、个体户、私营企业主、中介组织的从业人员、自由职业人员，强调他们也是有中国特色社会主义事业的建设者。2006年，胡锦涛同志在第20次全国统战工作会议上的讲话和中共中央印发的《关于巩固和壮大新世纪新阶段统一战线的意见》中，首次将新的社会阶层人士明确为非公有制经济人士和自由择业的知识分子。2013年，习近平总书记在第12届全国人民代表大会第一次会议上的讲话中，将非公有制经济人士和其他新的社会阶层人士并列提出，强调一切非公有制经济人士和其他新的社会阶层人士要发扬劳动创造精神和创业精神，回馈社会、造福人民，做合格的中国特色社会主义事业的建设者。2015年，《中国共产党统一战线工作条例（试行）》首次将非公有制经济人士和新的社会阶层人士并列作为统一战线工作的对象，新的社会阶层人士的概念和范围发生了重大改变，主要包括四大群体：私营企业和外资企业的管理人员和技术人员（指受聘于私企和外企，掌握企业核心技术和经营管理的专门知识者）、社会组织从业人员（包括律师、会计师、评估师、税务师、专利代理人等提供知识性产品服务的社会专业人士，以及社会团体、基金会、民办非企业单位从业者）、自由职业人员（指不供职于任何经济组织、事业单位或政府部门，在国家法律、法规、政策允许的范围内，凭借自己的知识、技能与专长，为社会提供某种服务并获取报酬者）、新媒体从业人员（指以新媒体为平台或对象，从事或代表特定机构从事投融资、技术研发、内容生产发布以及经营管理活动者）。山西省新的社会阶层人士总体规模为103万人，其中私营企业和外资企业管理技术人员约55万，占53.4%；中介组织和社会组织从业人员约30万，占29.1%；新媒体从业人员约2万，占2%；自由职业人员约16万，占15.5%，这一阶层的多数人是知识分子，受过良好教育，文化程度普遍较高，绝大多数是非中共人士，具有高收入、高技能、高流动性的特点，中高收入者的比例较普通公众高出约42.7个百分点，职业和身份具有较大不稳定性。随着经济地位的不断提升，新的社会阶层人士队伍呈现不断扩大趋势，他们的政治诉求逐步增强。

改革开放前的社会结构变迁是一种政治主导的强制性变迁，改革开放以后社会结构的变迁从内在动因或分化机制上看，基本上属于一种政策主导型的变迁，即由党和国家自上而下的政策变化导致的变迁。改革开放的不断推进和社会主义市场经济体制的逐步确立引起所有制结构和社会经济利益关系结构的变化，成为社会结构变迁的根本动因，产业结构的调整和分配方式的多样化则进一步推进了这一变迁的进程。这种变迁改变了以政治身份为机制的社会分层标准，虽然还存在着一些制度性的限制和障碍，但已基本打破了以出身决定所处社会阶层和地位的规则，后天的因素逐渐成为社会阶层流动机制中的主导规则，而且总体上呈现出向上流动和分化的趋势。社会利益的实现和分配机制逐渐由政治权力和意识形态为主导转化为市场机制和能力主义为主导，并呈现多种利益分配机制的格局，具体表现在利益分配主体、分配方式和收入来源等方面的多样化上。

改革开放以后，市场机制的引入和发展逐渐从根本上改变了传统的社会资源和社会分配的机制和结果，从而导致整个社会结构的重组，包括国家和市场、国家和社会之间的关系。一个曾经高度集中、相对同质性的社会结构体系逐渐向资源、地位、机会和利益相对分散、相对独立的结构体系转变。这一过程被称为"社会结构分化的过程"。高度集中、高度同质化的社会结构在市场化过程中日益分化的过程，是改革开放后社会结构变革的核心。

三、社会事业的全面发展

中华人民共和国成立以来的70年，是山西人民生活从短缺走向充裕、从贫困走向小康的70年，人民生活显著改善，生活质量不断提高，各项社会事业全面发展。

人民生活水平全面提高。由于之前连年战乱的摧残和反动旧政权的破坏，中华人民共和国建立初期的山西国民经济形势严峻，人民生活相当贫困。1949年人均年现金收入还不足100元，农村人均总收入仅为52.5元。为了尽快改变贫穷落后的面貌，山西省认真贯彻执行党中央的方针政策，积极调整生产关系，使得全省经济出现稳定、协调、全面发展的良好态势，人民生活不断改善，1978年各项涉及人民生活的经济指标较中华人民共和国成立前都有大幅度提高。1978年，山西省城镇居民人均可支配收入301.4元，比1952年增长175.4%，扣除物价上升因素，城镇居民收入水平实际增长81.5%，平均年增长率4.6%。1978年山西省农民纯收入为101.6元，比1949年的52.5元增加了49.1元，年平均增加1.69元，递增2.3%。但受当时经济条件的限制，这一时期山西城乡居民的生活消费主要是以生存为主，食品、衣着消费份额很大，但总体消费水平不高。1978年山西人均消费支出为90.64元，比1952年增长20.34元，不考虑物价因素，年均递增速度只有1%。改革开放以来，山西经济持续快速发展带动城乡居民收入水平不断提升，山西居民生活早已实现了温饱，正向小康目标快速迈进。2018年，山西城镇居民人均可支配收入达到31035元，比1978年增长103.2倍；农村居民人均可支配收入达到11750元，比1978年增长116.3倍。随着收入较快增长，居民消费能力显著提升，消费结构升级趋势明显。2018年，全省城镇居民人均消费支出为19790元，比1978年增长71.9倍；全省农村居民人均消费支出为9172元，比1978年增长101.2倍。2017年，全省城镇居民恩格尔系数为23.1%，降低32.4个百分点；农村居民恩格尔系数为27.4%，降低39.9个百分点。家电、汽车等耐用消费品拥有量大幅增加，居住条件显著改善。2017年，城镇居民家庭平均每百户拥有汽车、彩色电视机分别达33.56辆、106.66台，农村居民家庭平均每百户拥有汽车、彩色电视机分别达16.63辆、107.04台，比改革开放初期大幅增加。党的十八大以来，农村居民人均可支配收入实际增速连续多年快于城镇居民，城乡居民收入差距不断缩小，城乡居民人均可支配收入之比2018年已下降至2.64。

就业形势稳中向好。就业是人民群众最关心、最直接、最现实的利益问题，是保障和改善民生的头等大事。中华人民共和国成立70年来，山西结合不同历史时期的特点和发展任务，出台了大量的就业政策，以促进和保障劳动者就业。中华人民共和国成立之初，山西省人民政府把安置闲散人员就业作为重点工作来抓，从1953年第一个五年计划开始，初步解决了山西城市人口的失业问题；1978年改革开放以后，在中共中央"解放思想，放宽政策，发展生产，搞活经济，统筹规划，广开就业门路"方针的指导下，实行了劳动部门介绍就业、自愿组织起来就业和自谋职业相结合的办法；从20世纪90年代后期开始，为解决全省就业再就业问题，陆续出台了一系列就业再就业的政策措施，每年召开会议，把就业再就业工作列为各级政府的"一把手"工程；进入21世纪以来，为了进一步促进就业，山西省持续深化改革劳动就业制度，积极的就业政策得到有效落实，取得明显成效。一是就业总量持续增长。山西省就业人员数量持续增加，就业人员占常住人口比重呈上升趋势。2017年，山西省常住人口为3702.35万，比1978年的2423.60万增加1278.75万，年均增加32.79万。2017年，劳动力资源总量为2756.80万，比1982年1369.60万增加1387.20万，年均增加39.63万，劳动力资源占常住人口的比重从53.66%增长到74.46%。2017年，山西省就业人员为1914.10万，比1978年965.23万增加948.87万，年均增加24.33万，就业人员占常住人口的比重从39.83%增长到51.7%。二是就业结构不断优化。经济结构决定就业结构的变化，改革开放以来，山西不断调整产业结构，就业结构不断优化。1978年，山西省按产业结构划分，就业构成为65.07∶19.57∶15.35，就业结构类型为"一二三"模式；1998年，山西三产就业人员首次超过二产就业人员，就业构成为46.09∶26.69∶27.22，就业结构类型转变成"一三二"模式；2012年，山西三产就业人员首次超过一产就业人员，就业构成为36.15∶27.37∶36.48，就业结构类型转变成"三一二"模式；2017年三产就业人员构成为35.04∶25.28∶39.69，一产二产比重继续下降，三产比重继续增加，就业结构更加优化。三是就业政策和服务体系日益丰富。从2002年开始确立积极就业政策体系的基本框架，到2005年积极就业政策进一步延续扩展，再到2008年应对国际金融危机形成更加积极的就业政策，再到党的十八大以来更加突出创业和就业紧密结合、支持发展新就业形态、拓展就业新空间，积极就业政策迭代升级。从早期开办劳务市场和人才市场，到劳动力市场、人才市场向人力资源市场整合发展，确立了基本公共就业服务制度，覆盖城乡的公共就业服务体系基本形成。面向全体劳动者的职业培训制度不断发展，职业培训规模不断扩大，劳动者就业能力普遍提高。

教育事业快速发展。中华人民共和国成立初期，各级各类教育处于百废待兴的局面。在党和政府的正确领导下，经过70年的不断调整发展，山西省的教育事业呈现出日新月异的变化，为区域经济社会发展提供了有力的智力支持和人才支撑。基础教育是终身教育的开端，是创新型人才培育体系的重要环节，是提高全民文化素质水平的重要手段。中华人民共和国成立70年来，山西基础教育取得了长足的进步。2017年，全省共有幼儿园6937所，在园幼儿102.75万，专任教师54796人，学前三年毛入园率89.1%；义务教育阶段中小学校7481所，在校生336.36万人，专任教师27.73万人，义务教育巩固率保持在95%以上，基本普及高中教育。高等教育是提升人力资源水平的重要教育形式。中华人民共和国成立初期，山西高等教育相对薄弱，经过70年的坎坷，从小到大逐步发展起来。截至2017年，全省共有普通高等学校80所，其中本科院校33所（含独立学院

8所）、高职高专院校47所，成人高等学校11所，普通本科在校生48.84万人，专科在校生27.46万人，在学研究生3.22万人，高等教育毛入学率46.6%。"十二五"期间高校博士和硕士学位一级学科授权点分别达到46个和152个，比2010年分别增加33个和80个；专业硕士学位授权点达到29个类别74个授权点，为山西经济建设和社会发展提供了有力的人才供给和支撑。与此同时，高校科技创新综合实力显著提升。"十二五"期间，高校牵头承担国家基金项目1625项，依托高校建设的省部级科技创新平台138个，高校主持的科技成果获国家科技三大奖5项，占全省全部主持获奖数量的56%，其中获得山西省科学技术一等奖24项。全省高校共申请国家专利4249件，获得发明专利授权2929件。2017年，全省范围内遴选支持72项科技创新项目、74项哲学社会科学研究一般项目和43项人文社科重点研究基地项目，获批327项国家自然科学基金项目和57项国家社科基金项目。高校一批重大科研成果在山西省行业企业中得到转化应用，产生了显著的经济效益和社会效益。职业教育是提供技术技能人才的摇篮，也是实现广大人民群众多样化学习需求的重要教育形式。中华人民共和国成立后，山西的职业教育基本遵循经济社会发展的需要，不断提供区域经济社会建设所需的技术技能人才。2017年，山西中等职业教育学校449所，在校生32.93万人，专任教师89137人；高职高专院校47所，专科在校生27.46万人。与此同时，在社会服务方面，2017年60所优质中高职院校与58个国家和省级贫困县的县级职业教育中心开展结对帮扶，帮助贫困县加快发展职业教育，加强职业技能培训。2018年，在全民技能提升工程中，职业教育培训人员达到109万人。2019年，山西省高职院校预计扩招人数为11.8万。

卫生事业发展迅速。山西省坚持统筹安排、突出重点、循序渐进的原则，在体制机制改革上下功夫，医药卫生体制改革走向深入，医疗卫生体系和服务水平不断完善，城乡居民基本的医疗保障制度已经初步建立，医药生产及流通、监管体系逐步理顺，居民健康水平不断提高。医疗服务体系方面，截至2017年年底，全省共有医疗卫生机构42490个，其中医院1388所、社区卫生服务中心937个、村卫生室28942个、专业公共卫生机构455个、疾病预防控制中心135个、妇幼保健院135个。医疗卫生资源规模方面，截至2017年年底，全省共有卫生人员231.90万人，其中卫生技术人员23.33万人、执业（助理）医师9.43万人、执业医师8.15万人、注册护士9.68万人、药师1.04万人、乡村医生和卫生院3.79万人，每万人拥有卫生技术人员63人；编制床位19.75万张，其中医院床位15.42万张，每万人拥有医疗机构床位53.36张。2017年，山西孕产妇死亡率、婴儿死亡率和5岁以下儿童死亡率分别下降至13.78/10万、6.53‰、68.14‰，均低于全国平均水平。医疗卫生服务利用方面，2017年全省医疗卫生机构诊疗1.35亿人次，其中门急诊1.24亿人次，入院人数455.47万，出院人数453.00万，住院手术服务106.73万人次；全省医院病床使用率为77.6%。医疗卫生保障方面，2017年全省参加基本医疗保险3215.4万人，实现应保尽保，保障范围从常见病、多发病扩展到重特大疾病，城乡居民大病保险实现全覆盖，最高赔付额可达40万元，有效减轻了群众医药费用负担。药品供应保障方面，山西全面推行县乡村医疗卫生机构药品统一目录、统一议价、统一采购、统一配送、统一结算的"五统一"改革，实现了同县同药同质同价和保供应；核定481家公立医疗机构纳入全省药械采购平台,实现了药品阳光采购机构全覆盖和全流程监测;遴选确定首批省级短缺药品101个品种(其中因价格断货50个品种、因生产或原料断货36个品种),将其列入山西省直接挂网采购药品范围,由医疗机构采取"随行就市"的方式自主议价采购,较好地保障了临床用药需求;加入13省(区)抗癌药品省际采购联盟,共同开展对进口抗癌药品的联合议价采购工作。

养老体系全面建成。中华人民共和国成立之初,整体的经济水平处于非常低的阶段,但政府对于城乡养老却各有安排,在社会二元基础上分别形成了城乡不同的养老政策和养老格局:城市中实行国家主导并面向劳动者的社会养老保险制度,而城市中的非劳动者则主要依赖家庭养老以及针对鳏寡孤独的社会福利政策;在农村实行土地供给基础上的家庭养老和集体养老。改革开放之后的前30年间,在社会主义市场经济的推动之下,山西在养老保障个人缴费和养老福利社会化方面做了大量的探索,由此开启了现代意义上的养老体系建设篇章。在这一时期,山西省积极推行了城镇职工退休费用的社会统筹、试点机关事业单位养老保险改革、探索农村养老保险制度建设、大力投资养老福利社会化工程等。虽然有些改革的成效并不尽如人意,但是各方面有力的探索与改革开创了有益的工作局面、建立了扎实的工作队伍、积累了丰富的工作经验,为养老体系建设的进一步完善奠定了坚实的工作基础。党的十八大以来,山西省养老体系走上了全面、快速建设轨道。一方面,"新农保""城居保"体系在短短几年间实现了从建立到全覆盖,再到科学"并轨",机关事业单位养老保险改革也走上了向着与职工养老保险逐渐融合的道路,全省全民全覆盖的养老保险制度体系已初步形成；另一方面，"居家为基础、社区为依托、机构为支撑、医养相结合"的社会养老服务体系得以全面推进，老年人日益增长的、多元化的养老服务需求陆续得到满足，城乡老年人的生活质量和社会福利大为改观。截至目前，山西省已基本建立起"三支柱"的养老保障体系和"居家为基础、社区为依托、机构为支撑、医养相结合"的养老服务体系，应对老龄社会的养老体系框架已基本形成。在这一框架下，未来养老体系建设将着力于不断扩容扩面、交汇融合，规范化和专业化不断加强，必将成为应对老龄化社会的坚实制度保障。随着"新农保""城居保"快速实现全覆盖，以及政府对城乡日间照料中心与各类养老机构的大力支持和补贴，目前山西省各项养老保障与服务在制度与机构建设上已基本实现覆盖城乡、面向所有老年人。社会各主体对于少子老龄的人口现状及未来趋势提高了认识并基本达成共识，人们的养老意识普遍提高，参保意识和社会化养老意识不断增强。家庭养老虽仍然是基本的养老方式，但其趋势在不断弱化，多元化的养老模式开始被普遍认可和大力提倡。截至2018年年末，山西省参加城镇职工基本养老保险837.4万人，比上年末增加41.7万人；参加城乡居民基本养老保险1579.3万人，增加25.1万人。

促进人口均衡战略。中华人民共和国成立70年，经济社会发生重大变革，人口规模和结构也随之发生巨大变化，人口再生产类型由中华人民共和国成立初期的高出生、高死亡、高增长到高出生、低死亡、高增长，再到低出生、低死亡、低增长，人口增长速度逐渐变缓，人口素质大幅度提高。1949年到2018年的70年时间，如果以每10年为一个年代划分看年均增长率，山西人口的增长速度呈明显放缓趋势，第一个10年（1951～1960）年均增长率为2.65%，第二个10年（1961～1970）年均增长率为2.17%，第三个10年（1971～1980）年均增长率为1.61%，第四个10年（1981～1990）年均增长率为1.59%，第五个10年（1991～2000）年均增长率为1.14%，第六个10年（2001～2010）年均增长率为1.00%，2011年至2018年年均增长率为0.49%。综观70年来山西人口的变动情况，最大的特点就是人口增长速度由快到慢，呈现出趋缓的增长态势。人口增长速度的变缓，除了经济和社会的发展因素之外，实行计划生育政策也是重要原因。经过几十年计划生育政策的实施以及伴随经济发展水平提升、社会转型而来的生育观念转变使长期以来的高生育率水平得到有效控制，人口增长速度迅速回落，进入缓慢低增长期。当前人口发展的内在动力和外部条件均发生转折性变化，人口发展的主要矛盾由数量压力转变为结构性挑战。

社会治理深刻变革。70年来，山西社会治理领域的变化广泛而深刻，实现了从社会管控到社会管理再到社会治理的理论提升，形成了共建共治共享的治理格局，构建起了党委领导、政府负责、社会协同、公众参与、法治保障的社会治理体制。开展综治中心标准化建设，全面推进综治中心提档升级，目前全省已建成省级综治中心1个、市级综治中心11个、县级综治中心117个、乡级综治中心1397个、村级综治中心28199个，实现了省、市、县、乡、村五级综治中心全覆盖；深入加强网格管理规范化建设，根据地域面积、人口数量、治安状况等基本要素，城镇以街巷、楼院、单位为基础，农村以居住区域、村民小组为基础，按照扩大网格覆盖面、划小基本单元的原则，将辖区内的人、地、物、事、组织等要素分类整合，全部纳入网格服务管理范畴，同时依托综治信息系统，对全省基础网格实行统一编码，使每个网格成为社会治理的基本单元和组织节点。目前，全省共划分网格6.2万个，配备网格长（员）近7万名；开展公共安全视频监控联网应用，推进"雪亮工程"建设，进一步完善规划、加快建设，加大人像比对、视频检索、轨迹追踪等现代技术的应用力度，全面提升视频监控综合应用水平。严厉打击严重暴力犯罪、毒品违法犯罪、"两抢一盗"犯罪，从严查处非法集资、网络传销、套路贷等突出经济犯罪，深入整治群众反映强烈的社会治安问题。2018年，全省刑事案件同比下降9.1%，命案同比下降22.48%，特别是涉枪涉爆、涉黄涉赌等突出问题得到有力整治，文物犯罪高发势头得到有效遏制，群众安全感指数达到91.9%，创历史新高；扫黑除恶专项斗争深入推进，全省共打掉涉嫌黑恶势力犯罪团伙1007个，其中黑社会性质组织70个、恶势力犯罪集团275个，全省纪检监察机关立案查处涉黑涉恶腐败、充当"保护伞"及失职失责问题591件1288人，其中党纪政务处分617人、组织处理738人、移送司法机关51人，开辟了从严治党和反腐败斗争的新战场。形成了党政统一领导、政法综治部门牵头协调、调解中心具体实施、有关部门齐抓共管、全社会共同参与的矛盾纠纷多元化解工作格局。最近5年来，全省共排查各类矛盾纠纷67万余起，调处65万余起，调解成功率达97%以上。拓展社区服务内容，加强社会心理服务体系建设，延伸社区治理覆盖面，提升社区治理绩效，建成社会广泛参与、覆盖全体居民、基本满足不同需求的城乡社区服务体系，截至2018年年末，山西省城镇有各种社区服务设施6355个，其中，综合性社区服务中心608个。

四、社会转型的深入推进

中华人民共和国成立以来的70年,实际上也是一个长期的社会转型过程,从社会结构到社会规范,从社会体制到社会观念,从社会管理到社会参与,都在发生着深刻的变化。这些变化伴随着社会发展的进程,体现在经济形态、生产生活方式、组织形态、文化生活、交往途径和思维方式等方面。

从计划经济向市场经济的转型。改革开放以前,由于对基本国情的认识超越了社会主义初级阶段的实际,总认为社会主义经济制度只能由社会主义性质的公有制经济构成,即使允许非公有制经济存在和有一定的发展,也只能是暂时的权宜之计。党的十二大开始肯定劳动者的个体经济是公有制经济必要的补充。经过20世纪80年代的实践发展,党的十三大把私营经济、中外合资合作经济、外商独资经济同个体经济一起作为公有制经济必要的和有益的补充。党的十四大根据实践的发展,进一步强调多种经济成分长期共同发展不是权宜之计,而是一项长期的方针。党的十五大在深刻总结改革开放以来所有制结构改革经验的基础上第一次明确提出公有制为主体、多种所有制经济共同发展是我国社会主义初级阶段的基本经济制度,非公有制经济是我国社会主义市场经济的重要组成部分。这标志着我们党对社会主义初级阶段基本经济制度的认识提升到了一个新的高度。在社会主义初级阶段基本经济制度形成的过程中,我国同时完成了从按劳分配的单一分配制度向以按劳分配为主体与按生产要素分配相结合的分配制度的转变,实现了从高度集中的计划经济体制向社会主义市场经济体制的转变。接踵而至的是,与市场经济配套衔接的价格、物资体制改革以及工资、医疗保健、住房等社会体制改革。这些改革措施的纷纷出台，使新一轮改革从一启动就强烈地显示出经济体制改革和社会体制改革全面铺开、整体推进的态势。改革开放以后，山西民营经济迅速发展，由小变大、由弱变强，民营经济由国有经济的有益补充成长为国民经济的重要组成部分，从开始的涉足技术含量比较低的挖煤、炼焦、冶炼，到现在从事汽车、医药等技术含量高的高端制造业，走出了一条创业创新之路。2017年年末，全省私营企业达到39.04万个，2011年至2017年年均增长30.7%，高于内资企业数增速（23.1%）7.6个百分点，高于外资企业数增速（8.2%）22.5个百分点；私营企业法人单位数占内资企业法人的91%，比2011年提高27.7个百分点。2017年，民营企业出现井喷式发展，全省民营企业增加5.5万个，同比增长17.5%，月均增加民营企业4583个；个体工商户增加7.69万个，同比增长5.5%；到科技部门申请的民营科技企业达311家，比上年增长1.9倍，11个地级市民营科技企业数量均实现倍增。

从农业社会向工业社会的转型。一是农业产值占国民生产总值的比重发生了明显变化。1952年，全省农业产值占国民生产总值的比重为58.6%，1978年为20.7%，全省三次产业比例为20.7∶58.5∶20.8。到了2018年，三次产业比例调整为4.4∶42.2∶53.4，农业产值比例持续降低。1978年山西全部工业增加值仅48.1亿元，1985年突破100亿元，2003年突破1000亿元，2005年突破2000亿元，2007年突破3000亿元，2010年突破4000亿元，2017年突破5000亿元，达到5174.1亿元，按可比价格计算，比1978年增长36.1倍，年均增长9.6%。到2011年，经过多年的积累，山西已经进入了工业化加速发展的阶段，期间各种经济成分凭借山西独特的资源，大力发展以能源、冶金为主导的资源开发型产业，尤其是以临汾、运城、吕梁为代表的原农业区域的迅速工业化推进，极大地提高了山西的整体工业化水平，第二产业占GDP的比重11年上升了12.7个百分点。工业体系更趋完备壮大，到2017年，山西规上工业涉及行业大类38个、行业中类151个，比2007年分别增加1个和6个，分别占全部工业行业大、中类的95.1%和75.1%。1978年全部规上工业企业营业收入尚不足100亿元，1980年即突破100亿元，1991年煤炭行业营业收入率先超100亿元，1998年有3个行业大类超100亿元。2007年，营业收入超100亿元的行业大类增加到9个，其中4个超过500亿元，3个超过1000亿元。2017年，营业收入超100亿元的行业大类进一步增加到20个，其中7个超过500亿元，4个超过1000亿元。山西工业已经迈入提质增效发展的新阶段。同时，服务业迅猛发展，2015年服务业首次超过第二产业，成为支撑山西经济发展的龙头产业，2016年服务业占比达到历史新高，且2015年、2016年、2017年3年占比均达到50%以上。经过近40年的发展，山西经济发展产业结构正式由1978年第二产业占主导、第一产业比重偏高、第三产业发展滞后的"二一三"格局转变为以服务业为主、三次产业协同发展的"三二一"格局。二是农业人口在总就业人口中所占比例持续下降。山西农村及乡镇企业就业人员始终占全部从业人员的大多数，但比重逐年下降。1978年，山西农村及乡镇企业就业人员约为696.81万，占全部从业人员的比例为72.2%；2017年，山西农村及乡镇企业就业人员约为1151.9万，占全部从业人员的比例为60.2%。即使是从事农业生产的就业人员，结构也发生了较大的变化，一个显著的表现是各种专业合作社的大量发展。2008年，山西农业专业合作社为12772个。2017年，山西农业专业合作社99677个，成员总数113.8万。

从乡村社会向城镇社会的转型。中华人民共和国成立初期，山西人口城镇化水平很低，到1978年，全省行政区划为4个地级市、7个行署专区，市镇人口包括4个市辖区、3个县级市、48个镇的人口共计464.79万，占全省总人口的19.18%。20世纪80年代，先行的农村改革极大地解放了农业生产力，大量原本被束缚在土地上的农民涌向城市，城镇化水平不断提高。随着改革开放和经济发展步伐的加快以及有关人口管理政策上的变化，这一时期，山西省城镇化建设迈出了新的步伐，县改市、乡改镇，晋城、朔州等地级市在原来的县级基础上成立，新设的448个镇绝大多数也是由原先的乡改名并合并而来，城镇区划上的改变使城镇化水平有了突出的进展。此外，山西煤矿企业的快速发展吸引了大量的农村人口及外来务工人员，矿区作为山西城镇模式的重要组成部分，在这一时期对山西城镇化的快速发展起到了积极作用。山西城镇化水平由1978年的19.18%增长至1990年的28.90%，平均每年提高0.81个百分点，发展速度较快。2000年以后，随着改革开放的不断深入和市场经济体制的逐步完善，市场对劳动力资源配置的作用逐渐增强，经济发展较快的城镇对人口聚集和拉动的作用越来越大，农村大量富余劳动力不断地向城镇转移。这一阶段，山西省城镇化率由2000年的35.88%提高到2010年的48.05%，年均提高1.22个百分点，呈现出快速发展特征。到2018年，随着经济的持续快速发展，全省的市镇建制也相应发生很大变化，地级市由原来的4个增加到11个，市辖区由原来的4个增至23个，县级市由原来的3个增至11个，镇由原来的48个增加到了564个。城镇化水平由1978年的19.18%提高到2018年的58.41%，40年间，年均提高0.98个百分点。全省市镇人口大幅增长，由1978年的464.79万，增加到2018年的2171.88万。城镇化和市场化的加快，带来了乡村社会关系格局的变革，熟人性质的乡村社会也转向"半熟人"社会，传统乡村社会的同质性、封闭性、排外性逐渐被个性化、开放性、多元性取代。基于血缘、地缘的传统社会关系格局的"家族共同体"也趋于解体，传统的乡村共同体对农民的影响和控制程度愈来愈弱，曾经存在的熟人社会中的互惠性换工、帮工、互助、合作已不复存在，即时性的金钱交易关系体现在生活的方方面面。农民更加关注自我权利与情感的表达，更加重视和尊重自我个性的张扬。但同时乡土社会最为核心的家庭生活、伦理持续、秩序保留也在价值观念转换的过程中逐步湮灭。

由人口增长型社会向人口发展型社会的转型。一是人口增速放缓。解放前，全省长期处于高出生、高死亡、低增长的人口生产类型之中，人口增长势头较为缓慢。中华人民共和国成立以后，随着医疗卫生条件的改善和人民生活水平的提高，人口死亡率很快下降，但人口出生率却未相应下降，出现了高出生、低死亡、高增长的局面，人口增长势头很猛。从1949年到改革开放前，山西人口发展先后经历了人口高速增长（1949~1958）、人口负增长（1959~1961）和人口大幅度增长（1962~1972）的三个阶段，人口发展一直处于无计划增长状态。20世纪70年代初，山西同全国一样全面开展计划生育工作，按照"晚、稀、少"的政策要求，人口发展由高速增长转为有控制的稳定增长，人口增长速度呈现稳步下降的趋势，到1978年人口年平均增长率下降到1.05%。改革开放的前期，每年的人口增量还是比较大，增速仍然比较快，如"六五""七五"时期，每年平均增加的人口分别为41万和46万，平均增速在1.6%左右。1991年后，人口增长速度开始明显下降，并且妇女总和生育率开始低于更替水平，人口发展由扩张型转变为紧缩型。"八五""九五"时期，人口年平均增长速度分别降至1.2%和1.08%，年平均增加人口减少至34万和35万。进入21世纪，人口低速增长的格局得到巩固与保持，每年的增长速度都在1%以下。"十二五"时期，人口年平均增长速度仅为0.5%，年平均净增人口减至18万。随着生育政策的调整、全面"二孩"政策的实施，2016年到2017年，净增人口为21万。二是人口总量实现由高速向低速稳定增长。2017年山西常住人口3718.34万，与1978年的2423.6万相比，40年共增加1294.74万，增长53.42%；平均每年增加32.37万，增长1.09%。而改革开放前的29年，即1950年至1978年，总人口共增加1112.03万，增长84.79%；平均每年增加39.72万，增长2.3%。对比前后两个时期，不仅增长速度大幅下降，而且每年的净增人口也在减少，人口快速增长的势头得到有效控制。三是人民健康状况得到改善。自20世纪60年代中期开始，山西进入人口死亡率稳步下降时期。改革开放初期，人口死亡率由1965年的10.38‰下降到1978年的6.55‰。改革开放以来，社会经济迅速发展，医疗卫生条件和技术水平进一步提高，保健知识不断普及，婴儿死亡率和育龄妇女死亡率大幅降低，人民生活状况得到持续改善，人口死亡率一直稳定在6‰至7‰。人口死亡率进入稳定的低水平时期，在此前提下，山西人口平均预期寿命大大延长。1975年全省平均预期寿命66.47

岁，至1982年第三次人口普查时达到67.63岁，1990年第四次人口普查时达到69.46岁，接近于世界发达国家水平，2000年第五次人口普查，人口平均预期寿命增至71.97岁，2010年进一步提升到74.92岁。与1982年相比，提高了7.29岁。四是劳动年龄人口持续增加，劳动力资源丰沛。1982年的第三次全国人口普查，山西省劳动年龄人口为1559.14万，占山西省总人口的比重为61.65%。与1964年第二次全国人口普查相比，全省劳动年龄人口增加了564.43万，年均增加31.36万。1990年的第四次全国人口普查，山西省劳动年龄人口为1911.46万，占山西省总人口的比重为66.47%。与1982年第三次全国人口普查相比，全省劳动年龄人口增加了352.32万，年均增加44.04万。世纪之交的2000年人口普查，山西省劳动年龄人口达到2206.09万，占山西省总人口的比重为67.94%。与1990年第四次全国人口普查相比，全省劳动年龄人口增加了294.63万，年均增加29.46万。2010年的第六次全国人口普查，山西省劳动年龄人口达到2690.08万，占山西省总人口的比重为75.33%。与2000年人口普查相比，全省劳动年龄人口增加了483.99万，年均增加48.4万，所占人口比重上升了7.39个百分点，劳动年龄人口占到了总人口的3/4以上，可见这一时期是山西劳动年龄人口增长最快的时期。2017年全省劳动年龄人口为2756.76万，占总人口比重为74.46%，依然保持了每10个人中就有7名劳动年龄人口的态势。五是人口受教育水平大幅度提高，高等教育发展进入大众化时代。改革开放以来山西接受中等以上教育的人数有了较大幅度的增加。自1982年以来，全省每10万人拥有大学及以上文化程度的人数由597增加到13984，增长22.42倍；拥有高中以上文化程度的人数由7446增加到19971，增长

1.68倍；拥有初中文化程度的人数由21844增加到40435，增长0.85倍。山西人口接受教育的程度逐步提高，接受高等教育的人口越来越多，人口的整体文化素质得到了快速提高，使得全省人才总量显著增加。

由传统社会向现代社会转型。70年来，特别是改革开放以来，在地方财力不断增加的基础上，山西的民生问题逐渐得到改善，就业岗位明显增加，工薪水平大幅提高，消费市场繁荣，城乡居民生活条件得到极大改善。2017年，山西省城镇居民人均可支配收入达到29132元，比1978年的301元增长了95.8倍，平均每年增长12.4%。山西省农村居民的人均可支配收入2017年达到10788元，比1978年的102元增长了104.8倍，平均每年增长12.7%。经济全球化进程的加快和城市商品流通体制的改革促进了城市国内外贸易市场的繁荣兴旺。2017年，山西省城市市区社会消费品零售总额3996.84亿元，比1985年的45.82亿元增加了3951.02亿元，是1985年的86.2倍。统计数据表明，山西城乡居民的整体生活已经摆脱贫困，实现了由贫穷到小康的历史性跨越。生活富裕的同时，生活方式也发生了极大的变化。过去，农村生活基本上是"日出而作、日落而息"，"一头牛、三分地、老婆孩子热炕头"是人们的理想追求。改革的成果之一就是向农民展示了丰富多彩的外部世界，塑造了一个欣欣向荣的新农村。山西省第三次全国农业普查结果显示，2016年年末全省农村基础设施比2006年有了明显改善。2016年年末，全省通公路的村占99.2%，提高3.1个百分点；通村主要道路是水泥路面的村占75.3%，提高34.6个百分点；村内主要道路是水泥路面的村占89.1%，提高46.8个百分点；村内主要道路有路灯的村占92.8%，提高67.2个百分点。2016年年末，全省通电的村占99.7%，提高0.3个百分点；通电话的村占98.7%，提高3.4个百分点；安装有线电视的村占61.8%，提高14.7个百分点；完成或部分完成改厕的村占27.0%，提高17.1个百分点。全省实施集中或部分集中供水的乡镇占84.5%，提高17.3个百分点；实施生活垃圾集中处理或部分集中处理的乡镇占79.4%，提高54.8个百分点。全省实施生活垃圾集中处理或部分集中处理的村占63.9%，提高45.9个百分点。全省77.6%的村通宽带互联网，12.7%的村有电子商务配送站点。越来越多的农村居民改变了传统的生活方式，农民消费支出绝对量由1978年的食品、衣着、居住居前三，变为2017年的食品、居住、教育位居前三。2017年，食品、居住、教育、交通通信四项支出占到消费总支出的75.6%。从增幅来看，1978年到2017年，山西农民交通、医疗、教育支出增幅居前三，年均增速分别为21.6%、19.2%、17.6%。同时，农村居民发展型消费支出占比提高。与1978年相比，2017年山西农民居住及服务类消费支出项目比重均有较大幅度提高，其中，人均居住支出占比22.6%，提高12.8个百分点；人均交通通信支出占比12.2%，提高11.7个百分点；人均教育文化娱乐支出占比13.4%，提高11.2个百分点；人均医疗保健支出占比11.1%，提高10.4个百分点。现代化对传统农村的瓦解不仅仅表现在生产生活方式的改变，也表现在农民价值观念在社会变迁中受到巨大冲击。出于改变生活现状的诉求和对现代发展经济模式的主动适应，农民的生活观念从家本位的家庭伦理进入了个体化状态，对生活的追求不再局限于过日子，而是希望过更有质量和更加富足的生活。农民不再为了维护传统而延续传统的生产方式和价值观念，相反，他们为了自己的生活而选择性地运用传统。在城市，路网建设、公交发展加快，城市交通基础设施得到较大改善，建成了城市主干道、次干道、慢车道、人行道、城市环行线和立交桥等现代化道路交通网络体系，城市交通功能得到迅速提升。城市整体环境的持续改善，使市民的文化娱乐生活更加丰富多彩，健身娱乐、休闲旅游、网上购物、网上银行交易等逐渐成为现代城市人新的生活内容。手机、计算机、金融卡的普及应用，直接改变了城市生活的节奏，提高了市民的工作和生活效率。法制意识、契约精神、诚信意识越来越融入人们的工作和生活，以伦理为主导来规范社会、来决定社会交往的远近亲疏的理念逐步消失，代之以运用法制规范经济秩序、规范人与人的交往关系、规范社会生活。

五、经验与启示

70年的社会发展变迁，是山西从贫穷落后走向富裕文明的奋斗历程。一路走来，山西在社会领域的改革中不断破除旧体制的束缚，坚持理论创新、体制创新、政策创新和实践创新，建立起充满生机和活力的社会发展新体制。这个社会领域改革发展的演变脉络，充分体现着中国特色社会主义体制的活力、制度的优势，也更证明了中国共产党的领导是各项事业发展的根本保证。

坚持中国共产党的坚强领导。加强党的领导是包括社会领域改革发展在内的中国特色社会主义现代化事业的根本保证。要始终坚持加强和改善党的领导，充分发挥党的领导核心作用，并以党的执政能力建设和先进性建设推动社会改革发展，以昂扬的改革创新精神不断开创社会改革发展新局面。共产党作为工人阶级和中华民族的先锋队，建立时就是以中国先进生产力的代表走上历史舞台的。在领导整个中国革命和建设的过程中，共产党都把解决中国的经济社会问题、提高人民物质文化生活水平作为重要奋斗目标和任务，并且在各个时期都取得了出色的成就。可以说中国共产党的奋斗历史就是解放生产力和发展生产力的过程，二者是完全统一的。中华人民共和国刚成立3年，党在纷繁复杂的斗争中，在继续完成民主革命任务的同时，使国民经济得到全面恢复和初步发展，从政治、经济、文化等各个方面促进了社会主义因素的成长，为整个国家从新民主主义转向社会主义奠定了良好的基础。中华人民共和国成立之初，中共山西省委为克服和纠正党员干部日益滋长的骄傲自满情绪和官僚主义、命令主义作风，以及违法乱纪、贪污腐化、自私自利的腐败行为，根据党中央的部署，先后领导开展了区以上各级干部的整风运动和党的基层组织的整党运动，端正了党的作风，纯洁了党的队伍，提高了党员的质量，密切了党和人民群众的联系。在全力巩固新生人民政权、建立人民代表大会制度、加强党的自身建设的同时，党还集中力量采取各种有效措施恢复国民经济。在完成对阎锡山官僚资本的没收任务之后，在企业中通过开展民主改革和生产改革，合理调整工商业，确立和巩固了国营经济的领导地位；经过稳定金融物价，统一财经管理，实现了全省财政和经济的基本好转。到1952年年底，恢复国民经济的任务胜利完成。同样是在党的领导下，山西顺利完成了社会主义改造的任务，全面确立了公有制为主的社会主义制度。进入全面建设社会主义时期，全省人民在党的领导下，为改变贫穷落后的面貌，发挥了高度的社会主义积极性和创造性、自力更生、艰苦奋斗，取得了显著的成就。改革开放以后，我们党围绕"建设什么样的党、怎样建设党"这一重大课题不断进行理论和实践探索，不断深化对党的建设规律、共产党执政规律的认识，有力推进党的建设新的伟大工程，使我们党在世界形势深刻变化的历史进程中始终走在时代前列，在应对国内外各种风险和考验的历史进程中始终成为全国人民的主心骨，在坚持和发展中国特色社会主义的历史进程中始终成为坚强领导核心。十一届三中全会以后，山西从农村联产承包责任制到国企改革的深化、从市场经济的确立到人民生活的根本改善的伟大社会革命都是在中国共产党的领导下有序推进的。党的十八大以来，以习近平同志为核心的党中央团结带领全国人民，以实现"两个一百年"奋斗目标和中华民族伟大复兴中国梦为目标，以"打铁必须自身硬"为要求，不断开辟新境界、探索新路径、实现新突破，逐步形成了以习近平新时代中国特色社会主义党建思想为指导的党的建设新格局，为新时代党的建设进一步发展奠定了坚实基础。山西认真学习贯彻习近平总书记重要指示精神，坚持一手抓当前、一手谋长远，紧紧围绕推进国家治理体系和治理能力现代化的新要求，坚持以变应变、以新应新，不断增强应对各项工作的预见性、主动性，坚持维护社会安定与激发社会活力相统一，努力使社会生机勃勃又井然有序，坚持以人民为中心的发展思想，把改革作为破解社会发展难题的根本出路，通过改革促进社会事业长远发展，坚持运用法治思维和法治方式解决问题，坚持科技引领、信息支撑，联动融合、开放共治，增强了社会建设的系统性、整体性和协同性，取得了社会发展的新成就。

坚持中国特色社会主义根本方向。历史和现实都告诉我们，只有社会主义才能救中国，只有中国特色社会主义才能发展中国，这是历史的结论、人民的选择。加强社会建设、创新社会治理、推进社会领域改革和发展，必须始终坚持中国特色社会主义的根本方向，坚持与社会主义市场经济改革发展相适应。要以世界眼光和宽广胸怀学习与借鉴外国在社会建设中的一切有益做法，但必须自觉抵制各种错误思想和主张的影响，确保社会领域改革发展始终沿着中国特色社会主义道路前进。在社会主义条件下，生产关系同生产力、上层建筑同经济基础相适应的方面，就社会制度的层面来看，主要体现为社会的基本制度，不相适应的方面主要是社会的具体制度，也就是社会的管理体制和运行机制（当然，也不是说所有的体制和机制都不适应）。因此，改革的对象，主要是不相适应的体制和机制，而不是社会的基本制度。体制机制是社会制度的实现形式，是为完善与发展基本制度服务的。在社会制度体系中，由于体制机制不占主导的方面，处于从属的地位，因此，变革社会的体制机制，不会改变这个社会的性质，反而有利于社会制度的完善和生产力的发展。社会主义改革的目的，就是革除同生产力发展不相适应的方面和环节，建立和完善充满生机和活力的体制机制，通过社会主义制度的自我完善与发展，推动社会主义事业的发展。社会主义市场经济体制的活力需要依靠社会主义制度的优越性才能充分体现出来，社会主义的政治体制、文化体制、社会体制、生态文明体制以及其他方面的体制的活力，也离不开社会主义制度这个前提和基础。山西推动社会领域的改革进程，都是在中国特色社会主义理论指导下进行的，所取得的成就更是体现了中国特色社会主义的制度优势。随着中国特色社会主义的不断发展，我们的制度必将越来越成熟，我国社会主义制度的优越性必将进一步显现，我们的道路必将越走越宽广，我国发展道路对世界的影响必将越来越大。

坚持以人民为中心的发展思想。坚持以人民为中心，是习近平新时代中国特色社会主义思想的重要内容，也是推进全面深化改革的基本价值取向，深刻回答了改革为了谁、依靠谁来改革、改革发展成果由谁享有等基本问题。社会领域的改革发展之路，是一条把人民利益放在首位的道路。以改善人民生活、增进人民福祉作为出发点和落脚点，在人民中寻找发展动力、依靠人民推动发展、使发展造福人民。始终坚持鲜明的人民立场，以促进社会公平正义、增进人民福祉为出发点和落脚点。山西在推进社会领域改革的过程中，坚持以人民利益为重、以人民期盼为念，聚焦人民日益增长的美好生活需要和不平衡不充分的发展之间的矛盾，聚焦民生领域的短板，聚焦人民群众的操心事、烦心事，聚焦人民群众在就业、教育、医疗、居住、养老、环境等方面的难题，坚持人民群众关心什么、期盼什么，改革就抓住什么、推进什么，做到人民有所呼、改革有所应，努力使改革符合广大人民群众意愿、得到广大人民群众拥护。我们党始终将保障改善民生作为立党之本、执政之基、力量之源。改革开放以来，特别是21世纪以来，党和国家提出加强社会建设，一个根本着眼点就是对改善民生的深度关切。从上述山西社会事业的发展可以看出，社会领域改革始终以保障改善民生为主线，促进广大人民享有良好的教育、稳定的就业、公正的收入分配、安全的社会保障网、健康的生活环境、自由平等的发展空间，乃至民主的政治、文明的法制、个人的尊严与体面生活，同时以公平正义为价值导向。改革开放以来，党和国家把维护社会公平正义提高到社会主义本质的高度，作为发展和完善中国特色社会主义的根本思想。在建立和完善社会主义市场经济体制的条件下，强调正确处理按劳分配为主体和实行多种分配方式的关系，先后提出了效率优先、兼顾公平的原则以及注重社会公平、合理调整国民收入分配格局的要求，公平正义日益成为我国社会变革和发展的核心价值导向。山西以提供公共服务均等化为契机，在经济持续发展前提下，就业规模稳步扩大、城乡居民收入大幅提升、脱贫攻坚成效卓著，人民生活迈向全面小康，人民群众共享改革发展成果，不断增强人民群众的获得感、幸福感、安全感。

坚持体制机制创新。改革开放以来，我国社会改革发展取得的举世瞩目成就都得益于不断推进的党的社会发展理论创新，特别是摆脱了许多传统思想上的禁锢，正确认识在发展社会主义市场经济、社会主义民主政治、社会主义先进文化条件下政府、市场和社会三者之间的关系。注重顶层设计和基层探索相结合，从整体上系统研究社会改革发展的基本目标、任务、路线图和时间表，注重社会领域改革发展的系统性、整体性、协同性。要以更大的勇气、更多的智慧和更强的能力攻坚克难。要继续鼓励地方大胆试验、勇于创新、敢于突破，充分尊重基层和群众的首创精神。要善于总结和推广社会改革发展创新中丰富的实践创造，及时推广新鲜经验。改革开放以后，人民群众收入水平大幅增长，衣食住行、子女教育、医疗保健、养老等方面的需求进一步释放。伴随社会主义市场经济体制改革的推进，市场化大潮影响方方面面，社会领域的改革也进行了多方面的探索。比如，1992年中共中央、国务院关于《加快发展第三产业的决定》中，明确教育为第三产业的重点领域，一些地方开展了教育产业化的探索。又比如，医疗卫生方面也有了公立医院产权改革的尝试等等。其中，2007年党的十七大可被视为社会领域改革的一个转折点。"社会建设"作为与经济建设、政治建设、文化建设同等重要的社会主义事业总体布局的一部分，首次出现在党的代表大会报告中，"加强社会建设，全面改善人民生活"也被正式作为实现全面建设小康社会奋斗目标的新要求提了出来。教育、就业、收入分配、社会保障、医疗卫生、社会管理等被系统地纳入社会建设的范畴，与经济建设较为明确地区分开来。社会领域改革进入到被更加高度重视的阶段，时间大致是党的十八大以来。经过多年的探索，社会各界对社会领域具有公益性和市场性的双重属性越来越达成共识，尤其近几年，社会领域改革发展的路径更为清晰，呈现以下特点：一是区分基本与非基本，基本公共服务应该由政府来提供，非基本的则可交给市场和社会。国务院在2012年、2017年分别印发《国家基本公共服务体系"十二五"规划》和《"十三五"推进基本公共服务均等化规划》，探索紧扣人民基本生存和发展需要，完善覆盖城乡、均等、普惠、可持续的基本公共服务体系。二是积极引导社会力量参与。在夯实政府保基本职责的同时，进一步放宽准入，激发社会领域民间投资活力，优化管理服务，吸引多方参与服务供给，创新服务供给方式，推广PPP模式（即政府和社会资本合作）等，满足人民群众的多样化需求。三是继续强调扩大量的供给，也突出了质的要求。政府积极转变职能，从事前审批向事中事后监管转变，引导市场主体更多从群众需求出发，创新服务产品和服务业态，积极应用移动互联网、物联网、大数据、云计算等信息技术，优化服务体验，提供高效便捷优质的服务。这个阶段，教育、医疗、养老、文化、旅游、体育等相关领域与互联网融合发展的态势显现。从本质上讲，任何体制机制的改革创新都是利益关系的重新调整。在改革逐步深入的情况下，利益关系呈现多样化、复杂化和失序化的趋势，尤其是随着社会发展成果的积淀，一些系统性的不合理利益格局呈现固化的态势，成为改革创新过程中的障碍之一。因此，改革创新体制机制不能仅将注意力投入到新方法、新技术或者新制度的应用上，而且应该深入分析治理过程中可能触及的利益关系，通过建立利益协调机制、利益补偿机制等方式，尽可能扩大人民群众共享改革成果的范围，提升改革创新的程度，实现短期利益与长远利益的有机结合。

坚持问题意识和制度导向。社会建设中与群众利益密切相关的问题比较突出，解决这些问题就是人民的期盼、时代的声音。这就要求必须树立强烈的问题意识，提出有针对性和有效解决问题的思路与办法，坚持标本兼治，强化制度导向，着眼于建立和完善相关制度机制，推进改革措施，注重加强制度建设。改革开放的历程，就是在不断解决问题的过程中推动社会主义中国步步向前发展的伟大实践。当前，社会领域改革进入了深水区和攻坚阶段，改革在取得历史性巨大成就的同时，也面临着一系列突出的矛盾和挑战。一是社会体制改革的长期滞后总体上制约了社会建设发展。较长时期以来，社会建设是我国现代化建设中的一个短板和瓶颈，特别是社会体制不适应社会结构及利益结构多层次、多元化发展的新情况、新要求。二是社会体制核心领域的改革进展与人民群众的现实需要之间仍存在较大差距。社会建设中与改善民生和社会管理相关的基本公共服务人群不均等、城乡不一体、区域不均衡，群众上学难、看病难、住房难、就业难等一系列问题尚未得到根本性解决，收入分配差距不断扩大引发的社会不公平现象还比较突出。三是社会体制改革的顶层设计与经济社会发展的客观要求之间仍存在较大距离。这些矛盾和问题相互交织、相互影响，变得日渐复杂和日趋尖锐。解决这些问题的出路和关键在于改革。但是，与以往相比，今天改革的深刻性、相关性、复杂性、艰巨性前所未有，正所谓"牵一发而动全身"。如果没有全面、系统的改革，单向度改革难以奏效并时刻面临掣肘，这就意味着改革必须是多维度、全方位、系统性的改革，必须从社会领域向其他领域和各个方面扩展，进一步增强改革的系统性、整体性、协同性，积极推进体制机制创新，促进经济转型、社会转型和治理转型，努力在调整重大利益关系上取得重要进展。要尊重群众的主体地位和首创精神，拜人民为师，向群众求教，问政于民、问需于民、问计于民，从基层的实践经验中获得思想启迪，从群众的伟大创造中汲取丰厚营养，特别是对一些涉及群众切身利益的政策性问题，要认真听取群众呼声、了解群众诉求，包括掌握网情民意，这样才能找到真正解决问题的好办法。重视运用法治思维和法治方式解决社会问题，加强社会建设、创新社会治理。当前我国在教育、就业、收入分配、社会保障、社会组织、社区建设、医疗卫生、食品安全、扶贫、慈善、社会救助和妇女儿童、老年人、残疾人合法权益保护等领域制定了大量法律，还制定和实施了一系列的政策法规和规范性文件，有力地保障了我国社会领域改革发展的顺利推进。解决问题还要不断开拓创新，加强理论研究和实践探索，深入基层，认真学习、总结群众中有关社会领域改革的新思路、新方法，使其上升到规律性、理论性的高度，适时、实地、适度地予以推广，努力把研究成果转化为推动发展的实际动力，努力走出一条具有中国特色、时代特点的社会发展之路。

专题一 人民生活水平不断提高

人民生活变迁是社会变迁的最直观体现。中华人民共和国成立70年来，中国发生了翻天覆地的变化，传统与现代、国家与社会的交互建构和形塑构成社会生活的重要内容，也促推人民生活不断变迁。70年来，山西人以一往无前的进取精神和敢为人先的创新精神，谱写了山西发展的壮丽篇章，实现了经济社会的巨大发展。特别是党的十一届三中全会以来，经济和社会各项事业获得快速、健康发展，人民收入水平不断提高，消费方式显著改善，全省社会发展呈现欣欣向荣的现代化图景。

一、人民生活追求温饱：实现从贫困落后到基本温饱的生活需要（1949~1978）

1949年中华人民共和国成立，国家的社会制度和社会形态发生了根本性变革，它为中国社会的发展开辟了一条崭新的道路。作为社会发展与变迁重要内容之一的社会生活，相应地也发生了重大变革。中华人民共和国成立之初的30年间，山西人民的社会生活明显改善，物质生活水平与质量较中华人民共和国成立前有了明显提高，精神文化生活、行为方式与价值观念也随之发生巨大变迁。但受当时经济、政治等因素的影响，其发展水平呈现起伏波折的特征。

（一）人民生活水平不断改善

中华人民共和国成立初期，由于之前连年战乱的摧残和反动旧政权的破坏，山西国民经济形势严峻，人民的生活相当贫困。1949年人均年现金收入还不足100元，农村人均总收入仅为52.5元。在1949年至1952年三年国民经济恢复时期，人民政府通过没收官僚资本、土地改革、统一财经、外贸管制、调整工商业等一系列改革运动和措施，不但使新生的人民政权得到了巩固，而且在短时期内使国民经济得到恢复和发展。山西省委、省政府根据党中央确定的一系列方针政策，及时提出了山西的工作方针和主要任务，通过执行国家统一的财政政策、推行全面的土地改革、合理调整资本主义工商业等一些针对性的措施，积极进行恢复国民经济的工作，为中华人民共和国的发展奠定了最初的物质基础。到1952年年底，全省工农业生产均超过了中华人民共和国成立前的最高水平，财政状况明显好转，市场和物价基本稳定，城乡人民生活有了明显改善。1952年，全省工农业总产值达到29.3亿元，比1949年增长66.6%，其中工业总产值增长1.9倍；财政收入完成1.8亿元，增长20.6倍；全省城镇居民家庭人均实际收入达到126元。

随着工农业生产的发展和国民经济恢复任务的胜利完成，党中央提出了过渡时期的总路线，即要在一个相当长的时期内，逐步实现国家的社会主义工业化，并逐步实现国家对农业、手工业和对资本主义工商业的社会主义改造。1953年，第一个国民经济发展五年计划开始执行，山西经济第一次纳入有计划、按比例发展的轨道。到1957年，山西提前胜利完成了第一个五年计划，当年全省社会总产值、国民收入分别达到42.2亿元和22.9亿元，分别比1952

年增长71.2%和49.9%；全省地区生产总值达到29.2亿元，比1952年增长74%；全省地方财政收入达到3.5亿元，5年中增长近1倍。"一五"时期被称为解放后山西经济建设的第一个"黄金时代"。1957年（92.2元）与1952年（71.4元）相比，人均消费水平增加了20.8元，增长了29.13%。全省职工的实际工资水平比1952年提高了45.7%。城镇居民家庭人均实际收入126元增加到196.9元，增加了56.3%；农民住户人均纯收入增加到80元，增加了近30%，农民个人的消费品购买力提高了36.5%。[1]城乡居民储蓄存款总额由1952年的1042万元提高到9638万元。

1958年至1965年是我国社会主义建设在探索中曲折前进的时期。为了加快社会主义建设速度，使我国尽快改变贫穷落后面貌，赶上和超过发达国家，中共中央在1958年召开的党的八届二次会议上提出了"鼓足干劲，力争上游，多快好省地建设社会主义"的总路线。这条总路线及其基本点反映了广大人民群众迫切要求改变我国经济文化落后状况的普遍愿望，但是忽视了客观经济规律。进入1958年后，山西和全国一样经历了举世瞩目的"大跃进"和人民公社化运动。山西经济工作受到"左"的错误思想影响，片面追求高指标、高速度，导致了工作中的急于求成和急躁冒进，把"一五"时期末国民经济已出现的良性健康发展局面一下子推到了极为困难的境地。特别是1959年、1960年、1961年三年自然灾害期间，主要经济比例关系严重失调，人民生活面临较大的困难。1960年，全省农业总产值比1957年下降了16%，市场商品可供量严重不足，财政

---

[1]《山西省统计局关于1957年国民经济计划和第一个五年计划执行结果的公报》，1958年5月12日。

收入连续4年出现赤字。农民收入由1957年的80元减少到1959年的67.55元。为了帮助群众渡过困难，山西贯彻执行党中央在1961年提出的"调整、巩固、充实、提高"的八字方针，通过积极调整农村生产关系、压缩基本建设投资、回笼货币、消灭财政赤字等措施，稳定了市场供应，使全省国民经济得到了一定程度的恢复。到1965年，山西经济重新出现了稳定、协调、全面发展的良好态势。全省工农业生产水平超过或接近了历史最高水平，当年全省地区生产总值达到43.9亿元，比1957年增长了50.6%；全省财政总收入增长了94.6%。1962年，全省人均消费水平103.3元，比1957年增长了12.04%；农民住户人均纯收入从80元增加到94.40元，增加了18%。1965年全省农民全年纯收入为91.8元，比1957年增加11.8元，增长14.8%。农民全年生活消费支出由76.7元增加到85元，增长11%。

正当山西国民经济经过几年调整出现可喜发展势头之际，从1966年开始，在全国范围内又开始了举世震惊的持续10年之久的"文化大革命"。从1966年到1976年，由于"四人帮"的干扰破坏，山西国民经济和社会发展再次受挫，遭受了中华人民共和国成立以来最为严重的挫折和损失，这10年间，人民生活水平几乎没得到改善。在农村，取消广大农民正常的家庭副业生产，关闭集市贸易，在生产中违背客观经济规律，在经营管理上不计成本、不搞核算，"吃大锅饭"，限制了生产的发展，农民收入增长更趋缓慢。1978年，全省农民人均纯收入为101.60元，比1965年增加15.2元，平均每年只增加0.5元。

虽然如此，中华人民共和国成立以来，人民生活总的趋势还是不断改善，可以说是新旧社会两重天，各项涉及人民生活的经济指标都有大幅度增加，1978年，城镇居民人均可支配收入301.4元，比1952年增长175.4%，扣除物价上涨因素，城镇居民收入水平实际增长81.5%，平均年增长率4.6%。1978年全省农民纯收入为101.6元，比1949年52.5元增加了49.1元，年平均增加1.69元，递增2.3%。与此同时，全省居民的货币收入有了大幅度的增长，平均每一居民的年货币收入由1952年的52.2元增至1978年的191.7元。随着居民货币收入的增加，居民储蓄存款也急剧上升，全省居民储蓄存款由1952年的0.1亿元猛增至1978年的7.2亿元，平均每一居民的储蓄存款也由1952年的0.8元上升为1978年的452.3元。

（二）物质生活方式发生显著变化，消费以生存为基本特征

衣、食、住、行是物质生活的主要构成因素，是维系人类生存发展的前提条件和必要基础。服装、饮食、居住、交通等物质生活因素，不仅是时代变迁历程中最直观的外在表现形式，而且物质生活的诸种因素还负载了该时代所特有的鲜明特色和社会意义，并对当时社会发展产生重要影响。

中华人民共和国成立初期，山西人的服装式样与风格、饮食内容与结构、交通出行、居住质量等物质生活层面均较中华人民共和国成立前发生了显著变化，具有鲜明的时代特色。但受当时经济条件的限制，这一时期山西城乡居民的生活消费主要是以生存为主，食品、衣着消费份额很大，总体消费水平不高。1978年山西人均消费支出为90.64元，比1952年增长20.34元，不考虑物价因素，年均递增速度只有1%。1952年，山西城镇居民有90%的消费支出用于生存资料，特别是食品消费支出比重高达67.8%，到1978年，居民用于食品方面的消费支出仍占总支出的55%左右；1954年，山西农村

的食品消费支出占收入的68.2%，到1978年仍高达67.3%。

1.衣着朴素、单一，以保暖为主

不同社会时代的着装体现不同的文化精神。中华人民共和国成立初期，苏联服装成为当然的革命象征，当时的山西，和全国一样，服饰是以列宁装、干部服等庄重朴素大方的风格为代表，颜色以蓝、灰、黑为主，整个城市充满进步的、平等的、民主的气息，让身处其中的人们深刻地感受到一个新时代的到来。20世纪60年代到70年代以"文化大革命"为标志，"不爱红装爱武装"成为着装的革命表征。为了表达对革命的赞同和对革命的向往，代表工人阶级形象的蓝色帆布（俗称"劳动布"）工作服与国防军绿装逐渐成为那个时代的着装时尚。而在农村，棉布一直是首选，农村居民人均年棉布消费量5.8米、化纤布0.3米、呢绒绸缎0.01米。农村居民衣着消费结构中，自制土布占有相当比重。农民购买成衣的比例很低，"一件棉袄穿六冬"的现象极为普遍。

这一时期，城乡居民在衣着消费方面主要是满足保暖的需要，无力考虑花色品种。宽松、朴素的服饰特点既与当时反对"封、资、修"的不正当生活方式的意识形态宣传有关，也是服从于劳动的需要。那个时期的普通大众休闲时间很少，除了劳动、工作之外，一般都在家休息，出外参加娱乐交往活动的机会不多，时髦和紧身的服饰不便于人们从事繁重的体力劳动，不符合劳动人民的面貌，所以衣着消费仍然以生存型为基本特征，消费水平不高。数据显示：1978年全省城镇居民人均衣着消费支出为47.6元，比1952年的16.7元增长30.9元，年平均增长率为4.3%；1978年全省农村居民人均衣着消费不到14元，比1954年增长了38.5%，年均增长率仅为

1.3%。

2.饮食生活方式平均化

第一个五年计划执行初始,全国城乡人民积极参加和支援国家工业化建设,迅速地促进了工业和城镇事业的发展,同时也使种植工业原料的农业地区的农户加速转移,急剧扩大了对商品粮食的需求量。而当时的小农经济在增加生产和提高粮食商品率方面能力有限,所以出现了粮食供求紧张的矛盾。私人粮商粮贩借此机会企图操纵粮食市场,投机活动猖獗,使得粮食问题日趋严重。山西历来是缺粮省份,粮价一直波动,情况更加严峻。1953年11月19日,中共中央做出了《关于实行粮食的计划收购和计划供应的命令》。山西立即开始了有计划有步骤地贯彻粮食统购统销政策的工作,到1954年4月底,全省又对棉花和油料实行统购统销,统销的粮食达到80万吨,统购的棉花、油料分别达到1.045万公斤和2.5万公斤。1955年10月,实行粮食以人定量供应后,粮食部发行全国通用粮票。之后,食用油票、布票等各种票据相继面世。米、面、食用油、糖、猪油、豆制品、布匹这些基本生存物资都凭票供应(目的是保证人人有份)。据不完全统计,到1978年,按人限量供应的各种消费品票证达73种。可以说,那个时候没有票证,生活寸步难行,因为所有的商品都与票证捆绑在一起。

粮食统购统销是解决中华人民共和国成立初期粮食供应矛盾、保证城乡粮食供应唯一有效的办法。这一政策实行后,山西按户定产的粮田面积为6193万亩,定产数为429.79万吨,定购数为104.47万吨。其中定购数比中央核定数102.5万吨增加1.97万吨,占常年评定产量的24%。经过按户定产扣除留粮计算,在全省3224.52万农户中，余粮户占69.25%、自足户占11.69%、缺粮户占19.06%。粮食产多少、卖多少，农民留多少，有多少缺粮户，都能够随时掌握，随时调拨余缺，随时解决群众生活中遇到的困难，从而保证了人民群众的基本生活。到1957年，山西城乡居民年平均消费粮食由中华人民共和国成立初期的161公斤提高到194公斤；社会零售粮食由中华人民共和国成立初期的11.5万吨提高到78.9万吨。[1]另外，粮食统购统销的实施，结束了粮食市场自由经营的混乱局面，国营粮食部门掌握了粮源，对粮食销售价格采取基本不动、个别调整的方针，使全省粮食价格始终保持了稳定。以1952年全省零售粮食指数为100，1953年为101.42，到1957年增长到112.94，平均每年增长2.46%。粮价的稳定也安定了人心，为社会创造了良好的环境，使山西在"一五"期间成功地进行了重点工程和地方工业的建设。[2]

统购统销政策是计划经济体制下商品短缺时期的产物，票证制度对稳定市场和社会、保障人民生活必需品的供应发挥了积极作用，平均主义是当时人们生活方式的一种理想样态，但这种统一分配的票证（配给）制度限制了广大人民群众对物质的需求，这种相对的公平却是建立在一个贫困的基准上。这一时期，山西城乡居民生活没有摆脱贫困，还处于追求温饱阶段，虽然食品消费支出比例较高，但消费水平并不高，食品短缺，人民营养不足。这一时期，农村居民人均每年的粮食消费量在190公斤左右，其中一半以上是玉米、薯类等粗粮，三年自然灾害时期甚至不到160公斤，农民始

---

[1]《当代中国的山西》（下卷），中国社会科学出版社1991年，第447、452、454、455页。

[2]《山西经济》，山西人民出版社，1985年，第430页。

终在为填饱肚子的基本生存需要而奋斗。到1978年，农村居民粮食消费量达到230公斤，食用油消费量没有超过1公斤，蛋类消费量没有超过0.5公斤，肉类消费量没有超过2公斤。农村居民人均从食物中摄入热量每日平均为2015千卡，其中植物提供的热量占总热量的98%，而仅食物提供的热量就占到80%以上；人均每日从食物中摄取的脂肪为24.4克，其中动物性食物所提供的脂肪仅为10%；人均每日从食物中摄取的蛋白质为53.5克，其中动物性食物所提供的蛋白质仅占2%。改革开放以后，随着社会生产力的不断发展和经济关系的日趋复杂，统购统销政策的弊端也逐渐暴露出来。一直到1985年改行粮棉定购合同为止，沿用30余年的票证彻底完成了自己的历史使命。

3.居有定所和居住方式的集体化

中华人民共和国成立前房屋多是私房，政府不对房屋问题进行管理调控，普通人民的居住行为是自发自主形成的，房屋的租赁与买卖有商品经济的特点，受市场经济因素的影响甚浓，一般普通民众根据自身的经济能力选择适合的住房，而大部分贫苦劳动者则因经济条件有限，居住条件极差。中华人民共和国成立后，随着国民经济的发展以及社会主义制度的建立健全，政府开始通过多种方式着力解决普通劳动者的住房问题。

在城市，为解决城市劳动人民住房紧缺、住房困难的状况，国家取消了此前房屋的商业市场模式，改为对居民住房实行行政性的计划调控管理，住宅建设和使用实行国家建设、无偿分配和低租金福利制的政策。"等国家建房，靠组织分房，要单位给房"是福利分房的典型特征，住房成为一种社会福利产品，由国家统一规划、建设和分配。同时通过修缮失修房屋、改造破败棚户区、新建新式住宅区等措施，逐步提高普通劳动者的居住水平，消除普通民众无房可住的后顾之忧，维护了普通居民的住房利益。国民经济恢复的三年，山西省从基本建设投资总额中抽出15.5%的资金用于职工住宅建设，全省共修建住宅面积达612.986万平方米，使2万余户职工喜迁新居。"一五"期间，山西省职工的住房条件又有了很大的改善，除去对原有职工住宅进行了修缮外，先后共建职工住宅455万平方米，解决了32万多户的住宅问题。但迫于人口与住房的矛盾，多数普通民宅主要是多户共居的大杂院和筒子楼居住模式。在农村，农民分得土地，生产积极性高涨，农业生产得以发展，随着国民经济恢复，生活水平不断提高，部分农民开始对旧房进行修补，有的建了新房，但仍延续着解放前的用材习惯和结构形式，以土窑洞为主，住房消费以遮风、挡雨、保暖为基本特征。

这一时期，相较中华人民共和国成立前，山西城乡居民住房状况稍有好转，但受经济条件的限制，改善住房条件只能放在提高城乡居民物质生活水平的次要位置。那时人们虽然居有定所，但无论是非单位居民住宅的合居形式（大杂院、里弄等），还是单位制的职工宿舍，所住的房屋都结构简单，作为生活空间的质量很差。城市居民以砖木结构、农村居民以窑洞土屋为主，山西城乡居民住房条件未发生根本性改观。据相关资料统计，1954年，山西城乡居民人均拥有住宅面积仅7.3平方米，直到1978年才增加到10.2平方米。

4.现代交通通信工具取代传统交通通信工具

中华人民共和国成立初期，山西省的交通运输和邮电通信条件得到了极大的改善,现代化水平不断提高,便利了居民的出行、工作等日常生活。

山西公路交通是在战争的废墟上建设和发展起来的。1949年太原解放时,全省仅有12条公路、1288公里通车里程,缺桥少涵,重要干线公路均不能全线贯通,仅有1/3的县城能够季节性通行汽车,全省只有210辆破旧汽车,其中仅有5辆客车,公路交通运输十分落后。中华人民共和国成立初期,勤劳勇敢的山西人发扬革命战争年代艰苦奋斗的优良传统,用自己的双手在战争的废墟上建设交通、发展交通,战胜了三年自然灾害等一系列困难,使山西交通有了长足的发展。到1966年,全省公路通车里程达22471公里,有路面里程达6590公里,高级、次高级路面里程达580公里,民用汽车达10284辆,分别是中华人民共和国成立时的17.5倍、41.7倍、41.1倍和49倍。公共交通的长足发展便捷了居民的交通生活,提高了居民的基本生活质量。但由于这一时期受到社会经济条件的约束和各方面的限制,政府投入到满足人民交通出行方面的资源不是很多,老百姓日常交通出行是不方便的。在城市,自行车取代旧式人力车成为机动车之外的主要城市交通工具;在农村,不但绝大多数人没有乘坐过公共汽车,就是自行车,也只有极少数在"公家"上班的家庭才有。1962年,每百户农民家庭仅拥有自行车4.2辆。

在邮电通信方面,1952年与1949年相比:邮电局所增长125.5%,达到1008处;邮路总长度增长55.85%,达到71684公里;长途电信线路增长168.9%,达到2845对公里;市内电话容量增长55.37%,达到6168门;农村电话从无到有,至1952年发展到1858门,增长了55.37%。"一五"期间新建电话线路达到53550公里,通电话的乡已占到全省总乡数的80%。尽管逐年都有增长,但是用于家庭的通信设施还是很少,20世纪50年代至70年代,书信、电报是人们日常生活中重要的通信工具。

5.文化娱乐生活以看电影、听广播为主

20世纪50年代至60年代正是我国电影发展的兴盛时期,看电影大概可以称得上是当时最高档次的娱乐,也是老百姓主要的娱乐消遣方式,一块银幕成为那个年代乏味生活中一道亮丽的风景。在那个时代,"一票难求"是对那个时代单一文化娱乐生活的真实写照。虽然当时电影的类型和内容都十分单调,但对人们来说仍然有很大的吸引力。1957年,山西省有影剧院64座,比1952年增加了27座;电影放映队发展到263个,增加了218个;电影观众达4818万人次,增加了4113万人次;各类剧团增加了67个,发展到118个。除了看电影,当时还有一项文化娱乐生活,就是听收音机。但由于经济不宽裕,有收音机的家庭并不多。人们听收音机的内容主要是政治性的。

值得注意的是,在那个"革命"的年代,文化娱乐生活的单调乏味与素朴的物质生活的基调是一致的,为了鼓舞人们的革命斗志和大无畏的革命精神,当时的电影、广播、音乐都既可以更好地表现阶级斗争的氛围,同时也可以驱逐物质生活清苦带来的阴影,对民众起着精神激励的作用。

二、人民生活奔向小康:从保障基本需求走向小康式满足(1978~2012)

改革开放以来,经济体制改革不断推进,极大地调动了群众的积极性,山西经济社会发展水平不断提高,城乡面貌发生了翻天覆地的变化。城乡居民收入快速增长，消费水平和质量显著提高，消费环境明显改善，人民生活水平在解决温饱的基础上，正在大步向小康迈进。

（一）人民生活水平获得显著提高

1978年，党的十一届三中全会召开以来，山西不断加大改革力度，经济发展逐步突破计划经济的桎梏和束缚，全省经济社会全面发展，综合实力明显增强。1992年，邓小平南方谈话和党的十四大后，中国共产党最终确定了社会主义市场经济改革目标。之后，山西进一步调整发展战略，一方面推进了对公有制经济的改革，另一方面出台了一系列鼓励非公有制经济发展的政策措施，全面加快了兴晋富民的步伐。尤其进入21世纪，随着党的十六大、十七大的胜利召开，全省经济保持了又快又好的发展态势，山西省城乡居民的生活水平得到快速提升。

1.城乡居民收入快速增长，生活质量不断提高

山西省委、省政府高度重视改善民生，千方百计增加就业，把增加城乡居民收入，提高人民生活水平和生活质量作为各项工作的出发点和落脚点。这一时期，随着经济的快速增长，城乡居民人均可支配收入均实现了大幅增长。从1978到1992年，全省城镇居民人均可支配收入翻了两番多。1978年到1985年，全省城镇居民人均可支配收入由301.4元增加到595.3元，实现了第一个翻番。1992年城镇居民人均可支配收入达到1622.8元，可支配收入又翻了一番多，比前一翻番所用的时间缩短了两年。2002年城镇居民人均可支配收入为6234.36元，是1992年1622.8元的3.8倍。2006年，城镇居民人均可支配收入首次突破万元大关，达到10027.7元，2007年又创

新高，达到11565元。到2012年城镇居民人均收入达20411.7元，比1978年增加了67.7倍，年均增长高达13.2%。人民群众真正分享到了改革发展的成果。

改革开放以后，山西农村发生了深刻而广泛的变革。由于推行以家庭联产承包责任制为主要内容的经济体制改革，农村居民收入获得持续快速增长。与此同时，省委、省政府采取的一系列惠农政策和农产品价格的上涨，使农村经济实力明显增强。1992年全省农民人均纯收入达到627.01元，是1978年的101.61元的6.2倍，年均增速高达14.6%。2008年农民人均纯收入达到4097.2元，是1992年的627.01元的6.5倍，年均增速为13.2%。到2012年农村居民人均收入达6356.6元，比1978年增加了62.6倍，年均增长达12.9%。

2.收入结构发生变化，收入渠道不断拓宽

改革开放解放和发展了生产力，使城乡居民收入大幅增加。随着社会主义市场经济体制的不断健全和经济活力的增强，非公有制经济成为国家发展经济的重要补充，为城乡居民提供了广阔的选择平台和就业机会。人们的观念发生改变，不再唯一追求国有企业的"铁饭碗"，而是适应市场经济变化，大胆投身到非公有制经济中寻找收入更高的行业就业。农村居民除了农业生产外，也开始外出务工，寻求更多可以改善生活、增加收入的工作机会。富裕之后的城乡居民收入来源构成发生变化，收入渠道不断拓宽。

从解放初期到1978年城镇居民人均可支配收入主要是工资性收入，占城镇居民可支配收入的95%左右。从1978年开始，经过30多年的改革，职工工资性收入对城镇居民可支配收入的影响明显减弱，工资性收入比重逐年下降，非工资性收入成为居民收入的主要增长点。从1978年到2012年，城镇居民工资性收入占全部可支配收入的比重从93.3%下降到66.8%，下降了26.5个百分点；2012年城镇居民人均可支配收入中财产性收入为1153元，是2008年202.3元的5.7倍。随着乡镇企业的迅速崛起和外出务工经商人员的增加，农村居民改变了主要靠出售农副产品获得收入的状况。山西农民的工资性收入（劳动者报酬收入）在农民纯收入中所占的比例2008年上升到41.8%，到2012年占比49.96%，成为农民增收的主要来源。家庭经营性收入所占比例由1978年的15.6%上升到2012年的36.72%。转移性收入、财产性收入也在不断提高。随着收入的增加，全省城乡居民储蓄存款余额由1991年的386.5亿元增加到2012年的11997亿元，增长了31倍。

（二）消费水平明显提高，消费结构不断改善

改革开放前，我国生产力水平不高，市场商品不丰富，凭票证供给商品，消费者毫无选择的余地。经过20多年的经济建设，消费品市场已基本消除了长期困扰的短缺现象，初步形成了买方市场的格局，居民消费方式发生了根本性的转变。随着城乡居民收入的大幅度增长，消费水平也明显提高。2012年，全省城镇居民人均消费性支出12756元，比1978年增长46.3倍，年均增长率为11.9%；农民人均生活费支出6184元，比1978年增长了68.2倍，年均增长率为13.2%。与此同时，社会消费结构也有了明显改观，城乡居民在食品方面的消费比重有所下降，在衣着、教育娱乐、医疗保健、交通通信方面的比重不断增加。农村居民在食品方面的消费占生活消费的比重由1978年的67.32%下降到2012年的33.4%。2012年城镇居民在医疗保健、交通通信和文化教育娱乐服务方面的消费支出占总消

费的33.45%，比1992年提高19.7个百分点，整体上已由量的满足阶段转向质的提高阶段。

1. 多样化的营养需求与满足

这一时期，山西城乡居民的食品消费经历了从温饱到小康状态的转变。改革开放初期，主要是吃的数量的扩充，主食比重下降，其他各种副食品增多。20世纪90年代以后，居民开始追求吃的质量的提高，营养、新鲜、方便、快捷的食品受到普遍欢迎。

1978年以后，山西城乡居民食品消费的一个重要转变是彻底摈弃了"胡乱吃饱"的传统做法，开始从粗放型向营养型转化，开始有意识地注意食品的营养结构。从食物消费量来看，粮食和蔬菜等传统食物消费量略有减少，2000年全年人均消费粮食198.03公斤，同比下降2.6%，蔬菜及菜制品74.08公斤，下降6%；水产品、禽肉和奶类等食物消费量增加，全年人均消费水产品0.81公斤，同比增加23.7%，家禽及制品0.57公斤，增长51%，奶和奶制品6.93公斤，增长43.2%。食物营养结构显著改善，表明人们的饮食消费观念已渐趋成熟和健康，饮食已经不单单是为了满足温饱，而是要讲究营养均衡、粗细搭配。20世纪90年代以后，城乡居民外出就餐越来越多，饮食生活方式由单纯的家庭用餐改为有选择地到餐馆聚会。物流和保鲜技术的空前发达让人们在本地就可以品尝到全国各地甚至世界各地的特色美食，而且外出就餐开始更加注重就餐环境和服务质量，外出聚餐逐渐成为一种协调人际关系的手段，人们开始注重食物的内在文化品位。

膳食结构的变化是居民生活水平升降的重要标志之一。根据联合国粮农组织的标准划分，恩格尔系数在40%~49%为小康、

30%～39%为富裕、30%以下为最富裕。1978年山西省城镇居民恩格尔系数为55.52%，到2012年为31.57%；农村居民恩格尔系数由1978年的67.32%下降到2012年的33.42%，全省人民生活总体达到并已步入"富裕区间"。

2.衣着服饰时尚化、个性化

改革开放前，温饱被摆在了需求的第一位，人们没有条件追求服装的新、多、美，对服装的需求只能停留在解决温饱的生存型消费模式上，即解决人们对服装的最基本需求：保暖、护体。城乡居民衣着款式单一，衣料以棉布为主，式样主要是中山装。改革开放以后，人们的思想观念发生改变，不仅追求服装的漂亮、时髦，更追求舒适和个性化。

服饰的变化以经济的发展为前提，服饰时尚的变化在某种程度上反映了人们生活水平提高的状况。改革开放以来，城镇居民在衣着方面求新、求美，讲究舒适、大方，"一季多衣"取代了过去的"一衣多季"，服装的花色、款式也变得多样化，成衣消费比重明显扩大。2012年山西城镇居民人均衣着支出1529.47元，比1978年增长了近40倍，年均增长10.73%。人们的服饰风格开始向着开放化、自由化、个性化的方向发展，"奇装异服"成为开放与自由的象征。农村居民的穿衣质量也有了较大提高。2000年全省农村人均棉布消费量下降了93.3%，呢绒、毛线及毛线织品数量则大大增长。

3.居住条件日渐改善

改革开放以后，山西省城乡居民的居住条件日益改善，人均居住面积和房屋成套率均有所提高。

由于我国城市土地使用制度改革的起步，为了解决长期积累的城镇居民住房困难问题，山西省各级政府开始重视城镇居民住宅建设问题，一方面鼓励企事业单位自筹资金建设住宅，另一方面成立住宅建设办公室或者房地产开发经营公司，划拨筹集资金建设城市住宅，改善城镇居民生活条件，山西省城镇居民住宅条件发生了质的改观。多数城镇居民由租房向买房过渡，拥有了属于自己的住房，人均拥有住宅建筑面积由20世纪80年代中期的6.74平方米增加到1995年的10.18平方米。从1998年开始，我国又扩大了个人住房贷款范围，放宽了个人住房贷款期限。之后住房货币化补贴的实施和二手房市场的完善，使城镇居民有能力购买质量更好、面积更大的商品房。截至2012年年底，全省城镇居民拥有住宅的户数已经超过91.7%，人均住房建筑面积已经超过30.64平方米，全省城镇居民住房情况已经步入小康。

在农村，家庭联产承包责任制解放了生产力，增加了广大农村居民的收入，农民开始逐渐摒弃旧式的窑洞土屋，兴建砖木结构和钢筋混凝土结构房屋，居住条件也开始发生质的改变。这一阶段，山西省农村居民基本实现了住有所居的目标，全省农村居民拥有住宅的户数达到90%以上，人均拥有住宅面积从1978年的9.4平方米扩大到2000年的30.69平方米，住房条件明显改善。进入21世纪，政府实施了一系列惠农政策，山西省农村居民收入增长显著，有更多的财力改善住房条件，开始追求住房质量，一方面住房由平房变成楼房，2012年农村人均住房面积达到32.6平方米；另一方面住房结构向坚固耐用型转变，农村住宅开始讲求结构、讲究功能，住房质量得到显著提高。

4. 城乡居民精神生活日益充实

随着人民生活水平的日益提高和社会的不断发展,城乡居民的文化娱乐生活也开始变得丰富多彩起来。

一方面,耐用消费品的迅速普及为居民的多种文化娱乐生活提供了广阔的空间。城乡居民对耐用消费品的拥有,从无到有、从少到多,普及程度迅速提高。改革开放初期,"老四件"(手表、自行车、收音机和缝纫机)是当时城镇居民家庭中最好的耐用品;20世纪80年代到90年代,电视机、洗衣机、录音机、电冰箱、电风扇、照相机成为"新六件";进入21世纪,电话、家用电脑、小汽车等高科技产品开辟了家庭消费新领域。数据显示,1980年,山西城镇居民每百户拥有洗衣机仅1.6台、冰箱仅0.3台,而2012年,全省城镇居民每百户拥有彩色电视机111.2台、洗衣机103.4台、冰箱91.81台。2012年城镇居民每百户拥有移动电话188.39部,比2008年的136.39部增长了38.13%;每百户拥有照相机32.64台,比2008年的26.24台增长24.39%;每百户拥有家用电脑74.07台,比2008年的47.21台增长56.89%;每百户拥有家用汽车20.81辆,是2008年的2.59倍,增长158.8%。从农村居民方面看,"老四件"经过80年代和90年代前期购买量的迅速扩张后,90年代后期购买量稳中趋缓,基本接近饱和,"新六件"进入购买的加速成长期。到2012年农村居民每百户拥有洗衣机86.62台、电冰箱52.9台、彩色电视机109.24台、移动电话达到186.8部。而山西农村居民每百户拥有的洗衣机直到有统计数据的1983年仅为0.2台,电冰箱在有统计数据的1987年仅为0.5台,发展速度之快令人咋舌。

另一方面,交通出行的改善使外出旅游、社交往来,以至境外观光,这些在改革开放前很少涉及甚至不敢问津的事情,变为司空见惯的活动。高速公路的建设、火车的提速、民航的发展使普通百姓实现了"日行千里"的梦想。20世纪90年代,旅游已不具有向人炫耀的价值,更多的人把它看作生活的一部分,旅游逐渐成为居民的一种生活方式。2012年全省旅游总收入1813亿元,同比增长35%;接待入境旅游者189.2万人次,同比增长21.8%;旅游外汇收入7.2亿美元,同比增长27%;国内旅游者1.9亿人次,同比增长29.8%。

三、人民生活走向富裕:从总体小康向全面小康迈进(2012~)

习近平总书记指出,我们追求的发展是造福人民的发展,我们追求的富裕是全体人民共同富裕。人民对美好生活的向往就是我们的奋斗目标。党的十八大以来,以习近平同志为核心的党中央带领全国人民砥砺奋进,国家发展取得了辉煌成就,人民生活水平全面提高。山西省认真学习贯彻党的十八大精神和习近平总书记系列讲话精神,坚决落实中央各项决策部署,特别是党的十九届二中、三中全会精神和习近平总书记视察山西重要讲话精神,积极应对挑战,奋力攻坚克难,多措并举增投入、补短板、兜底线,千方百计增加居民收入,实现了居民收入稳定增长、城乡收入差距不断缩小、消费水平和质量持续提高、人居环境明显改善,为全面建成小康社会奠定了坚实基础。

(一)人民生活水平持续增长

党的十八大以来,随着经济实力的不断增强,山西省城乡居民收入保持稳定增长,收入水平持续提高,人民生活明显改善,广大人民群众从深化改革和经济发展成果中得到实惠。

1. 居民收入稳步提高，农村居民收入增速快于城镇居民

2012年，党的十八大胜利召开，国家新一届领导把国家繁荣富强、人民幸福安康、社会和谐稳定作为重要目标，坚持以科学发展为主题，以加快转变经济发展方式为主线。山西省委、省政府积极落实国家各项惠民政策，不断加大省财政资源向基层延伸、向农村覆盖、向基本民生倾斜的力度。尤其是随着一系列强农惠农富农政策的实施，山西省农村居民增收步伐加快，农村居民人均可支配收入增速超过城镇，呈现农村居民收入追赶城镇的良好局面。

2018年城镇居民人均可支配收入31035元，比2012年增加10803元，增长53.40%，年均增长7.39%；2018年农村居民人均可支配收入11750元，比2012年增加4686元，增长66.34%，年均增长8.85%。城乡居民人均可支配收入增速分别快于同期人均GDP年均增速2.38和3.84个百分点，城乡居民收入增速均快于经济增速。从名义增速看，农村居民比同期城镇居民人均可支配收入增速快1.46个百分点。

2. 收入结构不断优化，收入来源更加多元化

山西城乡居民可支配收入稳步增长的同时，四大项收入构成也随之发生了变化，收入结构不断优化，收入来源更加多元化。

（1）工资性收入占半壁江山。山西省城乡居民收入持续增长，工资性收入成为城乡居民收入最主要的来源。党的十八大以来，山西省委、省政府积极出台增资政策，按规定调整公务员和事业单位人员工资，增加部分改革性项目补助；逐年提高企业工资待遇，建立正常增长机制；加大对低收入群体、生活困难群众的救助力度，大幅提高最低工资标准；直接拉动城镇居民工资性收入的稳步增长。在农村，随着农业劳动生产率提高，第三产业和农村非农产业发展，城市化进程加快，农村剩余劳动力得到转移。随着国家对农民工培训工作的加强和对农民工合法权益保障力度的加大，农民工就业能力和工资不断提高。特别是在全社会投入扶贫攻坚行动带动下，农民摆脱贫困的意识加强，且在各级政府及相关企业的帮助下，就业形势得到改善，有力地增加了工资性收入。2018年山西省城镇居民人均工资性收入为18572元，比2012年增加5061元，增长37.5%，年均增长7.4%；农村居民工资性收入为11750元，比2012年增加4686元，增长66.3%，年均增长7.4%。

（2）城乡经营净收入均衡增长。2018年，山西城镇居民经营净收入2574元，农村居民经营净收入3075元，两项数据差距相对较小。这主要是由于近年来在全省经济协调发展的大环境下，山西省积极引导居民树立新的就业观念、更新经营理念、搞活经营方式，鼓励个人自主创业并给予相关政策优惠及扶持；大力发展多元化经济，推动餐饮、零售、服装、家政、旅游等服务业的发展，对居民增收作用明显；农业结构调整成效显著，农民种植、养殖业对增加居民收入有直接作用，成为经营净收入快速增长的主要因素。山西省城镇居民经营性收入从2012年的2114元提高到2018年的2574元，年均增长3.3%；农村居民经营性收入从2012年的2238元提高到2018年的3075元，年均增长5.4%。

（3）财产和转移性收入成为新亮点。随着经济的发展和社会保障制度的逐步完善，山西城乡居民收入结构中非工资性收入部分增长加快，财产和转移性收入比重不断提高，收入结构更加优化。山西省城乡居民的财产净收入由2012年的1143元和167元分别提高到2018年的2286元和193元，年均增幅分别为12.2%和2.4%。其原因主要是居民财产增多和投资理财意识的增强、投资渠道的拓宽以及利息、股息与红利等收入有了大幅增长。山西自2013年实施百企千村产业扶贫开发政策以来,有力地吸引了社会资本投资现代农业,促进了各类新型经营主体对土地的需求,全省各地产业扶贫项目稳步推进,土地流转速度加快。城镇化进程加快使农民得到的集体分配股息和红利等财产性收入逐年提高。同时,随着住房制度改革进程的加快,城镇居民的自有房增多,住房私有率迅速上升,加之房价的不断上涨,带给居民更多的房租收入,从而促进了财产性收入的增加。

2018年,山西省城镇居民和农村居民转移性收入分别是7620元和2746元,占可支配收入的比重为24.5%、23.4%,相比2012年的3464元和1412元,年均增长幅度分别为14.0%、11.7%。城镇居民转移性净收入的增量和增速均居四大项收入第二,成为城镇居民第二大收入来源及城镇居民增收的新亮点。这一是得益于养老金或离退休金不断上调,特别是职工离退休金涨幅较大;二是得益于社会保障制度的贯彻落实,居民养老保险、最低生活保障标准、大病救助报销比例的提高等等,促进了转移性收入的快速增长。

(二)消费结构优化升级,新兴消费不断涌现

党的十八大以来,山西经济进入新常态,经济结构优化升级,经济增长由要素驱动、投资驱动转变为创新驱动。随着供给侧结构性改革持续推进和居民收入的稳步增长,消费新动能快速成长,消费需求不断释放,居民消费结构提档升级,消费亮点层出不穷。2018年,山西城镇居民人均生活消费支出为19790元,比2012年的12765元增加7025元,增长55.03%,年均增长7.58%,消费支出增量一年迈上一个千元台阶;山西农村居民人均消费性支出为9172元,

比2012年的6184元增加2988元，增长48.32%，年均增长6.80%。

1.追求绿色、快捷、美味的饮食体验

居民食品消费的变化既能反映经济发展水平的变化，又能反映居民消费需求的变化。党的十八大以来，山西居民的食物消费和营养状况发生了显著变化，营养水平明显提高。人均热量消费、人均蛋白质消费和人均脂肪消费等指标明显上升，食物消费结构逐渐从植物性食物为主型转向动植物并重型，食物消费更加多样化。抽样调查资料显示，山西城镇居民恩格尔系数由2012年的31.6%下降到2017年的23.1%；山西农村居民恩格尔系数由2012年的33.4%下降到2017年的27.4%。恩格尔系数的持续下降，表明山西省居民食品消费支出的比重逐渐降低，发展和享受型消费比重逐渐提高。

近年来，随着商品经济的发展和统一大市场的形成，山西城乡居民饮食质量不断提高，人们对食品服务有了较高的品质要求，更加追求食品的健康、安全以及体验，消费层次明显提升。主食比重下降，营养丰富的副食比重不断上升，食品种类繁多，各种绿色有机食品、保健食品和进口食品越来越受到人们的青睐。另外，在"互联网+"、大数据技术发展的环境下，餐饮O2O模式正在极大地改造着传统餐饮行业。餐饮业在开源节流的同时，不仅满足居民期望饮食便捷的各种新需求，也为居民不断创造出各种体验上的享受价值。以快餐业为例，从大众点评到诸多餐饮团购网站，再到正在井喷式出现的外卖O2O平台，互联网餐饮平台逐渐从信息化发展到交易化，并向产业化渗透。2015年前后出现的大量餐饮类App应用程序更是将餐饮与互联网、快递物流紧密结合，使人们既可以省去用餐前流程消耗的时间成本，又可以享受大厨烹饪菜品的味道。科技这张"王牌"带来了饮食和生活方式的改变。

2.衣着服饰品牌化、人性化

衣着消费是最先也最为直观体现消费观念变迁的。在全面建设小康社会的时期,居民思想观念更为开放,人们开始从衣着的时尚变化中追求美的享受,品牌意识日益增强,对服饰从功能需要上升为情感需要,意识到品牌所带来的象征意义及其带来的内在满足感。2017年山西城镇居民人均衣着支出1774.41元,比2012年的1529.47元增加了244.94元,年均增长3.02%。2017年农村居民人均衣着消费支出577.53元,比2012年的501.74元增加75.79元,年均增长2.85%。在农村,随着城镇化的不断加深,越来越多的农民走向城市,消费观念也发生了巨大的变化,衣着需求由耐用型向更为美观的成衣转变,对服饰品牌、舒适度的要求越来越高。

另外,随着"互联网+"时代的到来,人们早已不满足于用批量生产的制式成衣来装扮自己,衣着消费需求正在向人性化、个性化升级。衣着消费的人性化主要体现在更高的性价比、更多元的功能上。近年来,各种功能性服装开始出现在人们面前,卫生类服装有吸汗衫、杀菌服、排湿衣等,保健类服装有半导体丝袜、磁疗鞋、按摩服等,安全类服装有发光服、反光服、灭虫衣等。人们对于衣服的要求,不再局限于时尚新潮漂亮,还要提高穿着的舒适性,甚至还要能够对人体进行保护,甚至还有对健康状况监测和调节的作用。未来,伴随着众多智能穿戴设备市场的快速发展,智能服装将越来越多地改变人们的生活。

3.耐用消费品升级换代

党的十八大以来,居民耐用消费品不仅拥有量、拥有结构变化明显，而且高档化、高科技化的需求更加凸显。

一是家用器具类耐用消费品档次不断提升。电冰箱、彩色电视机、洗衣机等不仅拥有数量增加，而且档次显著提升。大屏幕液晶彩电、大容量多开门及环保冰箱、微电脑洗衣机和多功能高科技数码相机不断进入寻常家庭。现代化的耐用消费品品种不断增多，一些高收入家庭开始购买高品质的健身器材、中高档乐器等发展享受型耐用消费品。数据显示，2017年山西城镇居民平均每百户拥有微波炉39台，比2012年的38.82台增加0.18台；拥有电冰箱95.13台，比2012年的91.81台增加3.32台；拥有计算机（家用电脑）74.57台，比2012年的74.07台增加0.5台。2017年山西农村居民平均每百户拥有空调14.73台，比2012年的7.57台增加7.16台；拥有电冰箱70.89台，比2012年的52.90台增加17.99台；拥有计算机（家用电脑）34.90台，比2012年的27.67台增加7.23台。

二是交通通信工具的现代化。家用摩托车和汽车拥有量此消彼长。随着居民出行方式日趋多元化，交通工具也日渐向现代化方向发展。普通家庭拥有汽车已不再是梦想，尤其随着居民收入提高和汽车价格及税收逐年下调，越来越多的家庭拥有了汽车这一耐用消费品。车子、房子、票子成为现代"新三样"。随着越来越多家庭的收入可以支持这种"万元级"耐用消费品的消费，汽车这曾是富裕象征的"超级大件"开始变得亲民，逐步成为介于奢侈品和必需品之间的大众耐用消费品。截至2017年年底，山西城镇居民家庭每百户拥有汽车达35.56辆，比2012年的20.81辆增加14.75辆，年均增加11.31%；拥有摩托车19.41辆，比2012年的21.08辆减少1.67辆。山西农村居民家庭每百户拥有汽车16.63辆，比2012年的6.48辆增加10.15辆，年均增加20.74%；拥有摩托车50.27辆，比2012年的56.71辆减少6.44辆。

另外，这一期间，以移动电话为代表的通信工具消费支出不断增长。随着信息技术的快速发展，通信产品更新换代速度加快，居民购买通信类耐用消费品不断升级。手机选购要求从原来的实用实惠转为现在的时尚多功能，如目前的智能手机、电话手表等等，时尚化、多元化、个性化逐渐成为当下通信类耐用消费品的消费潮流。2017年，山西省城镇居民人均交通通信消费支出2658.23元，比2012年的1672.29增长985.94元。到2017年年末，城镇居民家庭每百户平均拥有手机235.86部，比2012年的188.39部增长25.2%，其中接入互联网的61.37部，占比26.0%；家用电脑74.57台，其中接入互联网的61.37台，占比82.3%。同时，随着互联网的普及和网络基础设施的完善，电子商务快速发展，居民消费手段更加电子化。2017年城镇居民通过互联网购买的商品和服务为216.57元，较2012年有了明显的增长，越来越多的人喜欢在网上消费，网上购物成为城镇居民消费的持续热点。

4.人居环境日趋完善

住房状况，或者说是居住水平，是反映社会经济发展和文明程度的重要指标，也是衡量建设小康社会的重要标志。党的十八大以来，山西省委、省政府认真贯彻落实党中央、国务院的决策部署，持续发力、大胆创新，取得显著成就，城乡居民住宅环境和居住条件有了显著改善和提高。

一是住房越来越宽敞。相关统计数字显示，从住房面积看，城市居民人均住房建筑面积从2012年的30.6平方米提高到2017年的32.40平方米；农村居民人均住房面积从2012年的32.39平方米提高到2017年的37.81平方米。根据《山西省住房和城乡建设事业"十三五"规划》，到2020年，城镇居民人均住房面积将达到38平方米。二是住房质量越来越好。花园小区与电梯洋房、时尚公寓代替大杂院与筒子楼，越来越多的居民按照自己的能力和喜好自主地购买商品性住房，人们从"居者有其屋"发展为今天的"居者优其屋"。三是住房配套设施有较大改善，居住环境越来越现代化。随着人们生活水平的提高，现代化装修成为热点。人们在追求住房宽敞的同时，也在追求居住环境的各种配套设施，要住得舒服、住得开心。风格多样的装修反映了人们生活品质的提高。四是住房来源趋于多样化。山西建立了符合当地特点的多层次住房保障制度，按照不同人群的住房需求，分类解决群众住房困难问题。2016年全省开工各类保障性住房21.81万套，占年计划的102.9%；建成17.63万套，占年计划的117.5%；商品房竣工1580万平方米。2017年至2018年，全省城镇保障性安居工程投资1084.62亿元，城镇住房保障家庭租赁补贴发放20.14万户；棚户区住房改造开工24.15万套、建成37.58万套，约110万棚户区居民出棚入楼。2018年，全省政府投资公租房累计分配25.32万套，分配率达92%，达到国家基本要求。城市保障性住房供应体系不断完善，城镇中低收入住房困难家庭和棚户区居民的居住条件得到明显改善，居住水平有了大幅度提高。此外，2018年全省实际完成农村危房改造任务8.1万户，完成数占年度计划的197.8%；完成投资22.71亿元，其中争取中央资金9.54亿元，较上年增加了2.33亿元。2008年以来，全省累计共完成农村危房改造91.01万户，解决了318万农村困难群众的住房安全问题，有效提升了全省农村住房安全水平。

住房条件的改善相应拉动了城乡居民的住房消费支出,山西城镇居民的住房消费支出在这一阶段由2012年的1438.33元增长到2017年的3867元,年均增长21.87%;农村居民的住房消费支出由2012年的1142.14元增长到2018年的1902元,年均增长5.75%,住房消费对经济的持续增长起着越来越重要的作用。

5.健康意识增强,医疗保健支出领跑消费增长

医疗保障体系的逐渐完善和居民生活水平的不断提升为城乡居民及时就医提供了有力保障。2017年,山西省发布了《关于进一步完善城乡居民医疗保险政策的通知》,提高了城乡居民基本医疗保险住院待遇标准;出台了农村建档立卡贫困人口医疗保障帮扶方案,构建"三保险、三救助"政策体系,提高农村贫困人口新农合政策范围内住院费用报销比例,破解因病致贫返贫的"支出型贫困"难题,城乡医疗保障水平大大提高。2018年城乡居民基本医保补贴人均提高40元,新农合药品目录由700余种扩大至2800余种,将32种昂贵药品纳入医保支付范围。另外,随着生活水平的提高,城乡居民的生活观念逐步转变,居民防病治病的意识普遍增强,越来越多的居民由被动就医转变为主动预防,人们不再"小病扛、大病拖",有病就医、无病保健的理念已成为共识。各类医疗保健器材和滋补保健品进入普通居民家庭,成为人们购买和馈赠亲友的热销品,医疗保健消费持续增长。2017年,山西城镇居民用于医疗保健的支出为1741.43元,比2012年的905.88元增加835.55元,年均增长13.96%;农村居民用于医疗保健的支出为937.54元,比2012年的490.25元增加447.29元,年均增长13.85%。

6.精神文化生活丰富多彩

社会进步促进了居民生活观念转变,收入水平提升奠定了居民享受生活和追求自身发展的物质基础。随着知识经济的不断深化发展和教育体制改革的不断推进,以科技、教育、旅游为代表的文化消费热点正在悄然兴起。其边际增量已超过物质消费的边际增量,成为拉动当前经济增长的新亮点,精神文化消费的内容、方式也逐步向深度和广度发展。

当今社会高学历、高职称、高技能人才的收入高且在就业和晋升方面优势明显,对居民消费观念起到很大的引导作用,居民生活消费形成教育偏好,即更愿意在子女教育以及自我终身教育上进行大量投资。居民教育消费价值观是支撑其教育消费不断走高的主观基础,教育消费支出在家庭生活消费支出中占据了相当大的比重。调查资料显示,2017年,山西省城镇居民人均教育文化娱乐支出为2559.43元,比2012年的1506.20元增加1053.23元,增长69.93%;农村居民人均教育文化娱乐支出为1127.20元,比2012年的498.02元增加629.18元,增长126.3%。

近年来,随着人们可自由支配收入的提高、闲暇时间的增多以及国家一系列利好政策的出台,旅游业日益成为国民经济的重要产业,旅游消费逐步成为居民消费的热点和重要增长点,旅游成为城乡居民日常生活元素。据统计,2017年山西旅游总收入为5360.21亿元,是2012年1813.01亿元的2.96倍,年均增长24.2%;2017年接待国内游客56073万人次,是2012年19434万人次的2.89倍,年均增长23.6%。与此同时,出国旅游成为新的时尚。2012年,山西省共批准出境人员70.6万人次,同上年相比增长52.78%。居民出游方式日益多样化，从国内游到出境游，从跟团游到自驾游、自由行，再到近年来兴起的无景点游、心理旅游、自组团游等，旅游从曾经的奢侈品转变为日常生活元素，中国已进入大众旅游、全域旅游新时代。除了旅游，看电影、运动健身在城镇居民精神文化生活中也占有越来越重要的地位，参观展览、参观博物馆科技馆、文化创意体验等文化生活的群众基础也日益广泛。近几年，随着宽带网络和移动互联网建设的加快以及智能终端的日益普及，互联网对文教娱乐消费产生越来越广泛的影响，包括电子图书、网络阅读、网络游戏等在内的"互联网文化"成为文教娱乐消费一个重要的新领域。网络消费以其交易便捷、价格优惠、时间灵活等特征吸引了众多消费群体。

四、面向未来：人民生活前景辉煌

进入新时代，面对新要求，当我们站在新的历史起跑线上时，用理性的眼光看待70年来山西人民生活水平的发展进程，科学认识改革开放给山西带来的翻天覆地的变化，会看到这些改革和发展也带给了我们诸多宝贵经验和深刻启示。未来山西发展还有很长的路要走，还有许多重大课题需要研究解决，新的征程任重道远，人民生活前景辉煌。

（一）目前城乡居民收入、消费存在的主要问题

经过70年的发展，山西省城乡居民的物质生活和精神生活水平都得到巨大提高，可谓今非昔比、旧貌换新颜。但是，当前在城乡居民的生活方面也还有一些问题值得引起重视。

1.城乡居民收入差距依然存在

山西省是我国欠发达地区。改革开放以来，山西城乡经济得到

快速发展，居民收入大幅增长，人民生活显著改善，但城乡居民收入差距依然存在。城乡居民收入差距过大影响着社会稳定和经济的发展，制约着城乡一体化的进程。

从山西省城乡居民收入差距整体状况来看，一是城乡居民收入绝对差距扩大。统计资料显示，1978年全省城乡居民收入差额为199元，2001年突破3000元，2010年突破1万元，到2018年已达到19285元。从居民收入绝对差额来看，40年间收入差距扩大了97倍。其中，2014年农村居民收入仅为城镇居民收入的32.7%，相当于城镇居民2004年的收入水平，农村居民收入远远落后于城镇。二是城乡居民收入差距大体呈"W"形，且明显出现新的拐点。从1978年至2018年山西城乡居民收入相对差距发展趋势来看，大体可以分为五个阶段，每一阶段收入差距形成的原因各有不同。第一阶段，1978年至1984年，山西省城乡居民收入差距日益缩小。1978年后，由于实行农村家庭联产承包责任制，农民收入增加，使山西省城乡居民收入差距总体上从1978年的2.95倍降到1984年的最低点1.52倍。第二阶段，1985年至1994年，山西省城乡居民收入差距快速拉大，相对差距从1.66倍上升到2.9倍。一方面是由于国企改革使城镇居民工资水平大幅度提高；另一方面是农业生产资料价格上涨，同时粮食较难卖出，使得农村发展速度减缓。第三阶段，1995年至1999年，这是山西省城乡居民收入差距急速缩小的阶段。因为这一时期国家两次提高农产品价格，使得农民收入提高，城乡居民收入相对差距从2.74倍下降到2.41倍。第四阶段，2000年至2010年，山西省城乡居民收入差距不断增大，城乡居民收入比从2000年的2.41倍扩大到2010年的2.95倍。其原因是农产品价格大幅下降，农民收入增长缓慢；而城镇国有企业改革使居民工资水平有所提高。第五阶段，2011年至2018年，山西省城乡居民收入差距窄幅回落，城乡居民收入比从2011年的2.88倍回落到2018年的2.64倍。党的十八大以来，收入分配制度改革促进了居民收入增长和经济发展同步、劳动报酬增长和劳动生产率提高同步，城乡居民收入差距有所缩小。总的来说，城乡居民收入的绝对收入差距在扩大，相对收入差距在缩小。

2.人民生活水平与全国存在差距

随着党的各项富民政策的逐步实施，山西城乡居民收入水平总体上有了快速的提高，但与全国平均水平相比仍显偏低。1978年到2018年，山西省城镇居民人均可支配收入与全国的差距不断拉大，除了2003年两者差距与上一年持平和2013年略低于上一年之外，根据国家统计局公布的对全国31个省、自治区、直辖市的调查资料显示，2013年，全国城镇居民人均可支配收入平均水平为26955元，比山西省的22456元高4499元，但山西省城镇居民人均可支配收入与全国平均值之比由2000年的75.2%上升到2013年的83.3%。虽然山西省城镇居民人均可支配收入在全国的排位由2000年的倒数第2位上升至2005年的第17位，但仍排在后面的位置。

从山西省城乡居民收入差距与全国水平比较来看，在绝对差距上，1978年至2018年，全国与山西省城乡居民收入差距都在逐年递增，而且山西省差距值一直低于全国。统计资料显示，2018年，全国城镇居民人均可支配收入39251元，比上年名义增长7.8%；农村居民人均可支配收入14617元，扣除价格因素实际增长6.6%，城乡居民人均收入倍差2.69。山西省城镇居民人均可支配收入31035元，增长6.5%；农村居民人均可支配收入11750元，增长8.9%，城乡居民人均收入倍差2.64。可以看出山西省人均收入水平与全国平均水平的差距还是比较明显的，但农村居民的人均可支配收入增速比全国平均水平高很多，城乡差距也略小一些。此点表明，伴随着改革开放进程的加快，居民收入显著提高，人民生活水平逐步改善，这是包括山西省在内的全国经济快速发展的成果之一；同时也说明，收入分配不公已经成为全国性问题，亟待政府部门统筹解决。在相对差距上，山西省与全国的城乡收入相对差距都在变化，趋势都呈"W"形。即从1978年到2018年，山西省与全国的城乡收入差距基本上都经历了缩小—扩大—缩小—扩大—缩小—扩大—缩小的演变过程。但从总体来说，全国的城乡收入差距变动趋势比山西省的略平缓一些，说明中央政府的经济政策与改革措施对山西省城乡收入差距的影响比对全国总体城乡收入差距的影响敏感。

3.城乡居民整体消费水平偏低、动力不足

中华人民共和国成立70年来，山西省经济增长的格局已经发生了重大变化，消费对山西经济的贡献持续提高。进入新时代，全省不断兴起多种消费新业态，促进和加快了居民消费方式、消费热点的转换，推动着居民消费的不断转型升级。虽然山西省消费升级步伐加快，居民消费结构日益改善，但总的来看，山西省城乡居民整体消费水平仍偏低，消费动力不足。

随着经济社会的不断发展，山西省城乡居民人均消费支出都有一定幅度的增长，特别是党的十八大以来，山西省城乡居民人均消费支出持续上升，但与全国平均水平相比，消费水平仍偏低。2012年全省城镇居民人均消费支出12211.53元，比全国平均水平16674.5元低4462.97元；全省农村居民人均消费支出5566.19元，比全国平均水平5908元低341.81元。到2018年年底，全国居民人均消费支出19853元，比上年名义增长8.4%，扣除价格因素，实际增长6.2%。其中，城镇居民人均消费支出26112元，增长6.8%，扣除价格因素，实际增长4.6%；农村居民人均消费支出12124元，增长10.7%，扣除价格因素，实际增长8.4%。山西2018年城镇居民人均消费支出19790元，农村居民人均消费支出9172元，远远低于全国平均水平。与中部六省相比，山西的消费水平也是比较低的。2011年至2013年中部六省中人均消费最低的是河南省，但是2014年至2017年山西农村居民人均消费却位居中部六省末位。

近年来，山西省居民储蓄存款有了大幅度增长，提升的速度远远超过了居民消费提升的速度，形成"高储蓄、低消费"的局面。2012年年末，山西居民储蓄存款余额11997亿元，人均存款3.33万元；到2016年年末，居民储蓄存款余额达到17231.1亿元，人均存款达到了4.68万元，在全国统计的29个省份中，排第七位。作为内陆省份的山西省，就经济发展水平而言，远远比不上沿海省份，但居民储蓄存款增长速度却高于全国平均水平，储蓄额多年持续保持居高态势。这一方面表明山西省居民生活水平总体上达到小康水平，即生活比较宽裕，除满足生活费用支出外还有剩余，而且这个剩余还有增长的趋势；另一方面表明山西省居民的总体消费水平偏低，仍然保持谨慎消费的生活心理和消费模式。这主要是因为消费支出中的教育、医疗保健和居住方面支出的不确定性表现最为突出，影响着山西城乡居民的整体消费水平。（1）教育费用持续攀升大大强化了居民的储蓄意愿，影响了居民消费倾向。在高等教育收费改革前，由于教育支出的不可延迟性和教育收费价格的不断提高，面对教育支出的不确定性，收入水平较高的山西城镇居民采取预防性储蓄行为，而收入水平较低的农村居民为了尽可能满足个人或家庭现期的教育消费支出，不得不增加现期消费，预防性储蓄仅能表现为一种心理准备而使其消费更加谨慎。高等教育体制改革后，山西城乡居民为了积攒孩子上大学的费用，不得不进行预防性储蓄，特别是农村居民，表现出比城镇居民更强的预防性储蓄行为。（2）住房价格的不断上涨和住房制度改革对居民平均消费水平的降低有着重要影响。由于房地产市场的不合理发展，居民在住房投资上的支出过高，挤压了居民的消费基金。同时，为了应对居住支出的不确定性，山西城乡居民均表现出预防性储蓄行为。（3）其他一些不确定因素，如医疗、养老等社会保障和福利体系的不健全，使人们对未来生活保障信心不足，导致居民预防性储蓄意愿过高，消费意愿降低。

（二）对未来人民生活水平发展的展望与期待

2018年是贯彻落实党的十九大精神的开局之年，是改革开放40周年，是决胜全面建成小康社会、实施"十三五"规划承上启下的关键一年，是打赢脱贫攻坚战的决战之年。当前山西省的经济社会发展又站在了新的历史起点上，我们要以习近平新时代中国特色社会主义思想为指导，持续深入推动山西转型发展，继往开来谱写山西发展新篇章。

1.健全居民增收长效机制，提高居民收入

把增加居民收入融入公共政策制定实施的全过程和各领域，建立统一协调工作机制，完善富民增收政策体系，加快健全城乡居民持续增收的长效机制，充分调动全体劳动者增收致富的积极性、主动性和创造性，不断提高人民群众的富裕程度和生活质量。

（1）全面深化收入分配制度改革。提高劳动报酬在初次分配中的比重，突出农民、中低收入者和困难家庭的增收，形成工资性收入为主要支柱、经营性收入为重要来源、财产性收入为新增长点、转移性收入为必要补充的多元化增收模式，努力实现居民收入增长和经济发展同步、劳动报酬增长和劳动生产率提高同步。

（2）多渠道增加居民财产性收入。积极稳妥地推进山西省金融体制改革，大力推进资本市场建设，不断丰富理财产品，加快发展保险产品、证券基金、信托产品和各种银行理财产品等，拓宽居民投资渠道，增加居民的财产性收入；有序推动国企改革，加快地方政府债转股工作力度，在大力发展股票交易市场、大宗农产品期权、期货交易市场的同时，拓宽居民投资理财渠道，使更多群众获得财产性收入；探索公共项目等债券融资市场建设，逐步放宽允许民间资本进入国企垄断投资领域、公共设施建设领域；规范市场交易行为，加强消费者合法权益保护力度，满足居民日益增长的财富管理需求。

2.加快促进农村居民增收，缩小城乡差距

从体制、政策、资金上全方位支持乡村振兴战略，加大农村财政支出力度，制定支持农业支出的优惠政策，鼓励农民在科技上自主创新，推广农业多元化模式，并提供相应的扶持政策。

要加快土地制度改革，积极稳妥地推进农村集体土地确权登记，依法确认农民土地权利，切实维护农民权益，激发农民保护耕地、节约集约用地的积极性，促进农村经济社会发展，实现城乡统筹。要加快产业结构调整步伐，大力发展现代农业。要出台相关产业政策，调整农业内部结构，促进农业科技化布局，引进先进的农业技术，实现农业机械化，降低农业生产成本，提高农产品产量，进而提高农业劳动生产率。要健全国家对农业的支持保护体系，保持农业补贴政策的连续性、稳定性，并逐年加大支持力度，充分发挥政策惠农的增收效应。要推进农村一、二、三产业融合发展，延长农业产业链，提高农业附加值。要加强农村公共设施建设，特别是要加大在农村电力、能源、乡村道路、自来水、通信设施建设等方面的投入，促进城乡基础设施和基本公共服务均等化，为农业和农村的长远发展奠定基础。要完善和规范帮扶政策，重点是加大扶贫力度，提高精准扶贫效益，大力扶持和鼓励中低收入的农村居民发展种植、养殖业和非农产业，实现产业增收，增加农民收入，逐步缩小城乡差距，推动城乡发展一体化。

3.完善社会保障制度，缓解居民对未来的支出压力

进一步创新和完善社会保障体系，以扩大社会保障覆盖面和提高保障能力为重点，实现社会保障体系资金来源多元化、保障水平规范化、管理服务社会化，缓解居民对未来的支出压力，增强居民消费信心。

一是逐步建立完善适合不同人群特点的养老、医疗保障制度来满足多层次需求，合理拓展失业保险基金适用范围，扩大工伤保险覆盖面，进一步完善城乡最低生活保障制度，实现人人享有基本社会保障。二是建立多层次住房保障体系，增加经济适用住房、中低价位普通商品住房供给，加快城市工矿集中连片棚户区及农村危房的改造步伐，加大省级资金支持力度，落实保障性住房建设的各项优惠政策，确保保障房建设任务如期完成，采取措施遏制房地产投

机，消除居民担心房价猛涨而攒钱买房的消费心理。三是加大财政教育支出，保证预算内教育经费拨款增长明显快于财政经常性收入的增长速度，同时应积极倡导教育支出主体多元化，减轻城乡居民教育方面的负担。

4.培育新的消费增长点，推动精神文化建设迈上新台阶

根据当前山西经济发展以及消费发展日益多层次、多样化、多元化的趋势，对目前居民最热衷的文化消费项目进行挖掘策划，提升其内涵、层次和质量，扩大服务范围，从中培育出新的消费增长点，为山西城乡居民提供更加丰富的精神文化生活。

要进一步提升文化消费品质，促进文化消费提档升级，推动文化产业高质量发展。山西省要依托原生态以及地缘优势，打造具有当地特色的旅游产业，形成以旅游为核心驱动旅游相关产业发展的完整产业链，提升文化消费品质，推动文化消费提档升级。要推进公共文化供给侧结构性改革，利用现代网络通信、大数据、云计算等新技术，催生文化新业态、新产品和新服务。随着5G的发展，互联网又将迎来一个新的发展时期，山西省应以"互联网＋"为平台，以艺术文化为依托，以创意产业为外延，产、学、商、艺、康、旅多元业态融合发展，在艺术文化的主线下，优化文化产业发展模式，打造在国内外具有一定知名度和影响力的文化产业品牌，推动文化产业高质量发展。

专题二　劳动就业制度改革持续深化

就业是人民群众最关心、最直接、最现实的利益问题，是保障和改善民生的头等大事。中华人民共和国成立70年以来，我国完成了由计划经济向社会主义市场经济体制的转轨，就业制度也随之发生了根本性变化，计划经济体制下的统包统配就业制度，逐步过渡为市场经济条件下的市场就业。

中华人民共和国成立70年来，山西结合不同历史时期的特点和发展任务，出台了大量的就业政策以促进和保障劳动者就业。比如，中华人民共和国成立之初，山西省人民政府把安置闲散人员就业作为重点工作来抓，初步解决了山西城市人口的失业问题；1978年改革开放以后，在中共中央"解放思想，放宽政策，发展生产，搞活经济，统筹规划，广开就业门路"方针的指导下，实行了劳动部门介绍就业、自愿组织起来就业和自谋职业相结合的办法，在国营经济占主导地位的条件下，大力发展集体经济，积极兴办劳动服务公司，扶持个体私营经济，拓宽就业渠道，广泛开展职业介绍；从20世纪90年代后期开始，为解决全省就业再就业问题，根据中共中央、国务院的安排部署，山西省委、省政府陆续出台了一系列就业再就业的政策措施，每年召开会议，把就业再就业工作列为各级政府的"一把手"工程；进入21世纪以来，为了进一步促进就业，山西省进一步深化改革劳动就业制度，积极的就业政策得到有效落实，取得明显成效。

山西省作为全国重要的能源基地和老工业基地，目前正处于工业化、城市化、农业产业化发展的加速期和资源型经济转型的关键期，随着经济体制改革的深化和结构调整力度的加大，就业问题也日益突出。未来一段时期，城乡就业与再就业的压力将不断加大，劳动力供求矛盾成为山西省转型发展面临的一个重大问题。转型背景下山西劳动就业制度的深化改革，关系人民生活水平的提高，关系社会的长治久安，这不仅是重大的经济问题，也是重大的政治问题。

一、中华人民共和国成立初期的劳动就业制度（1949~1957）

1949年至1957年，中国经历了重大的社会经济变革，初步形成了以计划经济和单一公有制为特征的社会主义经济体制，并且在国民经济迅速恢复和大规模经济建设基础上确立了重工业优先的发展战略。这一背景下的劳动就业制度改革主要是适应经济体制转型和经济发展对劳动力的需要，不断加强劳动力就业的计划性和统一性。

（一）中华人民共和国成立初期劳动就业制度形成的经济社会背景

从1949年10月中华人民共和国成立到1957年年底第一个五年计划完成，是中国历史上经济发展和制度变化最快的一个时期，经济的快速发展和经济制度的变迁直接影响了对劳动力的需求。

一方面，帝国主义的侵略和国民党反动派的长期统治破坏了我国自给自足的自然经济，破坏了城乡手工业，为资本主义的发展造成了商品市场和劳动力市场；另一方面，帝国主义又勾结封建主义和官僚资本主义，打击和排挤民族工商业，严重地阻碍了民族工业的发展。随着解放战争的进行，在华投资能卷逃的大都卷逃了，这样一来，使旧中国的经济陷于极不稳定的状态。加上国民党政府在节节败退之时，倾其全力卷走流动资金和流动性资产及一切能够携带的物资财产，对无法携带卷逃的资产进行了疯狂破坏，导致大批工商业倒闭，大量失业工人流落街头。[1]

中华人民共和国成立以后，为了建立适应新生政权需要的经济基础，彻底改造旧的经济基础，实行了一系列经济改革，比如取缔一些旧的行业以及投机商等。另外，在"三反""五反"运动后，许多私营企业暂时停止加工订货，许多基建工程停建或缓建，一些机关进行了合并或裁减。由此导致中华人民共和国成立初期出现了比较严重的失业现象，形成了当时乃至整个过渡时期严重的就业压力。因此，这一时期总体的就业战略是以劳动者的全面就业为目标，不断加强就业政策的统一性和计划性，逐步建立起国家统包统配的就业制度。

（二）中华人民共和国成立初期劳动就业制度改革的实践

中华人民共和国成立初期山西省的失业问题相当严重。一方面，旧社会遗留下来的大批失业人员有待安置；另一方面，由于对旧的经济结构进行调整，又产生了新的失业现象。这一时期全省失业人员曾达9万多人，接近当时全省职工总数的一半。[2]基于这种情况，1949年至1957年，山西省劳动就业工作的重点是解决失业人员

---

[1] 陈跃：《建国以来中国共产党就业政策与实践研究》，人民出版社，2011年。
[2] 《山西四十年》编辑委员会：《山西四十年：1949—1989》，中国统计出版社，1989年。

就业问题。

1.对国民党政府遗留下来的公职人员实行"包下来"的政策

随着解放战争的不断胜利,许多大中城市被解放,为了维护社会稳定,巩固新生政权,在先期解放的东北地区提出了对国民党政府公职人员及企事业单位职工实行"包下来"的政策。1949年9月16日,毛泽东在为新华社撰写的社论中公开提出:"对于国民党的旧工作人员,只要有一技之长而不是反动有据或劣迹昭著的分子,一律予以维持,不要裁减。"按照毛泽东的指示和中共中央的政策要求,对政府机构中大量存在的国民党政府遗留的工作人员实行"原职、原薪、原制度",从经济发展和国家社会稳定的角度,政府制定了适应社会现实的就业政策。

遵照政务院发布的《关于劳动就业问题的决定》、政务院劳动就业委员会发布的《关于失业工人登记办法》、劳动部发布的《关于失业技术员工登记介绍办法》,从1950年上半年起,山西省以太原市、阳泉市两地为主,相继开展了失业人员的登记工作。至1953年年底,共登记失业人员16120人。[1]山西省和各专署、市先后成立了劳动就业委员会,专门负责失业工人的管理教育、生活救济和安置就业等工作。全省官僚资本企业的职工和旧公教人员得到妥善安置。这一时期实行的就业政策对巩固人民政权、防止新的失业现象发生、稳定社会秩序、恢复和发展生产起到了积极作用。

2.对失业人员实行社会救济与安置政策

中华人民共和国成立初期,面对严重的社会失业问题,中国共

---

[1] 山西省史志研究院编:《山西通志》第31卷,中华书局,1999年。

产党和中央人民政府没有简单采用"包下来"的解决办法，而是从当时经济社会发展的实际出发，以救济失业的方式缓解社会的就业压力。1950年6月，中共中央发出了《关于救济失业工人的指示》，强调救济失业工人和知识分子，有步骤地帮助失业者就业，是当前的主要任务之一。与此同时，确立了以工代赈为主，生产自救、转业训练、还乡生产、发给救济金为辅的救济原则。在该原则指导下，山西省采取了一系列有效措施。

（1）以工代赈。1950年至1951年，政府主要采取了以工代赈的方式解决失业人员的生活困难。失业人员在自愿原则下组成工赈队参加政府举办的市政工程建设，如翻修马路、修建公园等，在完成工程任务的前提下获取赈济。实行以工代赈，不仅能够鼓励失业人员积极参加劳动，解决失业人员的就业问题，而且可以帮助失业人员学习一定的技术，为就业创造条件。

（2）生产自救。政府组织具有一定技术专长和经营管理知识的失业人员在自愿原则下参加集体所有制的合作社，或者进行个体劳动以维持生活。

（3）转业训练。当时国家经济建设需要大批技术工人以及会计、统计、医药卫生人员等技术人员，因此政府挑选了一些既年轻又有培养前途的失业人员进行转业训练。

（4）还乡生产。对于离乡的农民，在自愿原则下，给这类失业人员及其家庭发放路费及安家费，遣送他们回乡进行生产，使他们能够在农村安定下来。在动员失业人员回乡的同时，政府还动员和组织他们到人口稀少的地方去发展农业生产。

（5）发给救济金。对于没有机会或能力参加以工代赈、生产自救等劳动且生活确实困难而自己又无能为力的失业人员,政府暂时发放救济金。山西省1950年共救济689人,1953年共救济6624人。失业救济经费来源主要有中央扶持、地方自筹、社会征收和自愿捐助。这一时期山西省共筹集救济费63.3万元、救济粮89.6亿公斤。[1]

3.实行统一介绍就业与自行就业相结合的政策

中华人民共和国成立的初期阶段,劳动力市场面临的最突出问题就是大规模失业,因此,这个时期最主要的就业政策就是如何帮助失业人员就业,而当时尚未建立完全的计划经济体制,主要实行的是统一介绍就业与自行就业相结合的就业方针。

1950年3月,第一次全国劳动局长会议明确提出各地要迅速设立劳动介绍所,有步骤、有重点地办理失业技术人员的登记与介绍就业工作。同时,由于私营及个体经济在城市经济中占有较大比重,也鼓励失业人员自行就业。1952年出现了失业幅度骤升、劳动力结构性短缺以及农村剩余劳动力盲目流动等问题,国家转而实施了统筹安排的统一介绍就业方针。当时规定,一切国营、私营工商企业雇佣工人、职员,除国营企业人员与私营企业的资方代理人由政府管理机关任免外,其余人员均由劳动行政部门所属的调配机关统一介绍。这一政策的实施对于加强失业人员管理起到了一定作用,但在当时的条件下,不利于解决失业问题。因此,1953年又提出了统一介绍就业与自行就业相结合的方针,即在由政府介绍就业的同时,还鼓励失业人员通过个人关系寻找职业,自谋出路。

自1950年起,山西省大中城市劳动部门相继成立劳动力介绍

---

[1] 山西省史志研究院编:《山西通志》第31卷,中华书局,1999年。

所，登记失业人员，调查公私企业需求劳动力情况，对失业人员进行政策教育和必要的技术业务培训，统筹介绍失业人员就业，监督用人单位和工人双向履行劳动合同和协议。根据1953年5月中央提出的介绍就业和自行就业相结合的方针，山西省加大了组织失业人员、社会闲散人员自行就业和自谋职业的力度。据统计，1950年山西省介绍就业人员共2213人，自谋职业人员共418人。[1]

4.实施限制农村劳动力流动的政策

由于城乡差距和工农差距的明显存在，许多农民选择进入城市寻找工作，这在无形中加剧了城市的就业压力。当时城市的发展规模和水平难以接受和容纳大量农民，为了加强城市就业治理，限制大量农民涌入城市，人民政府采取了限制农村劳动力自由流动的政策。1952年开始，中共中央多次发布劝阻农民盲目流入城市的文件，明确规定农村各级政府在恢复和发展农业生产的过程中，要防止农民外流，对农村富余劳动力，应尽可能通过发展农业生产和多种经营就地吸收消化；城市各单位不得擅自从农村招工，需要增加人员时，必须通过地方劳动部门统一调配或组织招收，避免用人单位滥招人员，助长农民盲目流入城市，对于已经盲目外流的农民，要加强劝说工作，力争遣送返乡。根据中央精神，山西省对由农村到城市不久或在乡村有亲属的失业人员，根据自愿原则，动员和组织他们回乡生产。

（三）取得的成效与影响

综观这一时期的就业政策，不难发现其主要焦点都集中在如何解决中华人民共和国成立初期严重的失业问题上，就业政策随着社

---

[1] 山西省史志研究院编：《山西通志》第31卷，中华书局，1999年。

会经济条件的改变而不断调整，但加强就业制度的统一性和计划性一直是政策变化的基本取向。这些政策的实施，有效解决了中华人民共和国成立初期严重的就业问题。

对原国民党政府遗留下来的公教人员和官僚资本主义企业职工，除有重大政治历史问题的人以外，全部实行"包下来"的政策，给他们以工作和生活出路，这不仅防止了新的失业人员的产生，而且稳定了当时的社会秩序，巩固了人民政权，促进了生产的恢复和发展。对城镇失业人员采取的救济和安置措施，保障了这些人员的基本生活，满足了经济建设对劳动力的需求，为这些失业人员以后的就业创造了条件。统一介绍就业与自行就业相结合的劳动就业方针，对于调动各方面积极性，解决就业问题起到了积极作用。限制农村劳动力盲目流入城市的就业政策，体现了城乡发展和工业与农业发展相协调的精神，对于有效控制劳动力盲目流动，充分发挥现有社会资源解决就业问题具有重要作用。

由于党和政府采取了正确的就业政策，"一五"期间，山西旧社会遗留下来的失业问题基本上得到了解决，9万多名失业人员得到妥善安置，新增的50.6万人的就业问题得到解决，失业人员迅速摆脱了衣食无着落、住行无保障的困境。到"一五"结束的1957年年底，全省职工总人数发展到99.52万，比1949年增加79万，8年间平均每年增加10万。城镇就业人数1957年达到105.27万，比1949年增长1.53倍。[1]

---

[1] 山西省地方志办公室编：《山西省志·劳动和社会保障志》，中华书局，2013年。

二、计划经济时期的劳动就业制度（1958~1978）

中华人民共和国成立后，经过三年国民经济的恢复和"一五"计划的展开，我国开始建立起高度集中的计划管理体制。随着计划管理深入到国民经济的各个环节，国家逐步建立起统一安置和调配劳动力的管理体制。

（一）计划经济时期劳动就业制度形成的经济社会背景

从1956年生产资料私有制的社会主义改造基本完成，到1957年又完成了发展国民经济的第一个五年计划，我国开始进入全面建设社会主义的新时期。1958年5月中共八大二次会议正式通过了社会主义建设总路线，号召全党和全国人民争取在15年或者更短时间内，在主要工业产品的产量方面赶上和超过英国。会后，全国各条战线迅速掀起了"大跃进"的高潮。[1]由于"大跃进"运动的全面推进，城市急需大量的就业人员，以确保在跃进条件下经济建设的正常进行，因此出现了中华人民共和国成立以来最大规模的就业高潮。由于"大跃进"的影响，盲目发展工业和扩大基建规模，造成城市劳动力的一度奇缺，大批农民进城，导致了职工队伍的盲目增长。1957年全省职工总数由99.52万猛增到171.39万，一年就增加了近72万，这在山西的职工队伍发展史上是绝无仅有的。职工队伍的急剧膨胀，加之自然灾害的困扰，给山西的经济带来了沉重的负担。

为了应对国民经济急剧衰退的严峻形势，中央提出自1961年1月起对国民经济实行"调整、巩固、充实、提高"的方针，收回地方

---

[1] 陈跃：《建国以来中国共产党就业政策与实践研究》，人民出版社，2011年。

的劳动招工权、管理权，大力发展农业生产。到1965年各项调整任务顺利完成，经济形势全面好转。1966年开始的"文化大革命"使得1967年至1969年的经济计划完全被打乱，经济指导和管理机构基本陷于瘫痪状态，企业停工停产，大批工人离开生产岗位，一线生产遭到极大破坏。这种情况下，为了整顿经济，政府开始控制基建规模，精减城镇职工，鼓励知识青年上山下乡。直到1976年年底，国民经济才又开始复苏。

1958年，中国社会主义革命和建设事业进入了第二个五年计划时期，劳动就业工作随之出现阶段性变化。1957年以后，中央针对当时我国统包统配用工制度出现的弊端，提出了雇佣合同工、亦工亦农的劳动就业制度改革构想。1958年3月发布的《中共中央关于发展地方工业问题的意见》标志着亦工亦农就业制度开始推行。但是随着"大跃进"的展开和三年自然灾害的发生，这一制度被迫停止。国民经济稍有好转之后，中央决定再次进行劳动就业制度改革，在全国范围内逐步推行了两种劳动制度。这种新的劳动就业制度使得企业用工灵活方便，有助于降低成本，提高劳动生产率，有助于控制城市人口，增加农业社队和社员的收入，缩小城乡差距等。1960年劳动部召开的全国企业编制定员工作会议提出了编制定员工作的指导思想和基本原则，该制度的发展持续到1966年"文化大革命"开始。

总之，社会主义经济建设时期的城镇就业，由于国家统包统配的就业政策以及全民所有制的经济制度，在职职工在国家计划范围内基本能够享受到经济增长的成果，几乎实现城镇全面就业。但是，这种就业形势的代价是将巨大的就业压力通过精减职工、知识青年上山下乡等方式转移到了农村。

(二) 计划经济时期劳动就业制度变革的实践

1958年，中国社会主义革命和建设事业进入第二个五年计划时期，展开了"大跃进"运动，劳动就业工作随之出现阶段性变化。

1.国家统一招收和管理劳动力的就业政策

改革开放前中国政府解决就业问题的重要指导思想是逐步并最终消除失业。为解决失业人员就业问题，按照集中统一的经济管理体制要求，对劳动力进行统一招收、调配和管理。在招工计划管理方面，国家规定全民所有制单位的招工计划指标由国家统一管理，每年由国家统一分配到中央各部门和各省、自治区、直辖市，然后再由其分别下达。对重点单位的招工计划，由国家直接下达专项指标。区、县以上集体单位的招工计划由省下达，向国家备案。在农村招工方面，1957年12月，国务院对从农村招用临时工做出了规定，强调贯彻先城市、后农村的原则，尽量少从农村招工，确实需要的，须经省政府批准。1958年，国家颁布《户口登记条例》，规定未经有关部门批准，原则上不得把农业户口转为非农业户口。在招工审批方面，为适应"大跃进"运动的要求，1958年6月，中共中央决定劳动力招收调剂工作由各省党委负责管理，不必经中央批准，由此导致招工数量大大破坏国家计划。尔后国家收回劳动力管理权，要求各省劳动力计划必须报经中央批准。1963年国民经济经过三年调整好转后，国务院决定将企业、事业单位从城镇和农村招收长期职工的审批权分别下放给省级政府部门。此外，这一时期还实行了子女顶替的用工政策。1963年国家规定定居城市的老弱病残职工退休退职后，可以吸收其符合条件的一名城市子女参加工作。同时对于一些艰苦行业的工人退休退职后，不论家居城市或农村，其子女都可以顶替工作或在招工时给予优先录用，即实行内招。

2.进行用工制度改革的探索

中共中央在探索解决就业问题、建立健全劳动力管理体制的过程中，敏锐地察觉到现行体制特别是固定工制度存在着用工机制僵化、能进不能出、用工形式单一、难以适应企业生产经营变化等弊端，并进行用工制度改革的尝试。1958年，刘少奇同志在中共中央政治局扩大会议上提出，我们的国家应该有两种主要的教育制度和劳动制度同时并行，一种是现有的全日制学校教育制度和现在工厂、机关里8小时工作的劳动制度，一种是半工半读的学校教育制度和半工半读的劳动制度。1958年6月，中共中央批转了《四川省委关于县级以上新建工业企业从农村招工实行亦工亦农制度，不采取"包下来"的办法的请示报告》，要求各省、自治区、直辖市组织试行这种新的用工制度。1959年12月，劳动部颁发的《关于劳动力招收和调配的若干规定（草案）》中明确规定，"在用人制度上，应根据不同情况，分别采用长期工、合同工、亦工亦农的方法"。1964年5月，在全国范围内逐步推行两种劳动制度。1966年"文化大革命"开始后，推行两种劳动制度的用工制度改革遭到否定。

3.实行精减职工、鼓励返乡和"支农""支边"的就业政策

"大跃进"期间，由于职工人数增长过多过快，企业劳动生产率大大下降，企事业单位用人过多，而农业生产一线劳动力减少，造成商品粮供应极度紧张。为扭转国民经济严重失衡的局面，中共中央和国务院提出坚决缩短基本建设战线、重工业生产战线和压缩计划指标的重要措施，与此同时，果断采取了停止招工、精减职工

的措施。1961年1月，党的八届九中全会提出"调整、巩固、充实、提高"的八字方针，国民经济正式进入了调整时期。1961年6月，中共中央下发了《关于精减职工工作若干问题的通知》，根据通知精神，将1958年来自农村的新职工作为主要精减对象，发给离职待遇和生产补助费，将其送回农村；1957年以前参加工作的年老体弱职工，在自愿原则下，作了退休退职处理；当时生产、工作暂不需要的职工，带部分工资暂时回乡、回家从事生产劳动。1962年5月，中共中央、国务院发出《关于进一步精减职工和减少城镇人口的决定》，进一步加大精减职工和减少城市人口的力度，这一工作在当年迅速完成。

由于中共中央和国务院采取了正确的政策和有力措施，各地区密切配合、认真执行，积极响应号召回乡、下乡参加农业生产。从1961年起，山西省贯彻执行中央"调整、巩固、充实、提高"的方针和对城市职工实行精减动员回乡的政策，精减职工，压缩城镇人口。到1962年，山西省共精减职工71万多人，精减吃商品粮的人口134万，压缩城镇人口32万多。

1963年11月，劳动部召开全国劳动工作会议，明确指出："今后安排城市需要就业的劳动力的方针应当是统筹安排、城乡并举，并以下乡生产为主。"精减职工工作基本结束后，原来的精简机构陆续转为城镇人口回乡、下乡安置委员会，动员城镇知识青年、社会闲散人员和部分精减职工家属支援农村和边疆建设。山西省有计划地动员一部分城市闲散劳动力参加农业生产。1963年到1965年，山西省共动员17824人下乡插队或到农垦、林业、水产、水土保持专业队等场队就业。这一时期，山西省还接收安置北京、天津知青2508人。

4. 全面推行知识青年上山下乡的就业政策

上山下乡并非始于"文化大革命",而是从20世纪50年代便被倡导,至60年代全面展开。1962年5月,中共中央、国务院决定进一步精减职工和减少城镇人口,在精减职工的同时,对于城镇新成长的劳动力,除了对大专院校及技工学校毕业生、复原退伍军人继续实行统一分配外,对其他不能升学、需要就业的青年学生和社会闲散人员采取动员下乡的办法。因此,从1962年起,国家开始了有组织、有计划地动员城镇青年下乡。1963年10月23日,中共中央国务院下发《第二次城市工作会议纪要》指出:"安置城市需要就业的劳动力,主要的方向是下乡上山,下乡上山的主要办法是到农村人民公社去插队,对于城市中不能下乡上山的人员,应该尽可能地组织他们参加工业生产、城市建设和商业服务等方面的工作。"1964年1月,中共中央、国务院发出《关于动员和组织城市知识青年参加农村社会主义建设的决定(草案)》,再次肯定了下乡插队作为安置城镇多余劳动力就业的主要途径,对于家居城市的复原、退伍军人,则主要安置到国营农、林、牧、渔场中去。1966年"文化大革命"开始以后国民经济急剧恶化,1966年至1968年,学校基本停课,工厂基本停工,大学停止招生,上山下乡被终止,因此大量的劳动力没有就业出路,形成了严重的就业压力,此时缺少灵活性的统包统配政策显得心有余而力不足,于是上山下乡作为最主要的就业方式被更加广泛地提倡,随后出现了一个上山下乡的高潮。

根据中央提出的知识青年上山下乡的政策,鼓励青年到农村就业。山西除在城市外,还在不少县开展了动员,自上而下成立工作领导组办公室,动员大批知识青年上山下乡。到1978年,全省累计

24.5万人由城镇奔赴农村,其中接收京、津等外省(市)知识青年4.8万人。[1]

(三)取得的成效与影响

这一时期因历史跨度较长,就业政策几经变化,呈现出随经济社会发展而不断调整的特征。1958开始的3年"大跃进",使劳动力供求出现了急剧变化,劳动力需求急速上升,很多企业单位出现挖雇职工和私自招工情况。劳动力需求的大量增加,使得政府下放了劳动力的统一招收和调配权力,允许各企事业单位从社会上招工,同意农民进城工作,使得职工人数快速增长。持续3年的"大跃进"运动造成国民经济比例严重失调,正常生产秩序遭到破坏,1960年9月至1963年年底,进行了大规模的精减职工,企业开始严格控制增加工人,停止从社会上招工,严格限制临时工的招收和使用。1964年5月,在全国范围内逐步推行亦工亦农制度,积极提倡多用临时工、合同工,少用固定工,这一制度使劳动力能进能出,十分灵活,不仅能满足工业生产所需要的劳动力,减少国家固定职工人数,节省开支,增加社员收入,也有利于巩固集体经济,发展农业生产。在长达10年的"文化大革命"中,被迫对全民所有制的临时工、轮换工制度进行"改革",已在岗位上的临时工、轮换工转为固定工,进一步强化了统包统配、能进不能出的单一用人制度。"文化大革命"时期,劳动就业的最大问题是发生了城乡劳动力的大对流现象,产生了大量的待业人员,按照当时的政策,既不允许在城镇就业,也不能继续升学,只能到农村去,接受贫下中农的再

---

[1] 《山西四十年》编辑委员会:《山西四十年:1949—1989》,中国统计出版社,1989年。

教育。于是,从1968年开始了大规模的上山下乡运动。

无论是统包统配的就业政策,还是上山下乡的就业政策,都是中国共产党在经济文化落后的人口大国进入社会主义社会以后,在没有现成理论和现有经验基础上的积极探索性的就业安置政策,这些政策为解决当时面临的就业问题、为减少或消除失业现象、维护社会稳定、推动经济发展发挥了应有的作用。

在特定历史条件下形成的统包统配就业政策,在大兴经济建设和工业化进程、解决城镇就业问题、保障社会安定等方面发挥了积极作用。在劳动力管理方面,对招工和调配逐步实行有计划的统一管理,为保证大规模经济建设提供了相应的职工队伍,对完成国家这一时期的重点项目建设发挥了重要作用。但随着经济社会的发展,这种就业政策越来越失去优势,因为过分强化了不合理的所有制和产业结构,削弱了人们自谋职业的主动性和积极性,助长了等待就业安置的依赖思想。

以知识青年上山下乡为主要内容的就业政策,是以农村合作化运动以及城市尚未解决失业问题为社会背景的,是同城镇就业困难,而农村又需要有文化的青年这一历史条件联系在一起的。上山下乡的就业政策有其产生的历史性,对缓解一度出现的就业矛盾也发挥了积极作用。它使无数的城镇知识青年接触、了解了中国的广大农村和亿万农民,对这一时期农村教育普及和合作医疗制度的建立起到了极大的推动作用;一些知识青年担任了各级领导干部和各种文化技术工作,成为农村中的各种专门人才,为改变农村和落后地区的面貌做出了积极贡献;知识青年上山下乡补充了农村一线劳动力,成为农业生产中的一支重要力量,也在一定程度上缓解了城镇就业压力。但是这种就业政策与实践是不符合经济社会发展规律的，在缓解就业矛盾的同时，也积累了就业的新危机。上山下乡运动实际上就是将城市的剩余劳动力转移到农村，这是一种"逆工业化"的就业措施，这一就业政策只能缓解一时的矛盾，同时又积累了潜在性失业人群，如在1979年以后，大规模上山下乡的知识青年回城给就业造成了极大的压力。

三、改革开放初期劳动就业制度的初始化改革（1979～1991）

党的十一届三中全会以来，随着国民经济的调整和经济体制的改革，我国劳动就业制度也进行了相应的改革，改变了计划经济体制下的就业模式和就业活力不足的局面，逐步形成了适应社会主义市场经济要求的就业体制机制。

（一）改革开放初期劳动就业制度形成的经济社会背景

1979年至1991年是中国启动经济体制改革和市场化进程的一个特殊重要时期，一方面，传统计划经济体制开始解体，但计划体制因素在资源配置中依然发挥着重要作用；另一方面，市场因素开始复苏和成长，并在资源配置中具有越来越重要的地位。这种二元经济体制的内在矛盾决定了两者之间的摩擦，摩擦与转轨的互动决定着中国经济体制改革的历史走向。随着经济体制改革的推进，中国开始了改革传统劳动体制弊端，建设和完善具有中国特色的劳动就业制度的艰苦探索和实践。[1]

---

[1] 宋士云：《中国劳动就业制度改革启动的历史考察》，《聊城大学学报》2015年第5期。

这一时期我国经济建设面临严重的困难,多年来积累的众多民生问题需要解决,特别是就业矛盾极为突出。这一时期,1950年至1958年第一个生育高峰期出生的人口已处于劳动年龄,1962年至1975年第二个生育高峰时期出生的人口也陆续进入劳动年龄,就业压力巨大。而"文化大革命"中很多企业陷于停产、半停产的状态,勉强开工的,生产效率也十分低下,人员相对过剩。此时的所有制结构和产业结构也很不合理。工业、服务业主要由国营企业从事生产经营;工业比例失调,商业、饮食业和服务业严重萎缩。这种情况下,城镇就业渠道十分狭窄。与此同时,在人民公社体制下,农村劳动力主要固定在土地上进行集体农业劳动,自谋生路基本上被排斥;在片面强调"以粮为纲"的指导思想下,农村劳动力大部分被安排从事单一的种植业生产,林、牧、副、渔业发展受到严重抑制;随着土地的减少,有限的土地已难以承载快速增加的劳动人口,农村收入水平长期无法提高。因此,城乡就业问题成为党在改革开放路线确定后首先要解决的一大民生问题,也自然而然成为改革首先触及的重要领域。

1980年8月,中央召开全国劳动就业会议,明确提出在国家统筹规划和指导下,实行劳动部门介绍就业、自愿组织起来就业和自谋职业相结合的方针。还指出要从根本上扭转就业工作的被动状况,必须对我国经济体制包括劳动体制进行全面改革。1981年,中共中央又下发文件,强调发展城镇集体经济和城镇劳动者个体经济,增加就业渠道。"三结合"就业方针的实行,为城镇待业人员打开了就业通道,形成了多渠道就业的局面。与此同时,广大农民和农村工作者开始了包产到户的探索。1980年9月,首次以中央文件的形式肯定了农民自己创造的包产到户农业生产责任制，从此拉开了农村改革的序幕。

（二）劳动就业制度初始化改革的实践

中共十一届三中全会后，中央对"文化大革命"期间的劳动就业方针作了重大调整，重点突出自愿组织起来就业和自谋职业，着重开辟在集体经济和个体经济中的就业渠道，打破了统包统配的就业格局。山西省贯彻国家政策并结合山西实际，制定了一整套鼓励集体、个体经济发展，促进安置就业的有效措施，在劳动就业制度改革方面取得了突破性进展，劳动就业逐步形成以职业介绍、就业训练、失业保险、生产自救为四大支柱的就业服务体系。

1.实行"三结合"就业方针

改革开放初期，在全面推进经济社会发展的改革开放浪潮中，面对大量知识青年返回城市，农村剩余劳动力也逐步向城市转移，社会的就业压力日益增大，如何解决就业问题成为重要的经济社会问题。面对这样的现实，1980年8月中央召开了全国劳动就业工作会议，并发布了《进一步做好城镇劳动就业工作》的文件，提出解决当前就业问题的根本途径就是在国家统筹和指导下，实行劳动部门介绍就业、自愿组织起来就业和自谋职业相结合的"三结合"就业政策。劳动部门介绍就业，就是国营和大集体企业、事业单位按国家计划指标招工；组织起来就业，就是群众自愿组织的各种集体经济单位安排就业；自谋职业是指个体劳动者从事个体商业和服务业。中央还明确提出，有步骤地在城市和就业任务繁重的县城中建立劳动服务公司，作为贯彻实行"三结合"就业方针的重要组织措施。

山西省根据中央的指示，在全省各地和许多企事业单位纷纷创办劳动服务公司，作为贯彻"三结合"就业方针的重要措施。根据国家劳动人事部《关于劳动服务公司若干问题的意见》，山西省对劳动服务公司的具体任务、管理体制、机构设置、人员编制、经费管理和使用、干部条件等都做了具体规定。到1990年，全省已有各级各类劳动服务公司1900个，其中各级政府劳动部门所属的393个，企事业单位、机关团体所属的1507个。县以上政府部门所属劳动服务公司，1990年以后按照国务院国发〔1990〕28号文件精神，相继更名为"劳动就业局"。其主要职责是管理社会劳动力，组织集体经济，扩大劳动就业，进行职业介绍，开展就业训练，管理职工失业保险和归口管理劳动就业服务企业。企事业单位所属的劳动服务公司主要是把失业人员自愿组织起来，发展集体经济，通过自己的劳动积累逐步发展事业，使扩大就业建立在发展经济、满足社会需要的基础上，开发山西省丰富的劳动力资源。

2.启动劳动用工制度改革

20世纪80年代初到90年代初，在"三结合"就业方针实施的基础上，劳动就业改革的重点转向了固定工制度。1983年2月，在总结试点经验的基础上，劳动人事部颁发了《关于招工考核择优录用的暂行规定》，规定全民所有制单位在劳动计划范围内招收工人时，要实行德、智、体全面考核，择优录用的原则，并对招工范围、考核内容、录用办法等做出具体规定。与此同时，政府推进了用工制度改革，劳动人事部发出《关于积极试行劳动合同制的通知》，明确提出实行劳动合同制，并要求已经试行劳动合同制的地区和单位适当加快改革力度，尚未试行的地区要求在1993年内统一安排试点，逐步总结、推广。1986年7月，国务院发布了关于劳动制度改革的4个重要规定：《国营企业实行劳动合同制暂行规定》《国营企业招用工人暂行规定》《国营企业辞退违纪职工暂行规定》和《国营企业职工待业保险暂行规定》，对国营企业实行劳动合同制、辞退违纪职工和职工待业保险做出规定，这是劳动用工制度的一次重大改革，其主要目标是逐步消除原有劳动就业制度中的弊端，打破"铁饭碗""终身制"，做到统筹就业、择优录取、灵活调节、能进能出，以利于劳动力合理使用和流动，更好地调动企业和劳动者的积极性。

这一时期，山西劳动制度改革也有了较大发展。20世纪70年代末，全省推行了临时工、轮换工、合同工等多种用工形式，固定工制度一统天下的格局逐渐被打破。1981年，农民轮换工制度首先在矿山企业井下采掘等生产第一线岗位试行；1985年扩大到交通、铁路部门装卸搬运等岗位试行。1986年，根据国务院《关于劳动制度改革四个暂行规定》，省政府制定贯彻实施办法，废除了内招和子女顶替的制度，实行了面向社会、全面考核、择优录取的招工办法。1992年，全省推广了太原橡胶厂和长治轴承厂等企业优化劳动组合、合同化管理、择优上岗的改革经验，并确定215户企业进行试点。

十四届三中全会关于建立社会主义市场经济体制的目标模式确立后，进一步加快了劳动制度改革步伐，劳动制度改革已由单项突进转向以实行全员劳动合同制为重点的改革。《劳动法》的颁布，为全面实行劳动合同制创造了较好的内部和外部环境，全员合同制在全省范围内基本建立起来。1996年，山西城镇企业实行劳动合同制的职工人数约占城镇企业职工总数的99%，出现了劳动力就业多渠道，企业能招能辞和职工能进能出的新局面。[1]

3.大力发展了劳动就业服务企业

1990年国务院《劳动就业服务企业管理规定》颁布后，结合本省实际，山西以立法的形式确立了劳动就业服务企业在经济发展中的地位和作用，并把它作为促进劳动力开发、安置待业人员的主要途径。到1988年年底，全省已有各级各类劳动服务公司1666个，各种机关、团体、企事业单位劳动服务公司1394个；行政性公司272个，行政性公司中，省地级12个、县级118个、乡镇41个、街道101个。各级劳动服务公司兴办的生产、商业、服务、劳务等集体企业网点12050个，从业人员达36.9万，年生产经营总额32.4亿元，实现利润2.1亿元，上缴各种税金1.3亿元。至1990年，全省共有劳动就业服务企业8967个，职工39.2万人。其中县以上劳动就业服务机构直接开办的劳动就业服务企业1545个，职工59890人。[2]

4.提供失业保险和再就业服务

1986年国务院关于劳动制度改革的4项暂行规定出台后，劳动服务公司的职能得到了进一步强化，在原来的基础上增加了待业职工保险与管理职能。山西省人民政府下发山西省的5个实施意见。从1986年开始在国营企业实行待业保险制度，到90年代初，全省参加保险的单位11398个、职工187.4万名，为待业职工提供了生活保障和再就业服务。兴办转业训练和生产自救基地100多个，待业保险的

---

[1] 杨素青：《山西省劳动就业与社会保障研究》,甘肃人民出版社,2012年。

[2] 《山西四十年》编辑委员会：《山西四十年：1949—1989》,中国统计出版社,1989年。

范围进一步扩大。

此外,为提高劳动者素质,增强失业人员的就业竞争能力,山西省从1979年以后陆续开展就业前的培训。全省各地逐步建立培训中心,形成了多形式、多渠道、多层次的培训网络,培训内容涉及各个行业、产业。大量失业青年通过各种专业训练具备了一定的专业技能和知识,为其再就业创造了有利条件。据统计,1979年以后累计对78.8万名城镇失业人员进行了就业前培训,初步实现了先培训、后就业的目标。[1]

(三) 取得的成效与影响

这一时期的劳动就业改革与发展取得了巨大成绩,一方面,它有效解决了改革开放初期城镇严重的待业问题;另一方面,通过实行"三结合"的就业方针,推行劳动合同,搞活固定工制度,走出了一条符合中国实际的劳动就业与用工的新路子。这一时期的劳动就业制度改革成功地打破了传统的从一而终的劳动就业制度,使劳动者第一次成为劳动力的所有者。"停薪留职""减员增效""下岗分流"的实行与普遍实施,从根本上否定了从一而终的就业观念与制度,确立了劳动者自主择业、自谋职业和竞争上岗等与社会主义市场经济相适应的就业观念。

"三结合"就业方针就是一种对计划经济体制下就业形式的突破。该方针虽然没有打破计划经济体制的框架,仍然是国家主导安置就业,但在就业形式上有所突破,从过去主要依靠全民所有制单位招工的单一渠道就业转变为多渠道就业,为解决改革初期的就

---

[1] 山西省史志研究院编:《山西通志》第31卷,中华书局,1999年。

业困境找到了出路。从促进劳动就业制度改革的角度来看,"三结合"就业方针打破了传统的就业观念,城镇待业人员由消极待业转向积极创业,越来越多的人组织起来就业或者从事个体经营,改变了过去那种主要依靠国营企业、事业单位安排就业的情况。

劳动用工制度改革有利于克服固定工制度能进不能出的弊端,实现劳动者和用人单位的双向选择,做到企业职工队伍的相对稳定和合理流动,并使得劳动力能够在全社会范围内灵活调节,较好地适应了社会化大生产和经济体制改革的需要。通过优化劳动组合、岗位合同化管理等措施,搞活固定工制度,把竞争机制引入职工内部管理,对于缓解固定工与合同制工人两种用工制度的矛盾、调动职工的积极性、落实承包经营责任制、增强企业活力和促进企业经营机制转换具有积极的促进作用。

劳动就业服务公司的发展为解决就业问题和推动劳动就业制度改革发挥了重要作用。一是开辟了一条创业式的就业道路。它不是先铺摊子、后招工,而是先把待业人员组织起来,根据社会需要和待业人员的具体条件,能干什么就开辟什么就业门路。其特点是在创业中就业,充分发挥劳动者创业的主动性和创造性。二是促进了劳动力的社会调节。它将待业青年组织起来进行生产劳动,避免了向国营企业塞人的现象;而当国营企业需要人时,又把那些经过业务技术培训和生产实践的劳动者输送出去。

总之,这一时期的劳动就业制度改革较好地解决了大批知识青年和劳动适龄人口的就业问题。据1978年统计,当时全省城镇没有得到安置的待业人员达25万,另外还有近10万名历年插队青年滞留农村,等待安置就业人员之多是前所未有的。"三结合"就业政策给城镇就业人员创造了就业契机,在发展经济的基础上,解决了广大待业青年的就业问题。作为安置知识青年和待业青年的劳动就业服务企业也取得了长足发展,到20世纪80年代中期,山西省的城镇登记失业率下降至0.7%左右,在山西劳动就业史上写下了辉煌的一页。

四、市场经济时期劳动就业制度的全面改革（1992~2001）

党的十四大提出了建立社会主义市场经济体制的改革目标,从此,我国的改革进入了快车道。深化企业改革呼唤相应的综合配套改革,特别是要求劳动用工制度深化改革。随着企业改革的深入,特别是企业承包责任制的推行,企业富余人员的安置和再就业问题日益突出。彻底改革固定工制度,建立市场导向的就业机制,成为劳动就业体制改革的必然选择和重要任务。

（一）市场经济时期劳动就业制度形成的社会经济背景

党的十四大确立了社会主义市场经济体制的改革目标,这标志着中国改革开放事业进入了一个新的阶段。在此背景下建立统一完善的劳动力市场也就成为劳动就业制度改革的主要任务。

1993年11月,党的十四届三中全会通过了《关于建立社会主义市场经济体制若干问题的决定》,提出了社会主义市场经济体制的基本框架,并强调要改革劳动制度,逐步形成劳动力市场。党的十五大报告提出,要加快国民经济市场化的进程,继续发展各类市场,着重发展资本、劳动力、技术等生产要素市场,完善生产要素价格形成机制。在各类生产要素中,劳动力是最活跃的要素,劳动力资源是最丰富的资源。加快市场化进程很重要的一个方面就是要加快发展劳动力市场，发挥市场机制在劳动力资源配置中的基础性作用，使劳动力资源得到更充分的开发利用。1998年，中央明确提出争取用5年左右的时间，初步建立起适应社会主义市场经济体制要求的社会保障体系和就业机制的目标，同时提出要建立和完善市场就业机制，实行在国家政策指导下，劳动者自主择业、市场调节就业和政府促进就业的方针，不仅强调了市场调节的基础性作用，同时强调了政府促进就业的责任。

国有大中型企业是国民经济的支柱。建立市场经济体制必须转换国有企业经营机制。改革开放以来，与非国有经济蓬勃发展形成鲜明对照的是，国有经济的状况不甚理想，这一方面是由于国有经济几乎无所不包，涉及许多不适宜由政府经营的领域，普遍效率不高，甚至出现大面积的亏损；另一方面是由于国有经济分布过于分散，单个企业资金过少，即使在需要由国有企业经营的范围内，也难以实现规模经济和进行重大技术更新。为了改变这种状况，1995年，国有企业改革的目标由搞好搞活每一个国有企业转向国有经济布局的战略性调整，主要标志是"抓大放小"方针的提出。具体说来，"抓大"指的是集中精力抓好一批关系国家命脉、体现国家经济实力的国有大中型骨干企业，"放小"则是指通过兼并、租赁、承包、出售或破产等方式开放搞活。在此过程中，国有企业下岗职工的分流就业问题成为社会关注的一个焦点。

（二）劳动就业制度全面改革的实践

1992年中国明确把建立社会主义市场经济体制确定为改革的总目标，中国劳动就业制度随之发生根本性变革，即构建与社会主义市场经济体制相适应的市场导向的劳动就业制度。

1.建立劳动力市场,实施再就业工程

1993年11月,中共中央发布的《关于建立社会主义市场经济体制若干问题的决定》,第一次明确提出改革劳动制度,逐步形成劳动力市场的劳动制度改革思路。1993年12月21日劳动部发布的《关于建立社会主义市场经济体制时期劳动体制改革的总体设想》,对劳动力市场的概念进一步作了界定。1995年6月9日,劳动部和国家经济贸易委员会发布的《现代企业制度试点企业劳动工资社会保险制度改革办法》进一步提出,试点企业可以根据生产经营情况,按照国家规定进行经济性裁减人员;被裁减人员可根据企业开具的名单和有关证明到有关部门登记,享受失业保险待遇。根据试点企业的经验,中央政府进一步将此举推广到整个国有企业。在国务院1997年1月上旬召开的国有企业职工再就业工作会议上,中央政府明确指出,解决国有企业的困难,要在坚持企业改组、改造、改制和加强企业管理的同时,坚持走减员增效、下岗分流、规范破产、鼓励兼并的路子。随着国有企业下岗人数的急剧增加,实施"再就业工程"就成了中央政府必须采取的劳动制度改革的重大举措。

1997年11月,劳动部根据全国就业发展的新形势,提出市场调节就业、劳动者自主就业、政府促进就业的新就业方针。1998年5月初,中共中央、国务院发布了《关于切实做好国有企业下岗职工生活保障和再就业工作的通知》,要求在下岗职工比较集中的国有企业建立再就业服务中心。该中心对企业分流出来的下岗职工进行管理,保障他们的基本生活,帮助他们实现再就业。下岗职工进入中心后,在再就业之前,仍与原企业保留名义上的劳动关系。与此同时，中央政府提出了建立和完善市场就业机制，实现在国家政策指导下，劳动者自主就业、市场调节就业和国家促进就业的方针，并于2001年发布了撤销再就业中心的通知。从此，下岗人员与企业脱离了劳动关系，传统的统包统配就业制度被彻底打破，适应社会主义市场经济体制的劳动就业制度初步形成。[1]

1997年，山西省政府下发了《关于进一步推进再就业工作的意见》，制定了本省实施再就业工程的政策措施。《意见》确定目标任务：1997年分流安置下岗、失业职工10万人，1998年11万人，1999年9万人，使国有企业的260万人减少到230万人，达到减员增效的目的。1997年至1999年，下岗职工再就业率年均达到60%以上；2000年到2005年，下岗职工再就业率达到90%以上，失业率控制在3%以内。《意见》就实施再就业工作的组织领导、建立再就业服务中心、多渠道多形式开发就业岗位等分别进行了部署。

2.建立基本生活保障制度

与经济体制的渐进式改革道路一样，我国对传统社会保障制度的改革也是渐进式的，是在保留并延续传统社会保障制度基本框架的情况下逐步进行的。1998年6月，中共中央、国务院发布了《关于切实做好国有企业下岗职工基本生活保障和再就业工作的通知》。《通知》强调建立健全社会保障体系，为劳动力资源的合理配置和正常流动创造条件。其中，主要工作内容为构筑"三条保障线"。所谓"三条保障线"，是指国有企业下岗职工基本生活保障、失业保险和城市居民最低生活保障，这是针对不同的低收入群体所提供

---

[1] 李汝贤、邱敏学：《对新时期劳动就业制度改革的评价》，《当代世界与社会主义》2005年第6期。

的基本生活保障项目。

从1998年起,按照全国国有企业下岗职工基本生活保障和再就业工作会议要求,山西省开始建立国有企业下岗职工基本生活保障制度,由4125户国有企业成立了企业再就业服务中心,对国有企业下岗职工实行"签协议、进中心、保生活"的政策。1998年至2001年,全省累计产生国有企业下岗职工110万人,有98万人被落实了该项政策。具体的办法按照企业、政府、社会"三三制"的原则各负担三分之一,筹集下岗职工基本生活保障资金,对进中心的下岗职工发放基本生活费,并代缴养老、医疗和失业3项社会保险费。[1]

2001年8月开始,全省大批国有企业下岗职工在企业再就业服务中心3年协议期满,需按政策规定出中心。但是由于下岗职工不愿与企业终止劳动关系以及企业生产经营仍未好转,无力负担与下岗职工解除劳动关系所需资金这两方面的原因,部分国有企业下岗职工未能按期出中心。全省对协议期满仍滞留中心的下岗职工采取发放临时生活救济金的方式,继续保障其基本生活,并代缴基本养老、基本医疗和失业3项社会保险费。

3.实施农村劳动力有序流动政策

20世纪90年代,在改革城镇就业和用工制度的同时,随着农村改革的推进,城乡间的就业壁垒被一步步打破,以往束缚于土地的农民,开始大批向非农产业转移。农村劳动力流动中出现的无序状态以及带来的严重问题引起了各级政府和有关部门的高度关注。这一时期山西省加强了对农村劳动力流动就业的管理。一是实施鼓励

---

[1] 山西省地方志办公室编:《山西省志·劳动和社会保障志》,中华书局,2013年。

就地转移的政策，通过深化农业生产，大力发展农村工副业和养殖业，大力发展乡镇企业，使农村剩余劳动力"离土不离乡"，实现就业转移。1985年，全省乡镇企业的职工人数为124.84万，到1996年年底，职工人数已经达到了458.66万。二是实施大力发展小城镇的政策。鼓励农民进入小城镇投资、务工，参与和推动小城镇的经济发展。三是组织实施有序化工程，引导农村劳动力向城镇合理有序转移。[1]

1994年，劳动部下发了《农村劳动力跨省流动就业管理暂行规定》，对用人单位跨省招用农村劳动力和农村劳动力跨省流动就业做了具体规定：（1）用人单位确因本地劳动力普遍短缺的，需招收人员的行业工种属于本地无法招足的以及用人单位在规定范围和期限内无法招用和招足所需人员的，可以跨省招用农村劳动力。（2）被用人单位跨省招收的农村劳动者外出之前，须持身份证和其他必要证明，在本人户口所在地的劳动就业服务机构进行登记并领取外出人员登记卡；到达用人单位后，凭卡领取当地劳动部门颁发的外来人员就业证；证卡合一生效。有序化工程的目的是解决农村剩余劳动力流动的盲目性及其所导致的各种问题。1995年，山西省劳动厅下发《关于实施农村劳动力流动就业凭证管理工作的通知》《关于印发山西省外来人员就业证的通知》《关于印发外来人员就业证管理办法的通知》《关于印发山西省保障流动就业人员食宿条件基本标准的通知》，对加强农村劳动力流动就业管理，引导农村剩余劳动力合理有序流动，进一步落实流动就业凭证管理制度提出具体

---

[1] 山西省地方志办公室编：《山西省志·劳动和社会保障志》，中华书局，2013年。

要求。

4.对国有企业富余职工实施安置政策

1993年，国务院下发了《国有企业富余职工安置规定》，提出了国有企业安置企业富余职工的原则和渠道。1994年，山西省政府下发《山西省国有企业富余职工安置实施办法》，鼓励企业拓宽就业渠道，发展第三产业，搞活多种经营，组织生产自救，扩大劳务输出，搞好转业训练，采取多种形式开发利用劳动力资源：（1）企业应当利用多余或闲置的固定资源，扶持富余职工兴办第三产业。对扶持富余职工兴办第三产业的资产，经国有资产管理部门核定后，可实行有偿转让或有偿使用。（2）工商行政管理机关应为企业安置富余职工兴办第三产业提供咨询服务，并为符合条件的企业办理登记审批手续。（3）劳动就业服务企业达到规定比例安置其他企业富余职工，可按国家有关规定享受优惠政策。（4）企业对富余职工进行转业培训，经费确有困难的，由企业提出申请，主管部门审核同意，报地、市劳动行政主管部门所属的待业保险机构批准，可从待业救济基金中适当补助。

（三）取得的成效与影响

自党的十三届四中全会以来，山西省实施"两个确保"、建立三条保障线、完善社会保障体系的同时，采取积极有效的措施扩大就业，就业和再就业工作取得较大进展。

一是就业局势基本稳定。到2002年年末，山西省从业人员达1403.3万，比1978年的965.2万增加了438.1万，平均每年增加18.3万，其中城镇从业人员417万，比1978年的368.4万增加48.6万，平均每年增加2万。全省城镇登记失业率为3.4%。失业率得到有效控制,多数年份都保持在3%左右。在劳动力供求矛盾十分突出,同时又面临各种经济起伏变化的复杂情况下,山西省成功保持了就业局势的基本稳定,对于维护改革发展稳定的大局发挥了积极作用。

二是就业结构进一步改善。从1985年到2002年,山西省从事第一产业的人员比重由44.7%上升为47.3%,第二产业由30.6%下降到24.7%,第三产业由24.7%上升为28.0%,第三产业成为扩大就业的主渠道,表明山西省三次产业之间的就业结构进一步优化。

三是再就业工作取得成效。全省国有企业累计下岗职工105万人,其中进中心、签协议的88万人全部按时足额领到了基本生活费,有71.4万人实现了再就业;山西省国有企业职工从262万人减少到155万人,百万职工从国有企业转向非公有制经济领域,从二产转向三产,平稳化解了计划经济时期遗留的企业富余人员这一历史难题,促进了经济结构的调整。再就业工程在一定程度上转变了下岗职工的就业观念,使其对失业的承受能力有所增强,自谋职业的积极性得到了激励与促进。此外,再就业工程对深化国有企业和经济体制改革、实施减员增效、促进社会稳定起到了积极作用。

四是农民工跨地区流动就业为工农之间、城乡之间生产要素流动开辟了一条新通道,为城市第二、第三产业发展提供了源源不断的低成本劳动力,满足了加快工业化进程对劳动力的需求。农民工的巨大浪潮冲破了劳动力市场的城乡界限、地域界限和部门界限,劳动力市场的地域性特点不再凸显,市场导向、自主择业、竞争就业机制成为现实,促进了中国劳动力市场的发育,促进了劳动用工制度的改革,促进了通过市场合理配置劳动力资源机制的形成。同时,也极大地推动了政府职能和管理方式的转变。

五、21世纪劳动就业制度的深化改革（2002~ ）

21世纪中国就业政策的最大变化是从过去传统的被动型就业政策转向积极的就业政策。而且随着经济发展战略的转变和就业形势的变化，积极就业政策也在不断进行调整。

（一）21世纪劳动就业制度形成的社会经济背景

2002年中共中央提出"本世纪头20年改革的主要任务是完善社会主义市场经济体制"。2003年，中央通过的完善社会主义市场经济体制若干问题的决定，对建成完善的社会主义市场经济体制进行了全面部署，尤其是在所有制理论上实现了重大突破：一是提出股份制是公有制的主要实现形式；二是深刻阐述了现代产权制度的主要特征和重要地位；三是提出给予非公有制经济平等待遇。

进入21世纪，加快工业化、城镇化、市场化的进程和推进城乡社会经济的协调发展，都对统筹城乡就业提出了现实要求和全新内涵。在中国积极就业政策不断完善的过程中，2005年国务院发布了进一步加强就业再就业工作的通知，新一轮积极就业政策的对象向全体劳动者转变。2007年，党的十七大报告对就业问题进行了创新性的阐述，指出实施扩大就业的发展战略，促进以创业带动就业。实施扩大就业的发展战略，就是将扩大就业摆在经济社会发展更加突出的位置，作为经济社会发展和调整经济结构的重要目标，实现经济增长与扩大就业的良性互动。2012年，党的十八大提出推动实现更高质量的就业，实施就业优先战略和更加积极的就业政策，并把实现就业更加充分作为全面建成小康社会的重要目标，进一步明确了劳动者自主就业、市场调节就业、政府促进就业和鼓励创业的新时期就业方针。2017年，党的十九大报告把"坚持在发展中保障和改善民生"作为14条基本方略之一，报告还强调，就业是最大的民生，要坚持实施就业优先战略和积极就业政策，实现更高质量和更充分就业。2019年的政府工作报告首次将就业优先置于宏观政策层面，同时强调必须把就业摆在更加突出位置。这就意味着宏观政策的出台将全面评估其对就业的影响，让就业优先；政策措施的落实将统筹考虑其给就业带来的变化，让就业优先；财政、金融、产业、投资、贸易等经济政策将注重与就业的衔接配套，如果发现有矛盾，让就业优先。

（二）21世纪劳动就业制度深化改革的实践

进入21世纪以来，山西采取了积极的就业政策，劳动就业制度改革持续深化，重点转向创业扶持、创业培训、资金扶持、开展创业援助、开发公益性就业机会、改善创业环境。

1.积极就业政策的形成

2002年，中央提出的全面建设小康社会的奋斗目标中，把社会就业比较充分列入其中，确立了做好21世纪新阶段就业再就业工作的方针政策。2002年9月，《中共中央、国务院关于进一步做好下岗失业人员再就业工作的通知》下发，在全面总结我国就业和再就业工作实践的基础上，针对新时期就业的新形势、新特点，围绕解决下岗失业人员再就业问题，研究制定了一整套促进就业和再就业的政策措施，确立了积极就业政策的基本框架。积极就业政策主要包括5个方面的内容：一是以提高经济增长对就业的拉动能力为取向的宏观经济政策，主要是通过保持较高经济增长速度，调整产业结构、所有制结构、企业结构等，扩大就业总量，创造就业岗位；二是以重点促进下岗失业人员再就业为取向的扶持政策,主要是运用税费减免、资金信贷等优惠政策杠杆,将所创造的岗位优先用于吸纳下岗失业人员再就业;三是以实现劳动力与就业需求合理匹配为取向的劳动力市场政策,主要通过强化就业服务和职业培训帮助劳动者了解需求信息,提高就业能力,缓解结构性失业问题;四是以减少失业为取向的宏观调控政策,主要是通过严格规范企业减员、建立失业预警制度等措施,减轻社会失业压力;五是以既能有效保障下岗失业人员基本生活,又能积极促进再就业为取向的社会保障政策,主要通过完善社会保障体系消除下岗失业人员的后顾之忧,为促进劳动力合理流动提供保障。[1]

山西省贯彻中共中央12号文件精神,结合实际情况制定了具体实施办法,于2003年1月3日下发《贯彻〈中共中央、国务院关于进一步做好下岗失业人员再就业工作的通知〉的实施意见》,各有关部门制定了配套政策。提出五大政策支柱、10项具体政策。

五大政策支柱:

一是围绕经济发展开发就业岗位,实现经济增长与扩大就业的良性互动。继续实施积极的财政政策和稳健的货币政策,以保持较高的经济增长速度,鼓励发展中小企业、第三产业、多种所有制经济和劳动密集型产业,发展多种灵活就业的形式,提高就业的弹性,以创造更多的就业岗位。

二是强化政策扶持,促进就业再就业。通过对下岗失业人员提供财政补贴、金融政策支持、税费减免等,鼓励下岗失业人员自谋

---

[1] 莫荣:《中国积极就业政策:形成、发展和完善》,社会科学文献出版社,2015年。

职业、自主创业,鼓励各类企业吸纳下岗失业人员就业。

三是改进就业服务,强化职业培训。对下岗失业人员提供免费就业服务,对下岗失业人员自谋职业和自主创业,实行工商登记、税务办理、劳动保障事务代理等"一条龙"服务;发展劳动力市场信息网及其公开发布系统,提供及时、便捷的就业信息服务。

四是规范就业管理,加强失业调控。通过统筹规划、分步实施国有企业关闭破产和改制改组,把握关闭破产工作的力度,合理引导和规范企业的规模性裁员,鼓励国有大中型企业通过主辅分离、辅业改制分流安置富余人员。完善失业保险制度,充分发挥失业保险在保障失业人员基本生活和促进失业人员再就业方面的积极作用。

五是完善社会保障制度,建立与促进就业的联动机制。通过完善下岗失业人员的社会保险关系接续办法,做好对下岗以后人员从事再就业和退岗、退出劳动领域的各种接续服务等。

10项具体政策措施主要包括税费减免、小额贷款、社保补贴、就业援助、主辅分离、就业服务、职业培训、失业调控、财政投入、社会保障10项政策。

2.积极就业政策的完善

积极就业政策的实施有力地推动了就业再就业工作,取得了比较好的效果。2005年国务院下发了《关于进一步加强就业再就业工作的通知》,一是继续保留税费减免、社会保险补贴、小额担保贷款及贴息等主要扶持政策,并将政策审批截止期限相应延长至2008年年底;二是将国有企业所办集体企业的下岗职工纳入持再就业优惠证的对象范围,将就业困难人员范围进一步扩大,增加了厂办大集体企业下岗职工中的"4050"人员以及享受城市居民最低生活保障的长期失业人员；三是对税收减免政策进行调整；四是增加了对就业困难人员从事灵活就业的社会保险补贴政策。[1]

2006年，山西省政府下发了《山西省人民政府贯彻〈国务院关于进一步加强就业再就业工作的通知〉的实施意见》，对2002年以后实行的就业再就业扶持政策进行了扩展、调整、充实和完善，初步形成了积极的就业政策体系。新政策将原政策确定的税费减免、小额贴息贷款、社保补贴、职业介绍和职业培训补贴、主辅分离等项政策执行期限继续延长，政策审批的截止期暂定到2008年年底，这意味着政策有效期将延长到2011年。同时，将再就业政策的适用范围从国有企业下岗失业人员扩大到城镇集体企业的下岗失业人员。职业介绍和职业培训补贴的对象范围增加了进城登记求职的农村劳动者。社保补贴在过去养老保险和失业保险的基础上，增加了医疗保险。

3.积极就业政策的调整

2009年，金融危机对中国就业的冲击之大，前所未有。为应对金融危机给中国就业带来的冲击和影响，国务院和有关部门制定并实施了一系列稳定和扩大就业的政策措施。应对金融危机实施的就业新政首次提出了稳定就业的政策措施、失业应急政策措施，首次启动了创业促就业，使中国经济和就业率先走出了金融危机的影响。

受金融危机的影响，山西省新增就业难度加大，劳动者失业

---

[1] 张小建：《民生之本：为实现劳动者充分就业而奋斗》，中国劳动社会保障出版社，2011年。

风险增加。为了稳定就业局势，促进全省经济平稳较快发展，山西省将保就业、促和谐、谋发展作为应对当前困难的总体要求之一，重点实施"六大就业工程"，缓解就业再就业压力。一是积极实施弹性就业工程。通过引导困难企业实行减薪轮岗措施、建立企业脱产培训、轮岗培训制度、建立企业裁员减员报告制度来缓解就业压力，促进企业发展。二是大力实施公益性就业工程。通过开发公共管理部门临时性公益岗位、开发公共投资项目公益性岗位来帮助零就业家庭、"4050"人员及就业困难人群实现再就业。三是重点推进再就业工程。通过创立再就业基金、建立再就业培训中心来解决下岗职工的再就业问题，缓解社会就业压力。四是全面实施全民创业工程，通过建立创业风险基金、建设创业孵化基地、优化创业服务来帮助具有一定专业知识和强烈创业意识的人群实现创业理想，既解决了他们本人的就业问题，又增加了社会就业岗位。五是积极开展新市民工程，通过取消对农民进城就业的政策性限制、实行先省内、后省外的用工原则、改善农民进城的居住、生活条件来加快农村剩余劳动力转移的步伐，推进城乡一体化的进程。六是着力实施就业信息工程，通过建立信息对称的就业招聘网、建立覆盖城乡的劳动用工培训信息网来解决山西省就业市场存在的招工难、就业难这一矛盾。

4.积极就业政策的进一步拓展

2018年11月16日，《国务院关于做好当前和今后一个时期促进就业工作的若干意见》是在当前国际经济格局调整、外部环境不确定性增加、国内经济下行压力加大、经济转型向高质量发展阶段条件下，为保持就业局势稳定，推动实现更高质量和更充分就业目标，制定出台的重要政策措施。《意见》是就业优先战略在政策层面的具体体现，也是对我国积极就业政策的进一步丰富和拓展。《意见》提出的主要政策内容包括扶持企业稳就业存量、鼓励创业扩就业增量、加强培训提就业能力、夯实保障兜就业底线、强化责任落实等。

为贯彻落实国务院文件精神，山西省在实地调研、深入论证的基础上，于2019年1月11日出台了《关于做好当前和今后一个时期促进就业工作的实施意见》，对国家政策进行细化和具体化。山西省的《实施意见》共5个方面15条政策措施：一是稳存量，通过鼓励企业不裁员或少裁员、加大小微企业融资担保支持力度等措施支持企业稳定就业岗位。二是扩增量，通过加大创业担保贷款政策支持力度、支持创业载体建设等措施促进以创业带动就业。三是提能力，通过扩大就业见习补贴范围、支持困难企业开展职工在岗培训、加强失业人员培训、放宽技术技能提升补贴申领条件来深化全民技能提升工程。四是兜底线，通过实行失业登记常住地服务、保障下岗失业人员和困难群众基本生活等措施来加强困难群体帮扶服务。五是抓落实，通过落实市县政府主体责任、强化部门组织协调责任、指导企业履行社会职责等措施来压实政府、部门和企业责任。

（三）取得的成效与影响

2002年以来，经过各地区、各部门的共同努力，山西省就业再就业工作取得较大进展，就业规模不断扩大，政策效应明显发挥，一大批下岗失业人员通过政策扶持实现了再就业，对巩固国有企业改革成果、促进经济发展、维护社会稳定发挥了重要作用。

一是就业总量持续增长。山西省就业人员数量持续增加，就业人员占常住人口比重呈上升趋势。2017年，山西省常住人口为3702.35万，比1978年的2423.60万增加1278.75万，年均增加32.79万。2017年，劳动力资源总量为2756.80万，比1982年1369.60万增加1387.20万，年均增加39.63万，劳动力资源占常住人口的比重从53.66%增长到74.46%。2017年，山西省就业人员为1914.10万，比1978年965.23万增加948.87万，年均增加24.33万，就业人员占常住人口的比重从39.83%增长到51.7%。

二是就业结构不断优化。经济结构决定就业结构的变化，改革开放以来，山西不断调整产业结构，就业结构不断优化。1978年，山西省按产业结构划分，就业构成为65.07∶19.57∶15.35，就业结构类型为"一二三"模式；1998年，山西三产就业人员首次超过二产就业人员，就业构成为46.09∶26.69∶27.22，就业结构类型转变成"一三二"模式；2012年，山西三产就业人员首次超过一产就业人员，就业构成为36.15∶27.37∶36.48，就业结构类型转变成"三一二"模式；2017年三产就业人员构成为35.04∶25.28∶39.69，一产二产比重继续下降，三产比重继续增加，就业结构更加优化。从产业构成的就业总量上看，1978年到2017年，一产就业总量由628.1万增加到670.7万，年均增加1.1万，增量最小；二产就业总量由188.9万增加到482.8万，年均增加7.56万，增加较快；三产就业总量从业148.2万增加到759.7万，增加最快。

三是社会保险制度较为完备。山西社会保险制度改革坚持高起点、全方位推进，取得了历史性突破。一个基本适应市场经济要求和山西经济发展水平的社会保险体系框架初步形成。截至2017年，全省参加城镇职工养老保险的人数为798.71万，参加失业保险的人数420.56万，参加医疗保险的人数3215.40万；城镇职工养老保险基金收入1419.40亿元，失业保险基金收入25.18亿元，医疗保险基金收入371.88亿元；城镇职工养老保险基金支出1277.67亿元，失业保险基金支出12.31亿元，医疗保险基金支出323.09亿元。

四是就业政策和服务体系日益丰富。首先，从2002年开始确立积极就业政策体系的基本框架，到2005年积极就业政策进一步延续扩展，再到2008年应对国际金融危机形成更加积极的就业政策，演进到党的十八大以来更加突出创业和就业紧密结合、支持发展新就业形态、拓展就业新空间，积极就业政策迭代升级。其次，从早期开办劳务市场和人才市场，到劳动力市场、人才市场向人力资源市场整合发展，确立了基本公共就业服务制度，覆盖城乡的公共就业服务体系基本形成。第三，面向全体劳动者的职业培训制度不断发展，职业培训规模不断扩大，劳动者就业能力普遍提高。

六、发展与展望

虽然市场导向的劳动就业制度已经基本建立，但是阻碍全国性的、统一开放的劳动力市场体系和就业制度形成的因素依然存在，继续深化改革依然任重道远。近年来，山西省就业局势总体稳定，但全省就业结构性矛盾依然突出，重点群体就业压力不减，稳就业难度仍然较大。未来一个时期，山西省必须从持续深化就业制度改革入手，实施更加积极的就业政策，着力解决山西省的劳动就业问题。

（一）强化政府促进就业的职能

政府在改善劳动就业制度及其形式方面，具有不可替代的重要作用。政府要科学合理地制定就业规划，调节劳动力供求；健全劳动力市场体系，依法维护劳动力市场秩序；实施积极的就业创业政策，提供就业服务和完善社会保障体系。可以通过税收政策、产业政策、基建投资、职业培训等手段来调控、引导和促进就业，使针对解决就业问题而出台的各项优惠政策能够真正落实在老百姓就业的环节中。

（二）以创业带动就业

这是新常态下转换思路、解决就业难题的关键突破口。要充分发挥创业对就业的带动作用，一是简化行政审批程序，降低市场准入门槛，为自主创业提供便捷的政务环境；二是加大创业培训力度，针对培训机构、创业者、政府等不同的培训要素，构建有针对性的培训模式；三是积极打造创业孵化园区，深入开展创业型城市（县）创建活动；四是加大资金扶持力度，设立创业发展基金，切实解决创业融资难题；五是大力实施创业帮扶政策，为创业者提供政策咨询、专家指导、项目推介、创业培训等"一站式"服务，全面落实有关税费减免、租金补贴、社会保险补贴等创业扶持政策。

（三）发挥现代服务业对就业的吸纳作用

现代服务业具有就业容量大、就业弹性系数高的特点，它作为引领经济要素流动和产业分工的主导力量，通过增加新产业领域的新岗位成为促进就业的重要支点。要充分发挥现代服务业对就业的吸纳作用，一是实施先进制造业、现代服务业"双轮驱动"发展战略，依托山西省传统工业发展，提升传统服务业等级；二是继续发展生活性服务业，发展壮大商贸流通业、家庭服务业、旅游业、医疗健康服务业、养老服务业等带动作用强的重点产业和领域；三是加快发展生产性服务业，依托太原武宿综合保税区、侯马方略保税物流中心等平台优势，规划和建设一批物流基地；四是积极培育新兴服务业，加快发展与制造业联动的研发设计、采购与营销、人力资源等生产性服务外包业务。

（四）健全职业技能培训制度

职业技能培训可以增强劳动者的就业竞争力和就业稳定性。健全职业技能培训制度，一是整合培训资源，加快建立覆盖城乡的职业培训体系；二是加快构建适合各阶段劳动者职业发展需求的培训体系，针对初中和高中及高校毕业生、企业职工、退役军人以及农民等不同人群进行相应的职业技术能力培训；三是全面推行就业准入和职业资格证书制度，加快建立以职业能力为导向、以工作业绩为重点的高素质、高技能人才评价体系；四是建立健全政府职业培训补贴制度，充分发挥政府补贴的激励和引导作用。

（五）完善就业扶持政策

为推动实现更加充分就业和更高质量就业，应注重发挥政府扶持就业、提供就业服务的作用。要完善就业扶持政策，一是强化政府促进就业的公共服务功能，切实落实便利工商登记、财政支持、金融信贷、税收减免等扶持政策，为劳动者提供优质高效的全方位就业服务；二是完善产业政策、税收政策、收入分配政策等鼓励扶持政策；三是贯彻落实就业保障和社会保险政策的协同跟进。

(六) 完善促进就业公平的保障机制

促进就业公平的保障机制可以降低劳动力市场的竞争风险，提高劳动者的安全预期和就业能力。完善该机制一是健全促进公平就业的法律体系和劳动监察体制，完善劳动争议调解仲裁机制；二是构建覆盖面广、功能齐备、布局合理的人力资源平台；三是建立城乡统一的劳动力资源管理制度，完善城乡均等的公共就业创业服务体系及失业保险制度；四是进一步完善基本医疗、失业、工伤等保险制度，认真解决进城务工人员的社会保障问题。

专题三　教育体制改革与教育事业的全面发展

山西是华夏文明的发祥地，素有重教传统，因而教育发展基础良好。抗日战争爆发前夕，山西教育水平在全国范围内居于前列。然而战争却使得山西教育事业损失惨重，发展缓慢。中华人民共和国成立初期，各级各类教育百废待兴。在党和政府的正确领导下，经过70年的不断调整发展，山西省的教育事业呈现出日新月异的变化，为区域经济社会发展提供了有力的智力支持和人才支撑。

一、基础教育：从全面恢复到提质增量

基础教育是终身教育的开端，是提高全民文化素质水平的必要手段，更是创新型人才培育体系的重要环节。中华人民共和国成立70年来，山西基础教育取得了长足的进步和可喜的成绩。据《山西教育年鉴2017年》记载，截至2017年，全省共有幼儿园6937所，在园幼儿102.75万人，专任教师54796人，学前三年毛入园率89.1%；义务教育阶段中小学校7481所，在校生336.36万人，专任教师27.73万人，义务教育巩固率保持在95%以上，基本普及高中教育。按照教育发展的脉络和阶段性特征，山西的基础教育主要分为以下几个重要发展时期：

(一) 规模建学与不断调整 (1949~1978)

中华人民共和国成立初期,基础教育处于兴建与恢复的发展阶段,这一时期的主要工作在于满足人们的子女就学规模需求,同时注重教学质量建设。在此期间,从国家到地方,均经历了1958年后的"大跃进"阶段、国民经济发展困难时期、再次的扩展发展以及"文化大革命"时期,山西基础教育相应呈现出曲折发展的态势,但政策方向都能做出及时的调整和应对,以回应人民的呼声,满足人民对教育事业的需求。

1.学前教育

相比其他类型的教育,山西的学前教育发展相对缓慢。清末,山西省开始设立幼儿教育机构。初期的幼儿教育机构多附设于小学,部分机构是教会和社会救济机关办的。根据民国十四年(1925)山西省年度教育统计:全省公立幼儿园4处,在园幼儿150人,教职人员6人;其他幼儿园2处,在园幼儿110人,教职人员3人。外国人在太谷设立幼儿园2处,在园幼儿40人,教职人员4人。又据《第一次中国教育年鉴》记载,1919年山西省共有省级幼儿园2处、县级幼儿园2处、私立幼儿园4处。抗日战争爆发,所有幼儿园停办。

中华人民共和国成立后,学前教育事业得到了较大的发展。坚持贯彻自力更生、勤俭办园的方针,坚持两条腿走路,提倡国家集体一齐办园所。依靠群众力量,发动机关、厂矿、企事业单位、部队、学校自己来办幼儿园。这些幼儿园除了解决本单位子女入园的问题外,还向社会开放,缓解了城镇幼儿入园难的问题。太原从解放到1956年第一个五年计划完成,期间全省学前教育事业发展较快。1950年全省共有幼儿园23所,到1956年发展到了944所,比1950

年增长了40倍。1958年,全省幼儿园数猛增,到1960年发展为31202所。后来在"调整、巩固、充实、提高"八字方针的调整下,全省幼儿园共593所。[1]

2.小学教育

山西的小学教育创办于清光绪末年。民国初,山西当局按照阎锡山"为保境安民,推行用民政治,通过发展教育启迪民智"的构想,提出限期普及教育。之后受五四运动影响,经各方仁人志士的努力,普及教育蔚然成风。山西小学生入学率、女学生入学率均居全国首位,成为全国普及教育最好的省份之一。抗日战争爆发,山西的教育事业受到重创,虽相对过去来看,发展缓慢且不平衡,但省内革命老区和解放区仍在努力办教育,1949年4月山西全境解放时,全省有小学20073所,学龄儿童入学率47.8%。

1949年11月,山西省文教厅召开全省专、县教育科长会议,贯彻"恢复整顿,巩固提高,适当发展"的方针和省文教厅制定的《小学教导合一工作意见》以及具体实施办法。1951年,为贯彻第一次全国初等教育会议精神,小学经费实行统筹统支与群众兴学相结合的方针,全省各地较普遍地兴办起民办小学、民办公助或公办民助小学,使小学教育得到进一步的巩固和发展。到1952年年末,全省各类小学发展到27148所,学生1608057人,教职人员47108人,学龄儿童入学率增长到78.7%。1958年年末,全省在校小学生达231.04万人,猛增17.39%。[2]

1961年到1962年,小学教育也在贯彻八字方针中进行了调整、

---

[1] 杨进发主编:《山西通志·教育志》,中华书局,1999年,第61页。
[2] 杨进发主编:《山西通志·教育志》,中华书局,1999年,第85页。

巩固和整顿。到1962年年末，全省小学稳定在34761所，学生2484653人，教职人员96185人。1963年，在贯彻全国教育厅局长会议和省教育工作会议的精神中，要求各地认真办好重点小学，提高教学质量；要坚持"两条腿走路"的办学方针，采取多种形式办学。1965年，全省召开半工（农）半读教育会议后，又有一批农村简易小学改为耕读小学，城镇简易小学改为工读小学。到1965年年末，全省小学达到38812所，学生2742725人，教职员114104人，学龄儿童入学率增长到91.6%。[1]

3.中学教育

山西的中学教育始于清末。由忻州秀容书院改建的忻兴中学堂、由泽州府明道书院改建的泽州府中学堂和绛州东雍书院改建的绛州中学堂，是山西最早办的三所中学堂。此后，在新文化运动的推动下，山西中学教育有了较大的发展。先后办起了一些质量较好的中学。抗日战争和解放战争时期，中国共产党领导的革命根据地创建了一批中学，为革命战争和生产建设培养了大批干部和专门人才。

1949年，太原解放初期，根据"暂维现状、逐步改造"的方针，接管了旧政府举办的公私立中学，并加强管理，保证学生不辍学。1950年春，全省中学贯彻执行向工农开门、为工农服务的方针，在中学招生中优先录取工农子女，并发给助学金。同时还创办成立工农速成中学，全省工农子女的入学率逐年提高。1952年开始，由教育行政部门、厂矿企业、人民群众举办的中学逐年增多。同时，将全省私立中学减半，改为公立。1952年年底，全省有普通

---

[1] 杨进发主编：《山西通志·教育志》，中华书局，1999年，第86页。

中学105所，在校学生40944人，共有教职工2505人。[1]

1953年，中央提出"整顿巩固、重点发展、提高质量、稳步前进"的工作方针，全省中学在整顿学校秩序的同时，提出新型正规化的要求，并按照生产发展的需要，重点发展了高中。据《山西通志·教育志》记载，1956年，又在全省基础好的128所完全小学附设初中班320个，招收学生1.6万人，同时省教育厅拨专款改善这些学校的软硬件条件，保障教学质量。到1956年年底，全省高中增加到40所，在校生13977人；初中达到22所，在校生121138人。

1958年，在"大跃进"的形势下，学校数量猛增，山西省人民委员会召开会议，要求在3年至5年内做到乡乡有公办中学，大的集镇、乡有高中，并要求当年全省办起50所高中、300所初中，迅速实现普及初中教育。到1958年年底，全省中学增加到665所，比1957年增长3.9倍，在校生发展到244998人，增加了94511人。[2]同其他类型的教育活动一样，发展速度过快造成师资和硬件设施的紧张，从而影响了教学质量。因此在1959年，为提高教学质量，省教育厅在全省先后确定了41所重点中学，[3]这些学校的领导干部任命、教师派

---

[1] 李东福主编：《山西教育史》，山西人民出版社，2010年，第737页。

[2] 李东福主编：《山西教育史》，山西人民出版社，2010年，第774页。

[3] 太原市：太原第三中学、太原第五中学、太原第六中学、太原第十中学、太原第十二中学、山大附属中学、太原铁路局第一中学。大同市：大同第一中学、大同第三中学、大同市怀仁初级中学。阳泉市：阳泉市第一中学。雁北专区：阳高中学、浑源中学、朔县神头中学。忻州专区：忻县中学、范亭中学、兴县中学。晋中专区：左权中学、祁县中学、榆次市第一中学、汾阳中学、贺昌中学、平遥第一中学、文水刘胡兰初级中学。晋南专区：曲沃中学、新绛中学、康杰中学、永济中学、运城解州中学、万荣中学、闻喜中学、洪洞中学、临汾第一中学、临汾第三中学、稷山清河初级中学。晋东南地区：潞安中学、长治第一中学、长治第二中学、晋城第一中学、沁县中学、长治韩店初级中学。

遣、图书仪器、校舍建设等等都由省教育厅统一制定标准并给予支持，以尽快提高重点学校教育质量，充分发挥重点学校示范作用和带头作用。到1966年，这批学校已粗具规模，师资设备都好于一般学校，成为全省中学的骨干。

国民经济困难时期，普通中学的规模也有了一定的压缩。1963年以后，国民经济好转，"两种教育制度"盛行，又于1964年创办了一批半工（农）半读中学，这样中学生数没有得到有效控制。1965年，山西省共有全日制中学585所（其中高中135所、初中450所），在校学生227856人（其中高中生27741人，初中生200115人），教职工19805人（其中专任教师12240人），学校数比1949年增长16.2倍，学生数比1949年增长21.9倍，教职工增长13.1倍。[1]

"文化大革命"期间，许多幼儿园被迫解散，学前教育受到极大损失。这期间，1967年下半年"复课闹革命"后进行"斗批改"，学校领导和教师无法领导教学和组织教学。1968年，大量农村教师被强行下放回原籍。1970年，在"清理阶级队伍"的"一打三反"运动中，有些学校领导和教师遭到批斗。1973年，"四人帮"又宣扬"白卷英雄""反潮流小将"、大批"师道尊严"、大批"修正主义回潮"，使学校工作再次陷于混乱。1975年，全省开展"教育学大寨""学朝阳农学院"运动，多数农村学校常年处于支农活动中，不能开展正常教学活动。与此同时，在"上小学不出村，上初中不出队，上高中不出社"的极左思想影响下，特别是1975年昔阳教育革命现场会后，各地小学纷纷戴帽办起了七年制学

---

[1] 杨进发主编：《山西通志·教育志》，中华书局，1999年，第137页。

校，盲目发展中学，使小学的校舍、设备和师资、经费更加短缺，给小学教育的普及和教学质量的提高，带来了不可估量的损失。

与此同时，盲目发展中学，将初中、高中学制由3年改为2年。1965年，全省高中招生1万人，而1976年暑期已达到23万人。到1976年年底，全省中学已发展到15194所，比1966年增加了13233所，其中，高中发展到2464所，比1966年增加了2335所；初中发展到12730所，比1966年增加10898所。[1]普通中学的盲目发展，造成教师层层拔高、教学设备极度缺乏，导致教学质量大幅度下降。

这一阶段的教育教学活动受到极大的负面影响，使得基础教育在一定程度上停滞不前、发展缓慢，甚至一些地区出现倒退发展的现象，这是"文化大革命"后人才建设出现极度短缺，人民整体文化素质不高的直接原因。

(二) 确立教育优先发展（1978～2010）

中共十一届三中全会以后，山西基础教育发生了较大的变化，一系列政策措施的贯彻与实施，使得全省基础教育走上了健康发展的道路。基础教育投入大幅增长，办学条件显著改善，教育改革逐步深化，办学水平不断提高。进入21世纪以来，城乡免费义务教育全面实现，农村教育得到加强，教育公平迈出重大步伐。基础教育的发展极大地提高了全省人民素质，推进了科技创新、文化繁荣，为经济发展、社会进步和民生改善做出了不可替代的重大贡献。

1.稳步推进普及九年制义务教育

1981年，为贯彻中共中央、国务院《关于普及小学教育若干问

---

[1] 杨进发主编：《山西通志·教育志》，中华书局，1999年，第137页。

题的决定》，要求全省各地教育行政部门进一步纠正10年"文化大革命"期间盲目发展中学而挤占、削弱小学的错误倾向，注意小学的合理布局，在分散偏远的山区建立一批简易小学；认真落实党的知识分子政策，大力提高教师的社会地位；整顿中等师范学校，恢复地（市）、县两级教师进修学校，组织以过教材关为主要内容的师资培训，使小学教师队伍的文化、业务素质明显提高。同时，各级政府还增加了小学教育事业经费的投入，平均每个学生每年实际开支经费达到18.66元，较1977年的11.8元增长了58.14%，基本上恢复了1965年的水平。到年末，在全省119个县（区）中，有82个县（区）学龄儿童入学率达到98%以上，其中临猗等12县儿童入学率更高。左云县是全国第一个实行初等免费义务教育的县。

1985年《中共中央关于教育体制改革的决定》首次提出要把实行九年制义务教育"当作关系民族素质提高和国家兴旺发达的一件大事，突出地提出来"。1986年《中华人民共和国义务教育法》诞生，实施义务教育优先成为国家意志与法定任务。1992年党的十四大提出，"到本世纪末，基本普及九年义务教育，基本扫除青壮年文盲"，把"两基"的实现作为地方各级人民政府教育工作的重中之重，从此长期坚持，成为国家的战略部署。

为贯彻中共中央关于普及义务教育的决定，山西省采取了"三步走"的战略。第一步：逐步推进。1985年，《中共中央关于教育体制改革的决定》确立了地方负责、分级管理的基础教育管理体制，因地制宜确立了发达、中等发展和落后三类地区逐步推进义务教育的政策部署。1992年，党的十四大提出"双基"任务，1994年具体化为"双八五"，即到20世纪末，在占全国总人口85%的地区普及九年义务教育，初中阶段毛入学率达85%。第二步："两基"攻坚。2004年国家实施西部地区"两基"攻坚计划（2004~2007），并于2007年年底如期实现。"两基"人口覆盖率提高到2007年的98%。第三步：免费普及。国家宣布"从2008年秋季学期开始，全部免除城市义务教育阶段公办学校学生学费"，学生上学不花钱成为现实。

在实践过程中，山西省教委在推进教育事业发展、加强调整初中、普及九年义务教育的同时，还做了一系列的工作。例如，拓宽经费筹集渠道，大力改善办学条件。从1983年到1991年，全省累计筹集资金18亿元，年均集资2亿元，人均集资72元。大大改善了办学条件。20世纪80年代初期，常有校舍倒塌事故发生。目前全省义务教育标准化建设"全面改薄"逐步推进，取得了过去无法想象的进步和成绩。"十五"时期末，全省基本"普九"的历史任务如期完成，初中毛入学率达到98.89%。"十一五"期间，全省普及九年义务教育工作顺利通过国家验收。小学、初中入学率连续5年保持在99%以上。

2.从应试教育转向素质教育

全面实施素质教育，提高全民科学文化素质，是改革开放以来，特别是从20世纪80年代中后期开始的。这是我国基础教育在战略调整和全面改革史上的重要举措。山西的基础教育在20世纪70年代末80年代初迅速恢复并持续发展，教育教学质量不断提高，中小学办学水平也日益提升。但是由于升学竞争愈演愈烈，部分地区攀比，校际较量也日趋激烈。片面追求升学率的问题逐步突显出来。1993年，中小学课业负担过重引起了省委、省教委的高度重视，素质教育实践探索开始付诸行动，全省范围内的中小学积极探索行之有效的办法，例如优化课堂教学、提高教学效率、加大教研力度、引进现代教学手段、增大教学容量、丰富学习形式、转变评价观念、丰富课外活动等等。1997年全省教育工作会议提出，基础教育由应试教育向素质教育转轨是教育领域的一项根本改革和紧迫任务，标志着山西省全面实施素质教育进入了全方位、大面积、深层次推进的阶段。之后，山西省教育委员会颁布实施《山西省关于在基础教育阶段全面实施素质教育的意见》。1999年4月，又下发了《关于进一步推进实施素质教育的意见》。2000年1月，山西省教育委员会发出《关于在小学减轻学生过重负担的紧急通知》。素质教育在省教委的高度重视和严密部署下，推进力度不断加大，成效也十分显著。

在政策不断给予支持和保障的同时，课程和教材改革也起到了关键性作用。从20世纪80年代开始，我国基础教育课程和教材经历三次大的改革。第一次是1993年开始的九年义务教育新大纲、新教材的启用。第二次是1997年到2000年进行的普通高中新课程第一轮实验。第三次是从2001年开始的义务教育新课程方案的试验。通过课程改革，基础教育教研加强，教学改进，教师队伍整体素质提升。2001年教育部《基础教育课程改革纲要（试行）》印发，大力推进基础教育课程改革，调整和改革课程体系与结构，构建符合素质教育要求的新的基础教育课程体系。基础教育课程改革强调，"要改变课程过于注重知识传授的倾向，强调形成积极主动的学习态度，使获得基础知识与基本技能的过程同时成为学会学习和形成正确价值观的过程"，提出知识与技能、过程与方法、情感态度与价值观的三维目标，创新了课程目标内涵，为课程育人指明了新的方向。一些省级重点中学、示范初中和示范小学率先行动起来，主动承担起一些大型教育科研课题，例如创新教育、研究型学习等等。部分教师参与学术活动，将教育教学实践中相关热点问题的研究成果，通过公开教学进行大范围推广。一些学校甚至还制定了一系列规章制度和评价体系，鼓励教师从事教育科研。同时，还与相关高等学校建立起合作关系，把学校建成教育基地，从而进一步提升中小学办学水平。这一系列的举措，不仅对于素质教育的发展有积极的促进作用，同时使全省基础教育工作者的教育理念有了新的转变，基础教育教学质量有了明显的改观。

3.实施义务教育标准化建设

2000年以后，随着党中央将建设和谐社会问题提到战略地位，基础教育发展的政策指导思想也补充进更多的民本因素，把满足人民群众的需要作为基本指导思想之一。教育部教育发展研究中心张力主任在解释2008年《政府工作报告》中的教育内容时提道："教育公平是社会公平的重要基础，是人民群众最关心、最直接、最现实的利益问题之一，是最能够体现以人为本的事业，'办好人民满意的教育'正在成为教育发展和改革的立足点。党中央强调把促进教育公平作为国家基本教育政策和建设和谐社会的重要内容。"这正是近年来基础教育政策发展的灵魂。这种指导思想在《国务院关于进一步加强农村教育工作的决定》（2003年）、《2003—2007年教育振兴行动计划》（2004年），特别是2006年颁布的新的《中华人民共和国义务教育法》中均有体现。山西省认真贯彻中共中央、国务院各项方针政策，认真制定一系列实施办法和措施，在具体教育实践过程中不断取得成绩。义务教育标准化建设，实质上是在基础设施建设方面推进教育公平，实现教育资源均衡发展的重要举措。

2006年，山西省政府将新建、改建1000个城镇中小学标准操场和免除晋西北、太行山革命老区农村义务教育阶段学生杂费作为为人民群众办的实事。经过努力，共新建、改建中小学标准操场1082个（其中新建410个、改扩建672个），使全省城镇中小学标准操场增加到2300余个，具有标准操场的城镇中小学校比例达到39%，提高了17%。精心组织实施免除学杂费工作，所需资金由省、市、县按6：3：1分担，全年各级财政共安排免学杂费专项资金1.65亿元，为175.86万名农村义务教育阶段学生免除了学杂费。并且提出了全省"十一五"期间中小学布局调整工作的指导意见，指导各地积极稳步推进工作。据《山西教育年鉴2006年》记载，全省2006年共新建和改扩建农村寄宿制学校400余所，小学校由2005年的24339所调整为21647所，压缩单人校和复式学校2692所，小学校均学生由2005年的144人提高到156人；初中学校由2005年的2698所调整为2581所，校均学生由703人提高到733人。与此同时，加强农村地区"两区"（晋西北、太行山革命老区）寄宿制学校建设。省政府将调整中小学布局、优化教育资源配置作为促进"两区"社会事业健康发展的重要内容，纳入省委、省政府"两区"开发建设统一规划，决定"十一五"期间，每年省财政投入1亿元用于"两区"寄宿制学校改造。与此同时，组织对59县中小学教育情况进行专项调研，制定了《晋西北、太行山革命老区59县中小学布局调整规划意见》和《"两区"寄宿制学校建设实施方案》，对"两区"59县寄宿制学校建设做出五年规划。

(三) 推进教育现代化发展（2010～　）

2010年，根据党的十七大关于优先发展教育，建设人力资源强国的战略部署，为促进教育事业科学发展，全面提高国民素质，加快社会主义现代化进程，《国家中长期教育改革和发展规划纲要（2010—2020年）》出台。《纲要》明确提出到2020年基本实现教育现代化，基本形成学习型社会，进入人力资源强国行列。自此，全面深化教育改革，实现更高水平的普及教育，形成惠及全民的公平教育，提供更加丰富的优质教育，成为基础教育的发展目标。经过长期的努力，特别是党的十八大以来，基础教育再上一个新台阶，基础教育整体供给质量进一步提高，人才培养目标更加明确，城乡义务教育一体化改革发展大力推进，以普惠性资源为主体的学前教育体系逐步构建，高中阶段教育的适宜性和吸引力逐步增强，基础教育发展已从"有学上"进入"上好学"的阶段。

1.加快普及高中阶段教育

"普九"义务教育工作顺利完成之后，基础教育向两端延伸，即发展普惠性学前教育和延伸普及高中阶段教育。高中阶段教育是学生个性形成、自主发展的关键时期，对提高国民素质和培养创新人才具有特殊意义。2017年，山西省教育厅联合发改、财政、人社等部门制定《高中阶段教育普及提升计划》，建立普通高中学校生均公用经费拨款制度，出台化解高中债务风险意见，保障高中学校健康运行。持续推进高中办学条件标准化建设，绝大多数学校办学条件基本达标。召开近10年来的首次高中校长会，对高中普及提升计划做出全面部署，对高考改革进行系统培训。在72所高中学校开展综合素质评价、选课走班、生涯规划试点，组建专家团队跟踪指导。全省88所非贫困县省示范高中对口帮扶58个贫困县的70所公办普通高中，实现深度贫困县普通高中帮扶全覆盖。省示范高中共派出80余名管理人员挂职，5000余名教师参与交流培训，800余名学生进行互助互访，被帮扶学校办学水平明显提升。到2020年，要完成普及高中阶段教育工作，满足初中毕业生接受高中阶段教育需求。

2.重点提高人才培养质量

《国家中长期教育改革和发展规划纲要（2010—2020）》重申了以人为本、全面实施素质教育的战略主题，坚持德育为先、能力为重、全面发展，着力提高学生服务国家服务人民的社会责任感、勇于探索的创新精神和善于解决问题的实践能力，把素质教育提高到一个新的层次。党的十九大报告站在新的历史起点，要求全面贯彻党的教育方针，落实立德树人根本任务，发展素质教育。从实施素质教育到发展素质教育，体现了全员、全程、全面育人的新理念，体现了全面发展与个性发展相统一的新境界，体现了从基本素养到核心素养的新要求。

党的十八大以来，经济全球化深入发展，信息网络技术突飞猛进，各种思想文化交流交融交锋更加频繁，学生成长环境发生深刻变化。2016年，教育部《关于全面深化课程改革落实立德树人根本任务的意见》首次提出"核心素养"，要求学生应具备适应终身发展和社会发展需要的必备品格和关键能力，以应对充满不确定性的未来挑战，使我国基础教育的质量观提高到一个新层次。

山西省在贯彻执行教育部方针政策的过程中，制定了《山西省"十三五"教育事业发展规划》和《山西省深化教育领域综合改革的意见（2016—2020年）》，明确今后一段时期内教育改革发展目标和工作重点，促进人才培养模式、教育资源配置方式、考试招生制度、学校管理体制和办学体制等各方面改革向纵深突破。发布

《山西省深化考试招生制度综合改革方案（试行）》及《山西省普通高中学业水平考试实施办法（试行）》《山西省普通高中学生综合素质评价实施办法（试行）》等系列配套文件，全面启动考试招生制度改革。启动实施普通高中学生综合素质评价、选课走班、学生生涯规划教育三项试点。启动中考综合改革试点，山西省中考改革实施方案被教育部作为范本印发各省学习参考。

与此同时，全省注重中小学生传统文化教育和心理健康教育。深化"中国梦"主题宣传教育活动，在中小学持续开展"三爱三节"教育活动、少年传承中华传统美德系列活动、中小学微电影创作征集等活动，把社会主义核心价值观和优秀传统文化教育融入学校教学和管理各环节。举办山西省家庭教育实验学校小学校长培训班，努力打造学校、家庭、社会良性互动的教育格局。及时总结全省各地开展社会主义核心价值观教育暨德育工作的经验做法，大同市示范性综合实践基地等8家单位获评全国中小学德育工作优秀案例。在全省范围内开展心理健康教育特色示范校创建活动，全省7所学校被命名为"全国心理健康教育特色示范校"。组织申报全国中小学生研学实践教育项目，八路军太行纪念馆等4家单位获批"全国中小学生研学实践教育基地"，晋中市中小学示范性综合实践基地获批"全国中小学生研学教育实践教育营地"。2017年，实施中央彩票公益金支持未成年人校外活动场所项目能力提升工程，全省校外活动中心累计获批中央彩票公益金4776.8万元的资金支持。[1]

在加强体育教育方面。2017年新申报全国青少年校园足球特

---

[1] 《山西教育年鉴2017年》，http://jyt.shanxi.gov.cn/bsfw_15686/wxzl/jynj/201807/t20180711_462752.html。

色学校192所，大同市城区成功申报全国校园足球试点县区，130所中小学校获批国家级校园篮球特色学校。举办2017年山西省校园足球联赛，当年首设小学生组别，实现了省级校园足球联赛各学段全覆盖。圆满完成2017年山西省教育系统体育竞赛计划。太原理工大学男子足球队获得2017年中国大学生校园足球联赛超级组全国总冠军，实现山西省足球运动历史性的突破。组织山西省15所国家级校园足球特色学校近2000名女学生参加2017年国际足联Live Your Goals（追梦）女孩足球节活动。这一系列举措均为转变基础教育质量观的重要体现。

3.深度聚焦教育资源均衡

2017年，山西省25个县（市、区）通过国家义务教育均衡发展督导评估认定，比年初省政府工作报告确定的工作目标超额完成25%。6个县职教中心通过省级督导评估验收。组织开展"全面改薄"项目、营养改善计划、春秋两季开学等专项督导，有力推动了山西省教育重大决策项目的落地生根。

在推进县域义务教育均衡发展方面。2017年为推进山西省最后9个县义务教育的基本均衡发展，省教育厅组织了省级评估，并在评估前通过省教育厅网站进行了公告，向国家申报前在《山西日报》进行了公示。对山西省全域通过国家义务教育基本均衡发展督导评估认定，在省政府网站、《山西日报》《中国教育报》进行了宣传报道。为切实加快"全面改薄"实施进度，确保如期完成任务，省教育厅于2017年9月18日印发了《山西省教育厅关于进一步做好全面改善贫困地区义务教育薄弱学校基本办学条件工作的通知》。同时，为着力解决"择校热""大班额"等突出问题，2017年省教育厅印发了《山西省教育厅关于做好2018年普通中小学招生入学工作的通知》，省政府印发《关于统筹推进县域内城乡义务教育一体化改革发展的实施意见》，召开义务教育城乡一体化改革部署会、试点启动会，以"1+X+Y"综合施策，以八大计划集中攻坚。相关做法得到教育部充分肯定，在全国城乡一体化改革推进会上，山西省作为全国5个省级典型之一作经验介绍。晋中市中考改革相关经验获评第五届全国教育改革创新特别奖。针对"城镇挤"难题，联合住建厅制定加强城镇中小学校幼儿园建设管理意见，在城镇新建学校100余所。制定消除"大班额"规划，48个县基本消除"大班额"，76个县基本消除超"大班额"；50余个县采取"名校+新校""名校+弱校""名校+普校"方式，扩大优质资源。针对"乡村弱"问题，以县为单位制订学校布局优化方案，撤销空壳学校432所，合并小规模学校264所。全面完成义务教育学校标准化建设任务，在孝义市召开全国《义务教育学校管理标准》实施部署会，"孝义现象"成为基础教育的新典型，进入全国"第一方阵"。在全国基础教育改革创新研讨会上，山西省以排名第四的成绩获评2017年度省级基础教育工作展示优秀案例。山西省义务教育正由县域均衡向市域均衡、由基本均衡向优质均衡迈进。

在学前教育普惠性推进方面。2017年出台《第三期学前教育行动计划》，在运城召开改革开放以来第一次由市、县教育局主要负责同志参加的全省学前教育工作会。开展普惠性学前教育认定扶持工作，全年认定扶持普惠性民办幼儿园702所，受益幼儿14万人，超额40%完成年度任务；开展小区配建幼儿园督察工作，全省小区配建幼儿园718所，占应配总数的71.6%；持续清理整治无证幼儿园，全年共取缔464所，颁证301所；深入推进优质园帮扶工作，共有591所优质园帮扶2702所农村园、薄弱园。[1]

在师资建设方面。2017年，全省在11个国培项目县和43个能力提升工程项目县实施国培计划，对乡镇及以下18万名中小学幼儿园教师开展了混合式培训。各地共交流义务教育学校校长5196人，交流教师91508人，交流比例分别达到24.65%和14.91%。全省20余万名中小学幼儿园教师按要求完成学习培训任务，达到教育部规定的年均72学时的继续教育要求。为太原市娄烦县等40个贫困县招聘特岗教师1812名，将2017年履约到山西省中小学任教的432名部属师范大学免费师范毕业生和山西省省属师范院校478名免费师范毕业生的工作全部落实。授予太原市娄烦县庙湾联校赵国有等220名优秀教师"晋绥儿女支持老区教育奖"荣誉称号，并每人发放2000元奖金和慰问品。全年组织中小学校长和教育行政干部培训1076人次。落实集中连片特困县乡村教师生活补助政策，全年共安排资金1.11亿元，实际发放2.6万人，发放资金9060万元。指导、督促各市、县（市、区）落实原民办代课教师教龄补贴，全年安排省级补助资金2600万元，实际发放人数89648。2017年全省共有111207人参加各类教师资格教育理论考试，共有2361名教师申请参加教师资格认定教育教学能力测试。[2]

二、高等教育：从去分层化到内涵式发展

高等教育作为教育领域层次较高的人才培养、科学研究、社会

---

[1] 中共山西省委党史研究院（山西省地方志研究院）编：《山西年鉴》（2018），方志出版社，2018年。

[2] 《山西教育年鉴2017年》，http://jyt.shanxi.gov.cn/bsfw_15686/wxzl/jynj/201807/t20180711_462752.html。

服务的重要场域，是实现人才强国、建设教育强国的国家发展重大工程，更是衡量一个国家和地区综合科研能力与水平的重要标志。中华人民共和国成立初期，山西高等教育相对薄弱，经过70年的坎坷，才从小到大逐步发展起来。截至2017年5月，山西省共有普通高等学校80所，其中本科院校33所（含独立学院8所）、高职高专院校47所，成人高等学校11所，普通本科在校生48.84万人、专科在校生27.46万人、在学研究生3.22万人，高等教育毛入学率46.6%，为山西经济建设和社会发展做出了重要贡献。[1]根据演进的历程和发展脉络，山西省高等教育主要可以分为以下几个阶段：

（一）恢复与调整（1949～1978）

同其他教育类型一致，中华人民共和国成立初期，根据"完全接管、迅速复课"的方针，山西的高等教育做出一系列的调整。1949年4月26日至5月15日，山西大学由北平迁回太原。1949年7月27日至8月28日，省立川至医学专科学校、长治白求恩国际和平医学专科学校、省立高级助产职业学校全部并入山西大学医学院，川至医院与山大医院合并。1949年9月，中国大学理学院并至山西大学并迁至山西太谷铭贤学校旧址，改称"山西大学理学院"。1949年9月，山西大学文学院改为师范学院，法学院改为财经学院。1950年冬，山西铭贤学院由成都迁回旧址。1951年1月，山西铭贤学院机械系、纺织系并入山西大学工学院，工商管理系并入山西大学财经学院，原农艺系、畜牧兽医系加以扩充，改为独立的山西农学院。到1952年年底，山西高等学校有两所，一所是山西大学，另一所是山西农

---

[1] 《山西教育年鉴2017年》，http://jyt.shanxi.gov.cn/bsfw_15686/wxzl/jynj/201807/t20180711_462752.html。

学院。

高等学校经过迅速接管和初步调整后,结合当时经济社会发展目标,同时效仿苏联高等学校制度,取消大学中院一级建制,以培养工业建设人才和师资为重点,发展专门学院。山西大学进行彻底改组,其中的师范学院、工学院和医学院分别独立为专门学院,新设的财经学院划归中国人民大学,原山西大学工学院冶金工程系也并入北京钢铁学院,纺织工程系和采矿系并入西北工学院,1953年撤销山西大学建制。这样,山西高等学院经过院系调整,就由一所综合大学、一所专门学院变为工、农、医、师四所专门学院。

1958年,中共中央、国务院在《关于教育工作的指示》中指出,"随着工农业生产'大跃进','文化革命'已进入高潮","培养一支数以万计的又红又专的工人阶级知识分子队伍,是全党和全国人民的巨大任务之一",并要求"大力发展中等教育和高等教育,争取在15年左右时间内,基本上做到使全国青年和成年,凡是有条件和自愿的都可以受到高等教育,然后再以15年左右时间从事提高工作"。随后,山西传达中央精神,并开始研究促进教育"大跃进"的措施。1958年新建高等学校14所,不到一年,仅省、专、市及大型厂矿,就新建高等学校49所,全省共达53所。[1]

1959年3月至4月,山西省委先后召开六级干部会议和常委扩大会议,传达贯彻中央政治局第二次郑州会议和八届七中全会精神,开始压缩高指标。5月下旬至6月下旬,全省教育工作会议总结1958年教育工作的成绩经验,研究讨论了关于整顿新建高等学校的意见

---

[1] 杨进发主编:《山西通志·教育志》,中华书局,1999年,第385页。

（草案）。会议提出高等学校应具备的条件是学生入学必须是高中毕业程度；本科修业须在4年以上，专科需在2年以上；教学计划和所开课程符合高等学校水平；要有一定数量和质量的专任教师；要有固定的经费和必要的设备。最终高等学校保留至31所。然而，1960年又重新掀起了大办教育高潮，这样1959年又开办了一批新的大专院校，全省高等学校增加到48所，其中部属2所、省属19所、地市属18所、厂办4所、县办5所。[1]

国民经济发生严重困难的三年时期，高等教育也处于调整裁减阶段。1960年，贯彻中央"调整、巩固、充实、提高"八字方针，山西省委提出要控制教育事业发展速度。符合需要且办学条件尚好的学校予以保留，反之则调整合并或撤销。一时条件不具备又必须保留，暂不招生，保留建制，积极创造条件。专业设置过多过细，适当进行调整。截至1961年年底，最终确立保留高等学校29所。1962年，大幅度裁减高等学校，最终山西高校仅保留9所。1964年到1965年，部分院校恢复或保留名义，[2]同时受到两种教育制度的影响，部分大学设立半工（农）半读分校。截至1966年"文化大革命"开始前，全省高等学校发展到12所。[3]

然而在大幅度扩张办学规模，又经历裁减高等学校这段历史背后，应该看到，高等教育虽然办学条件困难，但不少学校已经粗具

---

[1] 杨进发主编：《山西通志·教育志》，中华书局，1999年，第386页。

[2] 恢复山西财经学院，晋南师范专科学校改为山西师范学院，太原冶金工业专科学校仍保留名义。

[3] 山西大学、太原工学院、山西农学院、山西医学院、山西师范学院、山西财经学院、山西矿业学院、太原机械学院、太原重型机械学院、晋东南医学专科学校、大同医学专科学校、山西农业劳动大学。

规模。例如，山西化工学院投资200多万元，建成近1.9万平方米的教学楼、实验室、学生宿舍及附属设施，开办4个系6个专业，在校学生1100人，教工发展到250人左右。山西财经学院有学生近千人，教职工426人。该校四年制本科已经有商业经济、粮食经济、金融、财会、国民经济计划5个专业，220名学生。还有部分专科学校，均已具备一定基础，在填补全省专业空白、服务地方经济社会发展、合理安排高校布局、促进教育事业发展等方面均有一定意义。教育事业发展应遵循其自身发展规律。这些院校被撤销后，全省省属工、农、师范院校均只剩1所，致使在改革开放后，山西被确定为能源重化工基地建设时，各类专门人才严重匮乏。同时，在之后的20多年，山西几乎没有或只有少数的大专师范毕业生，这对全省基础教育的发展和质量的提高，造成了严重的影响。

"文化大革命"开始后，山西高等学校"停课闹革命"，至1971年，停止招生长达6年之久，造成人才建设青黄不接的后果。1971年，山西省革命委员会政治部文教办公室根据中央和省革命委员会提出的6项任务，开始对全省高校进行调整。1971年5月15日，山西农业劳动大学总校合并到山西农学院，原29个分校全部撤销。1971年6月26日，撤销山西财经学院。1971年7月，撤销山西教育学院和半工半读的轻工学院。1971年，开始招收工农兵学员。1975年3月，山西农学院分别在昔阳、大同、运城建立3个分院。1976年，晋北师专恢复，更名为雁北师范专科学校。1977年8月3日，国务院批准建立大寨农学院。1977年8月18日，国务院同意重建太原机械学院。

（二）推进高等教育大众化（1978~2010）

改革开放以来，山西省高度重视高等教育事业的可持续健康发展,出台了一系列规范和调整高等教育改革与发展的政策,高等教育事业呈现良好的发展态势,教育结构与体系日趋完善,办好人民满意的高等教育目标初步实现,高等教育质量显著提升。

1.加强对本科院校的投资建设

1985年颁布的《中共中央关于教育体制改革的决定》推动了教育体制改革的进程。1993年党中央、国务院正式发布的《中国教育改革和发展纲要》明确指出"要集中中央和地方等各方面的力量办好100所左右重点大学和一批重点学科、专业"。"211工程"是面向21世纪,中国政府集中力量重点建设100所左右的高等学校和一批重点学科、专业,争取有若干所高等学校在21世纪初接近或达到国际一流大学的学术水平,共有112所高校被纳入该工程。"211工程"以国家财政经费支持的方式提高中国高校办学水平,给我国高等教育水平的提高带来很大帮助,一批重点高校、重点实验室迅速发展壮大,培养了大批建设中国特色社会主义现代化事业的人才,成为贯彻落实党的"科教兴国"战略的重大举措。2001年9月,太原理工大学全面、高质量提前完成"211工程"建设任务。"十五"期间,山西大学成为山西省人民政府与教育部共建大学。

2004年是贯彻党的十六大精神、全面建设小康社会的重要时期,是进一步实施科教兴晋战略和人才强省战略、加快推进产业结构调整的关键时期。为进一步推进高等教育现代化体系建设,实现高等教育规模、结构、质量、效益的协调发展,省教育厅提出《山西省高等教育强校工程实施意见》。《实施意见》明确提出,要从2003年起,在5年时间内,继续重点建设山西大学、太原理工大学,使其成为在国内同类高校中达到领先水平的教学科研型大学;

加强重点学科建设、重点实验室建设、工程研究中心建设和学位点建设，初步形成结构比较合理、功能比较齐全的科技创新体系和高层次人才培养体系；推进产学研结合，产生一批科技含量高、对山西经济结构调整具有重要作用的科技成果；进一步加强教学工作，全面提高教学质量，创建一批品牌专业、精品课程和实验教学示范中心，做好普通高等学校本科教学工作水平评估和高职高专院校人才培养工作水平评估；扎实推进人才强校战略，建设一支规模适度、结构合理、业务精湛的人才队伍。全面提升高等学校的办学水平和综合实力，更好地为地方经济发展和社会进步提供人才支持和知识贡献。

2.进行适应区域经济发展的专业结构调整

1977年，全省高校专业数为86个。不仅数量少，且专业结构不合理，很难适应全省经济、社会发展对人才在数量、质量、结构和能力等方面的综合要求。1978年，山西省高教局根据教育部关于专业结构调整改革的意见，要求各高校根据自身的特点和可能条件，有步骤、有重点地调整现有专业，增设新的专业，特别强调要注重体现专业的先进性和适应性。1982年，高校专业设置增加到134个。在新增专业中，有适应本省经济建设的先进技术和管理专业，例如工业电气自动化、计算机应用、计算机软件、煤化学工程等等。到1985年，全省高校专业点达到180个，专业门类日趋完备。一些新兴学科逐步建立起来，专业结构调整初见成效。[1]之后，山西高等教育较为注重重点特色学科建设。《山西省高等教育强校工程实施意

---

[1] 李东福主编：《山西教育史》，山西人民出版社，2010年，第895页。

见》中明确提到，要继续推进重点学科建设。重点学科建设要按照明确定位、分层建设、重点突破、目标管理的要求，把着力点放到创出特色、形成优势、提升水平上来，5年中使全省高校的重点学科达到30个、重点建设学科达到40个、重点扶持学科达到30个，力争再有2个至3个学科达到国家重点学科的水平。通过重点学科建设，形成特色突出、具有一定优势的学科及学科群，为高等学校的科技创新和高层次人才培养打下坚实的基础。

2010年，山西省教育厅启动实施高等教育质量水平提升工程中的3个教学项目，制定了《山西省高等学校特色专业建设项目实施办法》《山西省高等学校教学改革项目实施办法》《山西省高等学校大学生创新创业训练项目实施办法》，共遴选立项特色专业37个、教学改革项目212项、大学生创新创业训练项目400项，项目资助经费1093万元（其中特色专业570万元、教学改革项目295万元、大学生创新创业训练项目228万元），并制定了《山西省高等教育质量水平提升工程中三个教学项目经费管理办法》。[1]加大学科专业调整力度，指导高校制定"十二五"专业发展规划。建立专业动态调整机制，评审上报了一批适应山西省经济建设和社会发展需要的本科专业和高职专业，上报教育部审核备案的本科专业66个、高职专业80个，确定2012年高职停招专业17个。新增的32个本科专业、23个本科专业方向大多为山西省当时的空白专业或布点很少的专业。

3.提升高等教育大众化水平

高等教育大众化的起点是1999年的大规模高等教育扩招。根据

---

[1] 《山西教育年鉴2010年》，http://jyt.shanxi.gov.cn/bsfw_15686/wxzl/jynj/201712/t20171216_358070.html.

《中国统计年鉴（2006）》，1998年全国普通高等学校招生人数仅为108.4万，而1999年招生人数达159.7万，较上年增长47.3%。在1999年至2005年，高等教育每年扩招速度都在20%以上。到2010年，中国高等教育毛入学率已达24.2%。1978年，山西省高等院校16所，在校生20940人；1999年，山西省高等教育在校生97443人，高等院校23所；2010年，全省有普通高等学校65所，比上年增加2所，招生184399人，高等教育毛入学率达到30%，高等教育大众化水平明显提升，高等教育逐步由大众化向普及化阶段迈进。

在提高高等教育毛入学率的同时，科技创新方面力度逐步加大，产学研发力明显。2010年，新增太原理工大学半导体照明工程研究中心、中北大学镁合金加工关键技术及工艺工程研究中心、太原科技大学金属轧制精整装备工程研究中心等3个国家发展和改革委员会国家地方联合创新平台；新增山西农业大学华北黄土高原作物栽培与耕地保育农业部农业科学观察实验站；新增山西大学煤炭废弃物资源化高效利用技术国家环境保护部重点实验室。太原理工大学新增1个山西省国际科技合作基地。新增山西大学方言与口传文化典藏研究中心、山西农业大学新农村建设研究中心、山西师范大学产业转型与升级研究中心3个山西省高等学校人文社科重点研究基地。在进行特色学科建设、加快产学研步伐的同时，高校科技人才队伍水平也得到了较大的提升。3项成果获得国家科技进步二等奖；两位教师分别获得何梁何利基金科学与技术创新奖与技术奖；7项成果获得2010年度山西省科学技术一等奖，占全省总数的54%；评选出山西省高等学校科学技术奖79项，其中一等奖45项，并推荐参加省科学技术奖的评选。截至当年10月底，山西高校共申请发明专利599

件，获得专利授权266件。[1]

（三）实现内涵式发展（2010~ ）

强调内涵式发展，提高教育质量是这一阶段教育改革的核心任务。在高等教育大众化水平逐步提升的基础上实现内涵式发展，这是党和国家新时代高等教育发展政策的核心，更是我国高等教育发展政策演变的必然选择。它在宏观层面需要解决高等教育发展重心偏低、高等教育同质同构以及优质高等教育发展不充分等问题；在微观层面应当直接针对教育教学和人才培养的一些深层次问题，如高校人才培养专业化刚性过强、课程教学浅表化、优质教学资源不足以及教育教学文化薄弱等。这一阶段，山西省高等教育持续发力，基础建设水平不断提高，人才培养质量逐步提升，科技创新水平再上新的台阶，特色化办学日趋明显。

1.精准投入重大项目

2017年，山西省一系列重大举措投入实施。实施"1331工程"，统筹推进"双一流"建设，遴选建设5个省级重点马克思主义学院，培育建设8个高校思想政治工作协同育人中心；支持建设4个一流学科、30个优势特色学科、56个重点创新团队和32个协同创新中心，统筹支持43个重点实验室、26个工程（技术）研究中心和3个产业技术创新研究院（战略联盟）。启动本科专业调整优化工作，推进高等教育供给侧改革。山西大学东山校区正式开建，山西中医学院更名为"山西中医药大学"，并被教育部增列为优秀本科生推荐免试高校。围绕省综改试验区建设对相关专业人才的需求，支持

---

[1] 《山西教育年鉴2010年》，http://jyt.shanxi.gov.cn/bsfw_15686/wxzl/jynj/201712/t20171216_358070.html。

有关高校设置两个数据科学与大数据技术专业和资源循环科学与工程、车辆工程、新能源材料与器件、物联网工程、城市管理、地质工程、信息安全、网络安全与执法等专业，批准有关高校依托有关专业设置6个大数据专业方向和彩塑壁画文物保护与修复、功能农业、功能食品、新能源材料、新能源汽车、足球等专业方向。2018年，与C9高校合作不断深入，全省高校撤停低质过剩错位本科专业182个，新增新兴急需专业66个。

在加强重点学科建设方面。2017年山西省增列山西大学等5所高校的马克思主义理论学科为省高等学校重点（建设）学科。持续支持已立项的"优势学科攀升计划"项目和"服务产业创新学科群建设计划"项目，围绕需求立项支持34项省级一般性重点学科建设项目。太原理工大学化学工程与技术学科成为国家首批立项支持的一流学科。教育部第四轮高校学科整体水平评估结果显示，山西省高校33个学科排名明显前移。

在提高高等教育质量工程方面。2017年山西省积极推进高等教育质量提升工程，进一步加强专业建设，立项支持优势专业36个；深入推进教学改革创新，立项支持教学改革创新项目162项，其中重点项目27项、一般项目135项；加强大学生创新创业教育，立项支持大学生创新创业训练计划项目588项，其中重点项目134项、一般项目454项。[1]8所应用型转型试点高校组建山西省应用型高等学校联盟，6所高校获批全国深化创新创业教育改革示范校，太原理工大学和山西大学两所高校被认定为山西省首批省级双创示范基地。

---

[1] 《山西教育年鉴2017年》，http://jyt.shanxi.gov.cn/bsfw_15686/wxzl/jynj/201807/t20180711_462752.html。

在加强高层次人才队伍建设方面。2017年出台《山西省高等学校优秀教学业绩和教学成果认定办法》等5个文件，推进落实以增加知识价值为导向的分配政策，进一步激发高校教师教书育人、科研创新的积极性。同时，从北大、清华等全国知名高校引进8名高层次人才到山西省具有博士学位授予权的本科院校挂职副校长。新增两名"三晋学者"特聘教授（专家）和24名"青年三晋学者"特聘教授（专家）；启动满聘期"三晋学者"考核工作。2017年高校系统共安排招聘计划1462名，实际完成招聘1146名。[1]

2.全面助力学生创业就业

在不断扩大招生规模的同时，大学生就业成为省政府民生保障的重要内容。2012年，为鼓励大学生自主创业，全省提供就业创业资金9800万元，实现毕业生创业2751人。[2]2014年，李克强总理在夏季达沃斯论坛提出"大众创业、万众创新"，要在960万平方公里土地上掀起"大众创业""草根创业"的新浪潮，形成"万众创新""人人创新"的新势态。此后，他在首届世界互联网大会、国务院常务会议和2015年《政府工作报告》等场合及报告中频频阐释这一关键词。每到一地考察，他几乎都要与当地年轻的"创客"会面。他希望激发民族的创业精神和创新基因。当年，全省范围内44所高校成立了大学生创业定点培训机构，举办培训班254个，培训

---

[1] 《山西教育年鉴2017年》，http://jyt.shanxi.gov.cn/bsfw_15686/wxzl/jynj/201807/t20180711_462752.html.

[2] 《山西教育年鉴2012年》，http://jyt.shanxi.gov.cn/bsfw_15686/wxzl/jynj/201712/t20171216_358072.html.

学生15066人次。[1]举办全省高校大学生创业典型事迹报告会和第二届"晋商杯"创业大赛,提高学生创业能力。对就业困难毕业生开展针对性援助活动,5500名低保家庭毕业生申请到一次性1000元的求职补贴。

2017年,山西高等教育在校生795147人,高等院校80所。2017年,各高校组织举办大型招聘活动231场、专场招聘活动1966场,参会企业单位累计1.1万多家(次),提供就业岗位22.7万多个(次)。举办第五届山西省"互联网+"大学生创新创业大赛,累计参赛学生达7138名。组织开展其他创业大赛、创业论坛、创业讲座活动182场(次),参加人数56240。共开展大学生创业意识培训和创办企业培训504期(次),培训学生30799人。全省高校毕业生自主创业1299人,在校生自主创业1753人。基层就业项目招聘毕业生2985人,其中,"农村教师特岗计划"招聘1812人、"三支一扶计划"招聘600人、"西部志愿者计划"273人、"选调生"300人,毕业生到各级各类中小企业就业2.1万多人。报名应征入伍学生4.1万人,实际入伍1.36万人。[2]

3.重点提升高等学校创新能力

2012年5月,继"211工程"和"985工程"之后,我国正式实施高等教育领域的《高等学校创新能力提升计划》(即"2011计划")。"2011计划"以协同创新中心建设为载体,以创新发展方式转变为主线,通过构建面向科学前沿、文化传承创新、行业产业

---

[1] 《山西教育年鉴2017年》,http://jyt.shanxi.gov.cn/bsfw_15686/wxzl/jynj/201807/t20180711_462752.html.

[2] 《山西教育年鉴2017年》,http://jyt.shanxi.gov.cn/bsfw_15686/wxzl/jynj/201807/t20180711_462752.html.

以及区域发展重大需求的四类协同创新模式,提升高等学校创新能力。高等教育质量工程方面,当年,山西省教育厅组织实施山西省高等教育质量和水平提升工程中的3个教学改革项目,共评审确定了本、专科特色专业42个,教学改革项目245项,大学生创新创业训练项目407项。同时,新增1个国家发展和改革委员会"国家地方联合创新平台",新增6个山西省高校人文社科重点研究基地:太原理工大学煤炭产业科学发展研究中心、艺术遗产研究中心,山西师范大学亚洲区域发展研究中心,太原师范学院区域文化研究中心,忻州师范学院五台山文化研究中心,晋中学院晋中文化生态研究中心。全省高校共承担国家自然基金项目254项,项目经费1.49亿元,占全省项目总数的91.37%;承担教育部科学技术研究重点项目6项,承担省级项目180项。共承担2012年度国家社科基金项目45项,占全省总数的93.75%;承担教育部人文社会科学研究项目44项。组织遴选出山西省高校科技研究开发项目33项,资助经费100万元;山西省高校高新技术产业化项目27项,资助经费100万元,重点支持与山西产业结构调整紧密结合的项目;山西省高校哲学社会科学研究一般项目89项,资助经费110万元;山西省高校哲学社会科学重点研究基地项目31项,资助经费175万元,支持和鼓励山西省高校人文社科重点研究基地围绕山西省经济社会发展的重大问题选题取得高质量的系列成果。[1]

2017年,积极推进高等教育质量提升工程,进一步加强专业建设,立项支持优势专业36个;深入推进教学改革创新,立项支持教学改革创新项目162项,其中重点项目27项,一般项目135项;加强

---

[1] 《山西教育年鉴2012年》,http://jyt.shanxi.gov.cn/bsfw_15686/wxzl/jynj/201712/t20171216_358072.html。

大学生创新创业教育，立项支持大学生创新创业训练计划项目588项，其中重点项目134项，一般项目454项。[1]8所应用型转型试点高校组建山西省应用型高等学校联盟，6所高校获批全国深化创新创业教育改革示范校，太原理工大学和山西大学两所高校被认定为山西省首批省级双创示范基地。

此外，研究生教育是提升高校创新能力的重要动力。2010年9月22日，与省财政厅联合评审高校优势学科9项、特色学科30项，省财政将支持学科建设项目经费6500万元。同时加强专项资金管理，年初会同省财政厅下发了《关于加强高等学校重点学科建设专项资金管理的通知》，规范重点学科项目的经费使用。经国务院学位委员会批准，新增山西大学马克思主义理论等33个一级学科博士点，一级学科博士点在原有13个的基础上增长254%，达到46个；新增山西大学理论经济学等78个一级学科硕士点，一级学科硕士点在原有71个的基础上增长110%，达到149个。与省科技厅联合共建了6个山西省研究生教育培养基地。对2010年批准建设的3个研究生教育创新中心给予每个中心15万元的启动经费支持。立项建设研究生教育优秀创新项目131项（其中重点项目32项），资助创新项目研究经费共89万元。立项建设52个研究生教育改革研究课题（其中重点课题18项），资助研究经费共66万元。[2]到2017年，新增校企研究生教育创新中心15个，遴选支持34项研究生联合培养基地人才培养项目。新增山西农业大学、山西师范大学2所省级研究生课程改革试点，立

---

[1]《山西教育年鉴2017年》，http://jyt.shanxi.gov.cn/bsfw_15686/wxzl/jynj/201807/t20180711_462752.html.

[2]《山西教育年鉴2010年》，http://jyt.shanxi.gov.cn/bsfw_15686/wxzl/jynj/201712/t20171216_358070.html.

项支持93项研究生教育改革研究课题，遴选支持201项研究生教育创新项目，其中博士创新项目121项、硕士创新项目80项。[1]同时，还举办山西省研究生教育管理干部高级研修班，全省各研究生培养单位、各本科高等学校的分管校长、研究生院院长、学科（学位）办主任等80人参加研修。

三、职业教育：从专有人才培养到全民技能培训

作为"跨界"教育，与其他形式的教育相比，职业教育与经济社会发展的关系最为密切，最能体现时代发展的脉络和区域发展战略的方向。中华人民共和国成立后，山西的职业教育基本遵循经济社会发展的需要，不断提供区域经济社会建设所需的技术技能人才。2017年，山西中等职业教育学校449所，在校生32.93万人，专任教师89137人；高职高专院校47所，专科在校生27.46万人。[2]根据职业教育发展的特点，主要可以分为以下几个阶段：

（一）恢复与调整（1949~1978）

中华人民共和国成立初期，各项事业百废待兴，无论国家还是山西经济发展方向，均将工农业发展定为第一要务，因此人才培养被放于非常重要的位置。这期间制定的"一五""二五"国民经济发展规划，都充分显示了国民经济社会发展的主要方向和相关人才培养的支撑作用。

---

[1] 《山西教育年鉴2017年》，http://jyt.shanxi.gov.cn/bsfw_15686/wxzl/jynj/201807/t20180711_462752.html。

[2] 中共山西省委党史研究院（山西省地方志研究院）编：《山西年鉴》（2018），方志出版社，2018年。

从职业教育来看，山西省在中华人民共和国成立初期建立的中等教育层次职业技术教育体系包括中等专业教育、技工学校和职业学校这三类学校教育，它们为社会主义建设输送和培养了大批管理干部、中等技术人才以及劳动、技术后备力量。由于当时的国民教育体系中，高等教育只包括普通高等教育和成人高等教育，因此并没有相应的高等职业教育与之对接。

1949年到1952年既是国民经济恢复发展的时期，也是职业技术教育整顿调整的阶段。中华人民共和国在成立之初，主要任务是从帝国主义手里收回教育主权以及接管国民党政府的学校。

1958年到1966年是第二个五年计划和国民经济调整时期，这一时期在"大跃进"运动影响下，全省的教育事业发展速度超越了客观需要，职业技术教育经历了"三起三落"的曲折发展。这期间，初等专业学校、技工学校以及普通中等专业学校作为典型代表反映了当时职业技术教育的不断调整和发展。

1.初等专业学校

中华人民共和国成立初期，由于国家经济条件的限制，发展全日制单一类型学校存在较多问题：第一，难以迅速发展，不能尽快普及教育。特别是1956年中小学的升学和就业问题日益突出。[1]第二，教育结构与经济结构脱节，不能升学的大批中小学毕业生缺乏一定的生产知识和技能，很难安排工作，同国民经济的发展不相适应。第三，许多出身工人、农民家庭的学生往往由于家庭经济困难或怕耽误农时而中途辍学等等。

---

[1] 杨进发主编：《山西通志·教育志》，中华书局，1999年，第212页。

与此同时，农村地区需要大量农业技术型人才。1957年4月，由刘少奇主持写成的《人民日报》社论《关于中小学毕业生参加农业生产问题》讲得很明确："就全国说来，最能够容纳人的地方是农村，容纳人最多的方面是农业。所以，从事农业是今后安排中小学毕业生的主要方向，也是他们今后就业的主要途径。""两种教育制度"也应运而生。所谓"两种教育制度"是指全日制学校和半工（农）半读学校同时存在的学校教育制度。1958年，第四次全国教育行政会议中明确提出，要大力举办农业中学、工业中学和手工业中学，把高小毕业生培养成为有社会主义觉悟的、有文化的，又有一定生产技能的劳动者。

为贯彻"两种教育制度"方针，服务和支持山西省的农业中学蓬勃发展，1958年，全省办起农业中学728所，在校生45967人。1959年至1964年，先有少量发展，随后由于国民经济出现困难，数量有所压缩。1964年再次提出"两种教育制度"，农业中学又有了进一步发展。1965年，全省农业中学创办达到高潮。同年，经由山西省教育厅选编，山西人民出版社出版发行了《山西农业中学经验选集》。[1]

农业中学是中华人民共和国成立后为改变单一的全日制教育结构，对多种形式、多种层次办学，满足多方需求就学，发展职业教育的较早尝试，为以后的农村职业教育发展提供了可以借鉴的经验教训。农业中学虽然仅仅存在了8年时间，但却为普及农村中等教育，兴办农村职业教育，提高农民的文化技术知识开拓了新的途径，培养了一大批有觉悟的、有一定文化的农业劳动者及初级农业

---

[1] 杨进发主编：《山西通志·教育志》，中华书局，1999年，第213页。

技术和管理人才，它客观上推进了农村职业教育的发展，也为农村农业的发展提供了一定的人才供给支撑，促进了农业生产的发展。

2.技工学校

技工学校是山西省职业技术教育事业的重要组成部分，其基本任务就是培养具有社会主义觉悟、能够掌握现代化生产技术知识和技能、身体健康的初、中级技术人员。山西省的技工学校具有一定的发展基础。其创始于民国二十八年（1939）的太原少年技工学校。中华人民共和国成立后，仅1964年至1993年，就为国家培养技术工人185480人。[1]

中华人民共和国成立初期，国民经济的恢复和发展需要大批经过专业培训的具有较高技术水平的工人，技工学校随之产生并发展起来。1950年，山西省相关劳动部门举办工人技术训练班，招收社会待业人员参加车、钳、焊、铸、电等工种的学习，培养了一批初级技术工人，为创办技工学校奠定了基础。一些大型的工厂，为了恢复生产与工厂建设，开办了培训技术工人的学校。中华人民共和国成立初期山西最早兴办了4所技工学校：太原市的晋西机器厂于1950年9月开办了艺徒学校，招生600名；太原重型机器厂建厂筹备处于1951年5月成立了工人技术学校，招生110名；榆次经纬纺织机器厂于1951年2月在上海筹建时，举办了工人训练班，该厂同年底迁来山西后，将训练班改名为技术学校，招生400名；山西机床厂于1953年2月成立了215技校，招生500名。[2]

从全国范围看，国家在技工学校教学质量、育人办法和管理措

---

[1] 杨进发主编：《山西通志·教育志》，中华书局，1999年，第228页。
[2] 杨进发主编：《山西通志·教育志》，中华书局，1999年，第229页。

施等方面都出台了相应的整顿文件，以此来保证和推进技工学校的顺利开展。技工学校先后与中等技术学校先由教育厅统一领导，[1]随后技工学校划归省劳动局综合管理，同时对各种培训班和技工学校进行整顿。[2]与此同时，1954年，中央财委和劳动部先后颁发了《技工学校暂行办法（草案）》和技工学校的教学计划，并翻译出版了部分苏联技工教材。1955年4月，劳动部和工业交通部等几个部委联合召开了全国第一次技工学校校长会议。会议讨论了加强技工学校的领导和稳步发展技工学校的问题，并做出了《关于提高教学工作质量的决议》。1956年2月，劳动部颁发了《中华人民共和国工人技术学校编制标准定额暂行草案》，明确规定了技工学校领导管理的隶属关系和培养目标、学籍管理办法等。同年9月，中央转发了劳动部党组《关于加强省、市党委对技工学校领导的建议》。省劳动局会同教育厅及有关厅局，对技工学校进行检查整顿，进一步加强了领导。在此期间，太原市劳动局和太原、大同、长治等市的部分厂矿先后开办了3所技工学校。

中国共产党八届二中全会后，全国出现"大跃进"局面。1958年5月至6月，山西省委先后两次召开全省教育工作会议，号召大干文化教育革命。7月，省委和省人委发出"加强党的领导，全党全民办教育，苦战三年，基本改变我省教育工作面貌"的号召。与此同时，在"两种教育制度"方针指引下，全省半工半读的学校纷纷成立。以大同市为例，原来该市仅有1所技工学校，在校学生299名，1958年猛然增加到14所，在校学生达5544人，学校数和学生人数增

---

[1] 1951年，按照政务院、教育部的指示精神，中等技术学校和技工学校归教育厅统一领导。

[2] 1953年，技工学校划归山西省劳动局综合管理。

加了13倍和17.5倍。[1]

1960年，全国国民经济处于困难时期，国家对国民经济实行"调整、巩固、充实、提高"的方针。山西省委先后两次召开文教工作会议，提出了调整教育事业发展的原则，对于技工学校，办学条件好的，保留充实；办学条件差的，则进行调整、合并或撤销。与此同时，全省工矿企业贯彻山西省委精减职工、压缩城市人口的决定，在精减正式职工的同时，对技工学校的在校学生也进行了精减、压缩。工矿企业的技工学校全部停办。

困难时期过后，1963年，教育部颁发了加强中等学校工作的文件，提出了统筹安排、专业配套、合理布局、稳定提高的方针。1964年4月，国务院提出了普通教育与职业教育并举的方针，要求全国大力发展职业教育，加强对职业教育工作的领导与统筹安排，并决定技工学校的综合管理工作由劳动部划归教育部。按照国务院与教育部的指示精神，山西省教育厅对全省的职业教育工作进行了统筹安排。随着生产的好转，办学条件较好的工矿企业于1964年开始相继恢复技工学校，当年恢复技工学校15所，招生3154名。[2]

1964年8月，《关于实行两种教育制度，发展半工半读学校的情况与意见》的通知发出。凡有校办工厂或有劳动场所条件的技工学校改为半工半读学校，同时，各地区和工矿企业开办了半工半读制绩效。至1966年年初，全省技工学校由1964年的15所增加到25所，在校学生由3460名增加到5785名。[3]

---

[1] 杨进发主编：《山西通志·教育志》，中华书局，1999年，第230页。
[2] 杨进发主编：《山西通志·教育志》，中华书局，1999年，第230页。
[3] 杨进发主编：《山西通志·教育志》，中华书局，1999年，第230页。

3.普通中等专业学校

中华人民共和国成立初期,普通中等专业技术学校得到迅速发展。太原铁路机械学校、山西省供销学校、山西省中医学校、山西省文化艺术学校、山西省农林学校等都是当时创建的普通中等专业学校。普通中等专业学校有计划地对旧教育课程、教材、教学方法和学校管理制度进行了改革,例如,1950年的校历改革、1951年教学工作要求的规定、1952年对培养人才标准的制定以及当年对学校组织机构和人员编制的规定、1954年对中等专业教育大力整顿的规定。截至1957年,山西省普通中等专业技术学校发展到21所,学校平均规模在800人左右,在校学生16523人。[1]

"大跃进"期间,中等专业技术学校猛增到118所,在校学生增加到45237人。但是扩大规模的同时,教育质量受到了影响。1961年,根据中共中央"调整、巩固、充实、提高"的八字方针,普通中等技术学校进行了大幅度裁并。1965年,普通中等专业学校有60所。同时,进一步加强实施了对教学管理方面的规定。

"文化大革命"期间,各类职业学校均遭到严重破坏。大量校舍被工厂占用,教学实习设备、图书资料以及学校文书档案都严重被毁,整个职业教育几近崩溃。"文化大革命"期间批判了"两种教育制度",除阳高县王官屯农中、定襄县黄咀农中、祁县北谷丰农中等少数学校保留下来外,农业、职业中学几乎被全部砍光。技工学校同样遭到严重破坏。教师队伍被摧垮,学校硬件设施也损失殆尽。仅太原重型机器厂技工学校就损失了价值10万余元的教学仪

---

[1] 杨进发主编:《山西通志·教育志》,中华书局,1999年,第253页。

器与设备，近10万册图书被毁弃。20世纪60年代末，全省除阳泉市劳动局的一所技校外，其余技工学校均已名存实亡。普通中等专业技术学校同样发展缓慢，甚至停滞。直到1972年，一些普通中等专业学校才陆续恢复办学，但教学秩序极不正常。

（二）逐步壮大（1978～2012）

历经"文化大革命"的职业教育跌入谷底。1978年中共十一届三中全会以后，改革开放政策的实施极大地推动了我国社会经济的发展，也为职业教育的发展提供了良好契机。随着经济的日益复苏，社会对技术技能型人才的需求与日俱增，由国家统分的高等专门人才已经难以满足当地的需要。山西省也对职业教育体制进行了一系列的改革，取得了较大的进步。

1.建立普职比合理的教育体系

社会经济发展需要的人才是多方面、多层次、多类型的。合理的普职比既可以满足经济社会发展的需求，同时也可以满足广大人民群众就学就业的多样化需求。各级各类技术技能人才的需求也反映了阶段性经济社会发展的方向。

1976年在邓小平的亲自督促和领导下，以推翻"两个凡是"、批判"两个估计"为突破口，以恢复高考制度为标志，教育领域的重建逐步展开。当时面临的最突出问题是中等教育结构畸形，1978年全国普通高中在校学生1553万人，而中等职业教育在校学生仅有212万人，高中阶段普职比达到88∶12。[1]与此同时，十一届三中全会明确了党的工作重点转移到社会主义现代化建设上来，经济恢

---

[1] 中华人民共和国国家统计局网站[J/OL]，http://www.stats.gov.cn/n/2018-04-18.

复发展急缺技术技能人才。此后，国家越来越重视中等教育结构调整，局势才得以扭转。

邓小平在1978年召开的全国教育工作会议上指出："应该考虑各级各类学校发展的比例，特别是扩大农业中学、各种中等专业学校、技工学校的比例。"1980年，国务院批转的《教育部、国家劳动总局关于中等教育结构改革的报告》和1983年教育部联合各部委颁布的《关于改革城市中等教育结构、发展职业技术教育的意见》明确了改革中等教育结构、发展职业技术教育的方向、途径和要求。1986年，国家教委和劳动人事部颁发的《技工学校工作条例》也进一步明确了技工学校的性质和任务："技工学校是培养技术工人的中等职业技术学校，是国家职业技术教育事业的重要组成部分，属于高中阶段的职业技术教育。"技工学校的进一步发展对改善中等教育结构同样有着重要的意义。

改革开放初期的调整措施有二：一是恢复发展中专（中等专业学校）和技校（技工学校）。1978年，国务院决定技工学校管理工作由教育部门划归到劳动部门，由产业主管部门领导。二是新建并大力发展职业高中。1980年8月中共中央转发全国劳动就业会议的文件《进一步做好城镇劳动就业工作》，这一政策不仅促进了普职比的改善，而且突破了国家办学限制。

1984年，省政府成立中等教育结构改革领导组。经过调整，到1984年年底，山西省的中等教育机构由1979年的11886所压缩为4821所，其中，高中、完中由1114所压缩到526所，初中由10080所压缩为4295所。[1]

---

[1] 李东福主编：《山西教育史》，山西人民出版社，2010年，第867页。

同时，通过大力发展普通中等专业学校，加强教学改革和师资建设、硬件配备等一系列支撑发展职业教育的关键措施，不断扭转了中专招生下降的趋势。

1995年，山西省制定了教育事业"九五"计划和2010年长期规划纲要。"九五"期末，全省教育事业发展的总目标中明确提到，要形成层次门类齐全、服务功能完善、布局结构合理、持续协调发展的具有山西地方特色的能够面向21世纪的社会主义教育体系的基本框架。其主要目标中提到，要建立以县办综合职教中心为骨干的职业技术教育发展新体系，到2000年在全省各县区各建成一所综合职教中心，各类中等职业学校在校生总规模达到35.6万人，各类中等职业学校的招生和在校生人数占高中阶段招生和在校生总数的60%。

经过几十年的发展和调整，1949年到1995年，山西省普通中等专业学校发展到113所，共计录取新生440291人，已毕业学生335402人。[1]"十一五"时期末，山西普通高中和中等职业学校招生比例已大体相当。2017年，山西普通中等专业学校发展到449所，在校生32.93万人。[2]中等职业教育已经由过去不断扩大规模的阶段发展到全面提高质量的阶段。

2.符合区域性的专业结构动态调整

在十一届三中全会后，职业教育服务和支撑地方经济社会发展的思路和方向更加明确，在专业结构调整方面作出了一系列的改革。

---

[1] 杨进发主编：《山西通志·教育志》，中华书局，1999年，第259页。
[2] 《山西教育年鉴2017年》，http://jyt.shanxi.gov.cn/bsfw_15686/wxzl/jynj/201807/t20180711_462752.html。

在建设职业中学方面，提出城乡职业技术学校的专业设置应按照当地自然条件、经济结构的特点和生产发展的需要，由计划、教育、劳动和各个经济部门共同研究、统筹规划、妥善安排。职业技术教育发展计划要符合当地的国民经济计划和社会发展规划。在城市和工矿区，要根据能源建设和消费品生产、服务行业发展的需要，举办煤炭、电力、煤气、交通运输、轻工、建筑、木工、财经、商业、服务业、民用电气修理以及其他各类公用事业方面的专业学校或职业班。

从全省300多所农业、职业中学的专业设置来看，其特点之一是结合山西能源重化工基地建设需要，发展了煤炭、化工、电子、运输等专业；之二是结合农业向商品化、社会化和多种经营的发展，举办了种植、养殖、加工等专业；之三是结合城乡人民生活的需要，兴办了手工业、服务业等第三产业的专业以及为教育部门内部服务的幼教、师资等专业。

在办学过程中，各地总结了职业学校专业设置的原则：一是地方性原则，根据地方经济建设和社会发展的需要设置专业；二是实用性原则，专业设置尽可能适应国民经济发展的需要以及产业结构调整对人才需求的新情况、新要求；三是稳定性原则，专业设置要相对稳定，以保证师资与设备发挥最大的效益；四是灵活性原则，根据当地经济建设对人才需求的变化以及人才规格层次的不同要求，灵活设置专业；五是集中性原则，在一所职业中学内，专业设置不宜过多，要集中办好几个专业，以保证教学质量。

省内的技工学校最初由机械系统的工厂兴办，各校按所需工种设置专业，初创时设过车、钳、焊、铸、锻等专业。20世纪60年代、钢铁、煤炭、建筑、化工、铁路、运输等系统相继开办了技工学校，因此又增加了冶炼、轧钢、采矿、建筑、安装、化工分析等专业。1978年以后，各地市劳动局和邮电、印刷、纺织、商业、制药等系统也先后办起了技工学校，专业又增加了电报电话、市话路线、报务、报机、邮政、印刷、防止印染、制药、烹饪等专业。截至1985年，全省70所技工学校开设了87个专业。[1]

1979年11月，山西省高等教育局向教育部和省革命委员会作了《关于全省中等专业教育基本情况和今后意见的汇报》。为了适应山西煤化工基地建设的需要，强调在认真办好现有中等专业技术学校的同时，要有计划地恢复和新建煤矿、轻工、工业企业管理、商业、外贸、银行、粮食、供销等中等专业技术学校。1994年，省教委对全省95所普通中等专业学校的专业进行了全面调整。按照国家教委当时颁布的普通中等专业学校专业目录和调整专业的原则及要求，结合本省经济社会发展特点，对全省除部属学校外的95所普通中等专业学校的9科46类379个专业进行了调整，使得中专学校更加贴近山西经济建设和社会发展的要求。

"十一五"时期末，山西省共设高职专业1446个，中等职业学校设置专业740多个，基本覆盖了全省主要产业领域。"十二五"时期末，全省所有设区市均实现了高职院校全覆盖。

《山西省"十三五"教育事业发展规划》中提到，到2020年，中等职业学校、高等职业院校基本办学条件要达到国家规定的办学标准，全面完成县级职教中心达标建设任务，省级以上骨干专业实

---

[1] 杨进发主编：《山西通志·教育志》，中华书局，1999年，第235页。

训基地覆盖率达到80%，围绕全省企业、社会发展需求支持建设100个高职省级重点专业、300个中职省级重点专业，启动建设100所省级中等职业教育改革发展示范校。

（四）黄金时期（2012~　）

党的十八大以来，山西省职业教育迎来了黄金发展时期。从国家层面来看，"互联网+""一带一路""中国制造2025""脱贫攻坚"等一系列重大战略出台，产业结构不断升级，新旧产能高质快速转换，所有这些都要求职业教育发展再上一个新台阶；从山西层面来看，资源型地区经济转型逐步推进，大力发展制造业，优化区域产业结构迫在眉睫，对人才供给的要求也趋于多样化、技能化和高端化。科学谋划职业教育服务国家和区域战略，不仅是当代职业教育的历史担当，更是职业教育的应有行动。2012年以来，全省职业院校累计培养技术技能型人才和高素质劳动者160余万名，高职院校平均就业率达到84.8%，中职学校平均就业率达到89.9%，有力地支撑了山西经济社会的发展。全省职业院校每年毕业学生占全省每年新增劳动力的60%，且85%以上来自农村地区，多数是农民子女，贫困家庭占很大比例。现阶段，职业教育已经成为山西省技术技能人才的主来源、促进就业的主渠道、教育扶贫的主力军。正如2015年教育部副部长鲁昕指出："职业教育改革发展进入黄金时期。"[1]

1.落实中等职业教育免学费政策

中等专业教育属于非义务教育，根据国家有关规定，学校可向

---

[1] 鲁昕：《我国职业教育改革发展进入黄金时期》，http://edu.people.com.cn/n/2015/1026/c1006_27739768.html，2015-10-26/2018-06-10.

学生收取学费。1998年3月,省教委等部门联合制定《关于普通中等专业学校全面实行招生收费和毕业生就业制度改革的实施意见》。《意见》同时决定,要建立奖学金、贷学金和勤工助学基金制度。学校要从所收学费中划出15%左右的比例用于设立优秀学生奖学金、专项奖学金、学生贷学金和勤工助学基金。同年招收的普通中专生平均每生一学年学费2000元。从1998年起,全省中等专业学校招收的学生一律实行上学缴费制度。

据《山西教育年鉴》记载,2007年,在中等职业学校建立健全国家助学金制度,资助对象为所有在校农村学生和城市家庭经济困难学生,对一、二年级学生每生每年资助1500元,三年级学生通过顶岗实习获得一定收入,完成学业。2008年,在中等职业学校建立健全国家助学金制度,并着手实施农村家庭困难和涉农专业中职生免除学费制度,开展了全省500所中职学校管理人员的业务培训工作。2011年,中等职业教育免学费全覆盖工作正式启动,秋季开学起免除全省职业高中、职业中专全部在校生学费,惠及289所职业高中和职业中专的30万学生,其中全日制在校生25.1万人、"送教下乡"学员4.9万人。

2013年秋季学期,中等职业教育免学费全覆盖工作进入常态化,这是山西省委、省政府实施的一项重要的惠民工程。这项政策的实施增强了职业教育的吸引力,扩大了职业教育的覆盖面,为做好中职招生工作提供了有力的政策支持和制度保证。为落实中等职业教育免学费全覆盖工作,各级财政每年需要投入资金达十多亿元。各级教育行政部门、各职业院校充分认识到这项工作的重要意义。2014年春季学期各级财政下达免学费资金58474.31万元,惠及学生470254人；秋季学期下达免学费资金56189.29万元，惠及学生449258人。2017年，中职免学费7.6亿元，受助学生31万人；发放中职国家助学金1.4亿元，受助学生7万人。[1]

2.着力加强基础能力建设

长期以来，山西省对职业教育基础能力建设始终狠抓不放。"十五"时期末，全省已建成国家级重点中等职业学校40所、省级重点中等职业学校64所，新建22个国家级实训基地。"十一五"时期末，全省分别建成国家级和省级重点中等职业学校7所和137所，建成国家实习实训基地43个，5所高职院校成为国家级示范校或骨干校。

2011年，11所中职学校通过国家级改革发展示范校评审，每校平均获得1000万元项目建设资金。灵丘、广灵、忻州市忻府区、保德、代县、孝义、交口、寿阳、盂县、平定、武乡、沁源、屯留、沁水、乡宁、浮山、翼城等17个县级职业教育中心经过省政府督导室验收。23所中高职院校获准中央财政支持的职业教育实训基地建设项目，中央财政投入3640万元，地方配套3676.64万元，共计7316.64万元用于购置学校专业实习实训设备；10所中等职业学校获得省财政每校100万元经费支持，用以建设省级实训基地。[2]

2015年，山西省政府印发了《山西省人民政府关于贯彻落实〈国务院关于加快发展现代职业教育的决定〉的实施意见》，省政府办公厅印发了《职业教育校企合作促进办法》《关于加强职业教育实训基地建设的意见》《关于加强职业院校"双师型"教师队

---

[1] 《山西教育年鉴2017年》，http://jyt.shanxi.gov.cn/bsfw_15686/wxzl/jynj/201807/t20180711_462752.html.

[2] 《山西教育年鉴2011年》，http://jyt.shanxi.gov.cn/bsfw_15686/wxzl/jynj/201712/t20171216_358071.html.

伍建设的意见》等配套文件，省教育厅、省发改委等六部门联合印发了《山西省现代职业教育体系建设规划（2015—2020年）》。省政府办公厅印发的《关于加快发展现代职业教育重点任务分工的通知》明确了工作分工。这是山西职业教育发展史上关键性的一年，只有职业教育基础能力建设不断加强，才能为服务区域经济社会发展提供强有力的支撑。2017年，省教育厅制定《山西省高等职业院校基本办学条件标准（试行）》和《山西省中等职业学校基本办学条件标准（试行）》，推进职业院校办学条件达标计划。新立项建设214个实训基地项目和171个重点专业项目。[1]

3.不断提高教育质量

动态专业调整，不断优化专业结构的措施在近10年内的职业教育发展进程中一直在采用。2006年，山西共有中等职业教育（包括普通中等技术学校、职业高中、技工学校和成人中专）学校599所，比上年增加32所；在校学生532292人，比上年增加66658人。普通中等技术学校继续进行布局结构调整，2006年有学校84所，在校生234378人，比上年增加32910人。[2]

2017年，山西省进一步整合职业教育资源，中职学校从446所削减到345所，清理101所，削减率22.65%。在中等职业学校办学资质清查和管理星级评估认定工作中，共清查举办中等职业学历教育的学校375所，其中350所学校具备中等职业学历教育办学资质、21所学校需按要求限期整改、4所学校取消中等职业学历教育办学资质。

---

[1] 《山西教育年鉴2017年》，http://jyt.shanxi.gov.cn/bsfw_15686/wxzl/jynj/201807/t20180711_462752.html.

[2] 《山西教育年鉴2006年》，http://jyt.shanxi.gov.cn/bsfw_15686/wxzl/jynj/201712/t20171215_358014.html.

全省共认定管理五星级学校34所、管理四星级学校99所、管理三星级学校142所、管理二星级学校68所、管理一星级学校16所。[1]开展学生实习管理检查,进一步加强职业院校实习管理工作。实施职业院校管理水平提升行动计划,完成山西省管理监测系统与教育部相关系统的对接工作。

高等职业院校中,新增山西交通职业技术学院城市轨道交通机电技术等96个普通高等学校高等职业教育专业,新增太原铁路机械学校等46所职业院校新增机电技术应用(工业机器人应用与维护)等82个专业或专业方向。太原旅游职业学院的导游专业、长治市第一职业高级中学的旅游服务与管理专业被确定为全国职业院校旅游类示范专业点,山西交通职业技术学院的汽车车身维修技术专业被确定为全国职业院校交通运输类示范专业点。

4.建立现代化职业教育体系

1996年,我国第一部职业教育法——《中华人民共和国职业教育法》颁布,该法明确把我国的职业学校分为初等、中等和高等,确立了职业教育在中国教育体系中的法律地位,也为职业教育迈向现代化提供了发展基础。同年8月至9月,山西省人大教科文卫委、省教委、省劳动厅和省政府法制局等各单位联合组织宣传贯彻职业教育法的各类活动。10月下旬,省政府召开全省职业教育工作电话会议。彭致圭副省长在讲话中就贯彻落实职业教育法,全面提高企业职工素质,积极推进两个根本性转变提出两点意见:一是要充分认识发展职业教育应提到更加突出的位置上来,大力发展职业教育

---

[1] 《山西教育年鉴2017年》,http://jyt.shanxi.gov.cn/bsfw_15686/wxzl/jynj/201807/t20180711_462752.html。

是振兴山西省经济的重要举措；二是要加强领导，制定政策，不断深化劳动制度改革，为职业教育的发展创造良好条件。这一系列的举措，无论从国家还是从区域层面来讲，都标志着职业教育进入了新的发展阶段，职业教育的价值和作用被进一步确立，同时为职业教育规范性发展提供基本依据，为今后不断优化完善的政策制定奠定基础。

如今，大力推进现代职业教育体系建设已成为职业教育发展的基本方向，职业教育愈来愈强调统筹规划。《山西省"十三五"教育事业发展规划》中提到，要强化设区市对中等职业教育的统筹规划，根据本地实际，统筹推进职业学校布局调整和职业教育体系建设及专业结构优化，确保每个县（市、区）办好1所县级职业教育中心（中等职业学校）。鼓励优质学校通过兼并、托管、合作办学的形式，整合办学资源，形成规模效益和质量效益。优化专科层次高等职业院校布局，积极支持推动一批普通本科高校向应用技术型转变，探索建立以职业需求为导向、以实践能力培养为重点、以产学研结合为途径的专业学位研究生培养模式。逐步完善从中职、高职到应用本科、专业学位研究生各个层次贯通衔接、学历教育与继续教育互为补充的现代职业教育体系。深化职业教育办学体制机制改革。深入推进产教融合、校企合作。鼓励行业企业、科研机构、社会组织等牵头组建职业教育集团，扩大职业教育集团的覆盖面，提高职业院校集团化办学的参与率。扩大职业院校在招生、专业设置、培养方案、人事管理、教师评聘、资源配置、收入分配、校企合作等方面的办学自主权。完善社会力量兴办职业教育制度，支持各类办学主体通过独资、合资、合作等多种形式举办民办职业教育。

5.积极提供社会服务

职业教育在不断提升教育质量,培养新时代技术技能人才的同时,更加注重社会服务的积极开展,特别是面向农村青年、返乡农民工、下岗失业人员、退役军人和企业一线员工的招生工作。最初,职业教育主要结合山西省煤炭企业兼并重组、技术升级的实际需要,结合加强农村基层组织建设和促进科技致富的实际需要,采取两项措施:一是送教下矿,对煤矿关键技术岗位从业人员实施中等职业教育;二是送教下乡,培养农村科技致富带头人。

2011年,全省各市根据年初制定的目标任务,采用课堂教学、田间示范、巡回服务等多种形式,积极对农民进行种植、养殖、经营管理、农业加工等方面知识和技能的培训,完成培训任务325.74万人次。[1]通过摸底调查,澄清文盲底数,确定专人限期脱盲,对脱盲人员开展转移培训和实用技术培训。根据新扫盲新工作的需求,按教育部的要求完成了扫盲教材的修订工作。

2013年,大同煤炭职业技术学院、阳泉职业技术学院、山西煤炭管理干部学院、长治职业技术学院、潞安职业技术学院等5所设有涉煤专业的院校开展了煤炭产业科研人员、技术人员、管理人员培训工作,累计开设专业45个,全年共完成21392人次的培训任务。[2]

2014年,印发《山西省教育厅关于实施职业教育"百校千企"工程的通知》,遴选100所骨干职业院校与1000家大中型企业的深度合作项目。与山西省煤炭厅联合召开了职业教育提升服务煤炭产业

---

[1] 《山西教育年鉴2011年》,http://jyt.shanxi.gov.cn/bsfw_15686/wxzl/jynj/201712/t20171216_358071.html.

[2] 《山西教育年鉴2013年》,http://jyt.shanxi.gov.cn/bsfw_15686/wxzl/jynj/201712/t20171216_358703.html.

发展能力推进会，11个市煤炭工业局、九大煤矿集团、所有涉煤职业院校负责人参加会议，出台《关于进一步做好我省煤炭专业人才培养工作的实施意见》。组织70多家企业和行业协会参加全省第八届职业院校技能大赛。

近几年，职业教育扶贫、过剩产能退出工人再培训、全民技能提升工程、高职扩招等一系列工作，再一次给职业教育带来了新的机遇和挑战。2017年，山西省教育系统完成农村实用技术培训299.20万人次，其中妇女培训98.80人次、残障人员培训7.10万人次。全年全省高校完成职工继续教育培训任务25368人次，其中煤炭行业职工培训7541人次。做好煤炭企业职工带薪转岗教育培训工作，全年培训职工1300余人。[1]组织60所优质中高职院校与58个国家和省级贫困县的县级职业教育中心结对帮扶，帮助贫困县加快发展职业教育，加强职业技能培训。通过实施中等职业教育免费全覆盖和全民技能提升工程，所有建档立卡的适龄贫困人口都能接受相应的职业教育和培训，提高新成长劳动力的就业创业能力，增强成年贫困人口的增收致富能力。

2018年，山西省人民政府在《山西省全民技能提升工程实施方案》中提到，2018年至2022年，结合贯彻实施《山西省高技能人才队伍建设中长期规划（2011—2020年）》，积极开展大规模、多层次职业技能培训和社会化、专业化职业能力评价，力争每年经过培训并取得相应证书（指职业资格、专项职业能力、职业技能等级或培训合格证书，下同）的劳动者达到100万人（其中农村

---

[1] 中共山西省委党史研究院（山西省地方志研究院）编：《山西年鉴》（2018），方志出版社。

进城务工人员45万人、城镇失业人员15万人、企业在岗职工40万人）。当年，全民技能提升工程培训人员达到109万。

2019年，山西省教育厅等七部门联合印发《山西省高职扩招专项工作实施方案》，预计高职扩招人数为11.8万。高职院校扩招的计划安排重点布局在优质高职院校区域经济建设急需、社会民生领域紧缺和就业率高的专业，以及贫困地区。扩招对象为普通高中、中职毕业生及退役军人和下岗失业人员、农民工、新型职业农民等群体。同时，山西省取消了高职招收中职毕业生的比例限制，允许符合高考报名条件的往届中职毕业生参加高职院校单独考试招生。鼓励高职院校加强与现有独立设置的特殊教育机构合作，加大残疾学生培养力度。在学前教育、护理、家政、养老、健康服务、现代服务业等领域，扩大中高职贯通培养招生规模。

四、发展与展望

党的十九大报告指出，中国特色社会主义进入新时代，社会主要矛盾已经转化为人民日益增长的美好生活需要和不平衡不充分发展之间的矛盾。幼有所育、学有所教，增强教育获得感和满意度，是新时代广大人民群众对教育事业的根本要求。建设教育强国，落实立德树人的根本任务，发展素质教育，推进教育公平，优化教育结构，培养德智体美劳全面发展的社会主义建设者和接班人，是新时代中华民族伟大复兴对教育事业的根本要求。只有遵循教育自身办学规律，符合广大人民群众所需，服务、推动、引领区域经济建设和社会进步发展需求，山西的教育事业才能逐步实现现代化，为山西建设发展事业发挥人才强省的重要作用。

(一) 继续落实立德树人的根本任务，大力培养德智体美劳全面发展的社会主义建设者和接班人

习近平总书记在全国教育大会上提出要坚持把立德树人作为根本任务，并把劳动教育纳入社会主义建设者和接班人的要求之中，强调要培养德智体美劳全面发展的社会主义建设者和接班人。

1.理想信念教育是立德树人的首要任务

"理想指引人生方向，信念决定事业成败。没有理想信念，就会导致精神上'缺钙'"。"青年一代有理想、有担当，国家就有前途，民族就有希望，实现我们的发展目标就有源源不断的强大力量"。未来教育实践的重要内容，仍然是不断创新理想信念教育的方式方法，引导广大青年把自己的个人理想、社会共同理想和共产主义最高理想结合起来，在追求"中国梦"的历史进程中实现个人的梦想。

2.思想政治工作水平的高低决定了人才培养质量的高低

思想政治工作从根本上说是做人的工作，必须围绕学生、关照学生、服务学生，不断提高学生思想水平、政治觉悟、道德品质、文化素养，让学生成为德才兼备、全面发展的人才。既要因时而进、因势而新，遵循思想政治工作规律，又要坚持遵循教育规律、学生成长规律，把握师生思想特点和发展需求，注重理论教育和实践活动相结合、普遍要求和分类指导相结合，推进理念思路、内容形式、方法手段创新，使思想价值引领贯穿教育教学全过程和各环节，增强思想政治工作的时代感和实效性。

3.素质教育是以全面提高受教育者基本素质为目标的教育

全国教育大会提出要在"六个下功夫"上发展素质教育，即在

坚定理想信念上下功夫、在厚植爱国主义情怀上下功夫、在加强品德修养上下功夫、在增长知识见识上下功夫、在培养奋斗精神上下功夫、在增强综合素质上下功夫。素质教育的推进，需要尊重教育规律和学生成长规律，坚持德育为先、能力为重、全面发展的育人理念。在实践工作中，特别要切实减轻学生过重的课业负担和学习压力，让学生有更多时间和更多机会去了解社会、参与实践，学会动手动脑、做人做事。切实加强学校体育工作，帮助学生在体育锻炼中增强体质、享受乐趣、健全人格、锤炼意志。全面加强和改进学校美育，提高学生的审美和人文素养。切实加强劳动教育工作，引导学生崇尚劳动、尊重劳动。

（二）继续发展以人民为中心的教育，不断增强广大人民群众的获得感、幸福感、安全感

习近平总书记在全国教育大会上强调，坚持以人民为中心发展教育，以凝聚人心、完善人格、开发人力、培育人才、造福人民为工作目标。进入新时代，人民对教育的需求已经由"有学上"转为"上好学"，所以，应持续扩大优质教育资源供给，解决教育发展不平衡不充分的问题，努力让每个受教育者享有公平而有质量的教育，促进教育事业发展成果更多更公平地惠及全省人民。

1.继续推进义务教育均衡提质发展

特别是解决区域、城乡、校际教育质量不够公平的问题。全面加强乡村小规模学校和乡镇寄宿制学校建设。推动规范教育教学秩序，创新教学方法，加强教研队伍建设，有针对性地提高现有师资队伍建设水平，提高教学质量。大力规范校外教育培训机构，促进校外教育培训机构规范有序发展，使其成为学校教育有益的补充者,而不是应试教育的助推者。

2.继续推进高等教育内涵式发展

质量和效益增长是高等教育发展的必由之路。调整优化高校区域布局、学科结构、专业设置,改进高等教育管理方式,以此来促进高等学校科学定位、差异化发展。加大高等教育对外开放合作力度,拓宽合作渠道,推动学科特色发展、强优发展。以人才培养、创新能力和服务贡献为核心要素,在建设一流院校、一流学科专业上取得突破。加强关键核心技术攻关,推动重大科技成果转化,在强化高校科技创新上取得突破。

3.继续推进职业教育融合发展

推动专业学位教育与职业资格衔接,开展好现代学徒制试点和产教融合型城市试点,在产教融合发展上取得突破,努力提升职业教育对经济社会发展的贡献度。加快发展现代职业教育,完善职业教育和培训体系,整合优化资源,深化产教融合,全面提升技能型人才培养质量。制定职业培训山西标准,推动"人人持证、技能社会"建设,在完善培训体系上取得突破。

(三)继续深化教育改革创新,不断推进教育治理体系和治理能力现代化

习近平总书记在全国教育大会上指出,要坚持深化教育改革创新,深化办学体制和教育管理改革,充分激发教育事业发展活力。创新是事业发展的不竭动力。现阶段,和其他领域改革一样,山西教育综合改革已进入深水区和攻坚期,唯有继续进行思维革新,才能攻坚克难,提升教育质量和效益。

深化"放管服"改革是教育领域不断创新、优化服务、激发市场发展活力的重要举措。教育领域的"放管服"改革,是从教育管理转向教育治理,由微观管理转向宏观管理,由直接管理转向间接管理,由管理转向服务。山西教育事业发展要继续在体制上实现向政府放得下、学校用得好的转变。简政放权,让改革落地生根,让基层、学校、教师切实感受变化。改变长期以来"管"字当头的思维方式和工作模式,树立公共服务的意识和理念。

深化改革考试招生制度,切实维护社会公平,把最优秀的人才选拔出来,优化创新人才培养体系。加强和改进综合素质评价体系,更加突出考查学生运用所学知识分析问题、解决问题的能力,转变以考试成绩为唯一标准评价学生的做法。合理配置教育资源,科学投放生源指标,缩小区域、城乡差距,促进入学公平。

加大教育领域对外开放的力度,形成一批国际化优质教育资源。鼓励更多学校与海外优质学校建立伙伴关系,推动学历学位互认、标准互通、经验互鉴。提升中外合作办学质量,建设一批高水平中外合作办学机构与项目。打造"晋"字留学品牌,努力建成具有国际影响力、区域特色性的教育高地,吸引更多学生来晋留学。推进参与国际教育规则、标准和评价体系的研究制定,结合全球教育发展热点主动发起教育议题,贡献山西教育智慧。

专题四 医疗卫生事业的建设与探索

中华人民共和国成立以来，山西省的医疗卫生事业伴随着共和国的成长经历了从无到有、从少到多的大发展，取得了骄人的成绩：爱国医疗卫生轰轰烈烈、医疗卫生服务体系逐步建立健全、城乡卫生队伍不断发展壮大、基本医疗保险制度更趋完善、新医改成效明显、人民健康水平不断提高……山西卫生事业在社会变迁中不断获得发展提升。

一、改革开放前的医疗卫生事业发展

全国解放以后，面对当时极其恶劣的卫生状况，党和政府为了提高人民群众的健康水平，迅速制定了卫生工作四项原则，即"面向工农兵，预防为主，团结中西医，卫生工作与群众运动相结合"。山西省积极贯彻四项原则，坚持卫生工作依靠广大人民群众来办、卫生工作为大多数人服务的方向，采取多种形式培养了一支具有一定规模的卫生队伍，逐渐建成了三级医疗卫生网络，在筹办联合诊所，发展保健站，培训初中级卫生人员、接生员，改造旧产婆，推广新法接生方面都走在全国前列。

（一）合作化时期的医疗卫生事业（1949～1957）

这一阶段全国地方病和传染病高发、基层卫生组织缺乏、农村患病率高,国家重点在现存县级卫生机构的基础上进一步健全和完善基层卫生组织。山西率先走出了合作医疗的新路,爱国卫生运动也为全国创造了典型经验。

1. 中华人民共和国成立初期卫生事业发展面临的严峻形势和任务

中华人民共和国成立之初,由于经济基础薄弱,卫生观念差,山西省医疗条件十分落后,卫生状况恶劣,卫生临床机构残缺不全且分布不均,诊疗技术水平相当落后,缺医少药,卫生管理缺乏经验、方式落后,医疗卫生工作面临极其严峻的形势和任务。

当时山西医疗卫生水平非常落后,人民群众健康水平极其低下。生活环境恶劣,基本卫生条件缺乏,城乡居民卫生知识匮乏,基本的卫生习惯没有养成,成为很多疾病高发的重要原因。当时,农村地区流行病、传染病发病率极高,以鼠疫、霍乱、天花、黑热病、结核病居多,且波及的范围广。同时由于采取旧的接生方式,母婴死亡率也非常高。与此同时,医疗卫生机构数量极少,且布局不合理,农村医疗设备简陋、残缺不全,医疗卫生技术人员严重缺乏,且技术水平低,多数农村主要是一些私人开业行医,游医、江湖郎中等行医带来的医疗事故隐患大量存在。1949年,农村人口死亡率高达22.8‰,人口平均寿命只有34岁。城市的医疗机构也寥寥无几,山西省的大医院几乎全部集中于太原一地。到1949年年底,全省仅有综合性医院50所、病床600张(其中城市综合医院11所、病床280张,县卫生院39所、病床320张),医务人员共有4989人(不含1万余名零散医生)。[1]多年的战

---

[1] 《山西五十年》编委会:《山西五十年》,中国统计出版社,1999年,第111页。

乱纷争，使得山西基层卫生工作几乎是全面空白，完全没有基础，需要全部重新开始，整体来说当时医疗卫生工作任务重、难度大。

针对疾病蔓延、卫生机构缺乏、基础设施简陋、卫生事业经费不足、专业医护人员较少、药品匮乏等一系列基本问题，国家卫生部认为首先要抓好两件事：一是集中力量预防流行性疾病和严重威胁母婴生命的疾病；二是整顿卫生队伍，建立农村、工矿和城市的基层卫生组织。1950年8月，第一届全国卫生工作会议确定了"面向工农兵""预防为主""团结中西医"的卫生工作三大方针。1952年12月第二届全国卫生会议在卫生工作三大方针之外，增加"卫生工作与群众运动相结合"这一重要方针。依照卫生工作四大方针，山西将积极建立农村医疗卫生机构、完善基础设施、培养专业医护人员、健全农村医疗卫生体系作为农村卫生事业发展面临的主要任务。

2.医疗卫生服务体系的建立

中华人民共和国成立后，山西各级人民政府纷纷成立了卫生行政机构，把发展医疗卫生事业、建立医疗卫生服务体系列入重要议事日程。为迅速提高人民群众健康水平，各地加大医疗卫生服务体系建设力度，千方百计加强各级医疗机构建设，促进卫生防疫和妇幼保健工作，培养卫生人才，努力解决老百姓无处看病的问题。

医疗机构建设稳步进行。1950年至1952年的国民经济恢复时期全省工矿企业普遍建立医疗卫生机构，个体开业人员组建联合诊所。1953年至1957年，山西对接办和接管的医疗卫生机构进行整顿，将县卫生院扩建为县人民医院。1955年，尝试在农村建立卫生保健站。1957年年底，全省卫生事业机构发展到3684所，比

1949年的1262所增长1.92倍，病床发展到12957张，比1949年的917张增长13.13倍。

防疫工作有效推动。1953年建立了山西省卫生防疫站，各专署、市、县随之都建立起卫生防疫机构。1955年12月，山西省人民委员会颁发了《山西省传染病管理办法实施细则》，对各专署、市、县人民委员会及其卫生行政部门在贯彻执行《细则》时应负的职责、法定报告单位、法定或义务报告人、报告时间、报告方式以及防疫机构接到报告后应采取的措施等均做了详细规定。各级卫生防疫机构积极开展工作，防疫范围逐步扩大，技术水平有了新的提高。解放初期就控制了鼠疫、霍乱病，消灭了天花，接着，回归热、森林脑炎、恙虫病、钩端螺旋体病先后绝迹。

妇幼保健网络初步建立。中华人民共和国成立之初，全省妇幼卫生技术人员寥寥无几，保健机构没有一个。1950年，山西省妇幼保健院成立。1952年成立山西省妇幼工作队，对全省妇幼卫生工作进行指导，同年，各级妇幼保健机构先后成立。到1952年年底，全省共有县级以上妇幼保健机构125个。1957年，全省妇幼保健机构撤销。

卫生人才队伍逐步扩大。大量培训初级和中级卫生人员、接生员，改造旧产婆，推广新法接生。针对当时卫生人才奇缺的状况，扩建山西医学院，建立4所卫生学校，培养高、中、初级卫生技术员。同时，先后从社会上招收500余名个体医生，不断接受转业的卫生人员到地方医疗卫生机构来。到1957年年底，全省共有专业卫生人员77991人，比1949年的14989人增长4.2倍。[1]

---

[1] 山西省史志研究院：《山西通志第十一卷》，中华书局，1998年，第2页。

3.合作医疗的初步形成

1953年,随着全国农业互助合作运动的兴起和发展,山西省和全国一样,为发展生产,先后成立了生产合作社、信用合作社、运输合作社等。医药合作社的兴起,最早的记载是1953年高平县米山乡(现高平市米山镇)的几家私人药铺自愿结合,创办了全县第一家联合诊所,实行互济保健制度。之后,全省各地相继建立了数家保健站,实行收保健费的办法,用互助互济的方式解决农民群众的医疗保健问题。此时的保健站仅属于合作性质的民办公助医疗机构,并非具有保险性质的合作医疗保健制度。

1955年5月1日,山西省高平县米山乡成立联合保健站,它运作的制度是我国具有保险性质的合作医疗制度的雏形:

(1)在乡人民委员会(乡政府)的领导下,由农业生产合作社、农民群众和医生共同集资建站;

(2)在自愿的原则下,每个农民每年缴纳5角钱的保健费,免费享受预防保健服务,患者治疗免收挂号、出诊等费用,孤、寡、因公致伤残者和特殊贫困户就诊医药费一律从公益金中支付;

(3)保健站坚持预防为主,巡回医疗,送医送药上门,医生分片负责所属村民的卫生预防和医疗工作;

(4)坚持勤俭办站,保健站的经费来源有农民缴纳的保健费、农业社公益金提取15%~20%、医疗业务收入(主要是药品利润);

(5)采取记工分和现金工资相结合的办法,合理解决保健站医生的报酬。

米山乡联合保健站这个新生事物一诞生,立刻受到农民群众的热烈欢迎,引起了各级领导的高度重视。1955年冬,山西省人民委员会（省政府）和卫生部都相继总结并肯定了米山乡的经验，一致指出，"米山乡举办农业社联合保健站的经验，初步实现了集体化农民无病早防、有病早治、省功省钱、方便可靠的理想"，"为农村的预防保健工作建立了可靠的社会主义的组织基础"。同年11月，时任卫生部党组书记、副部长的徐运北同志带领由卫生部、国务院文教办和山西省卫生厅组成的联合调查组，深入到高平县米山乡进行调查研究，在当地组织召开了一系列的调查会，包括农民座谈会、农业社干部座谈会、保健站医务人员座谈会等等，还深入到保健站和部分农民家里进行考察访问。结果证实，对举办保健站并实行社员群众集体保健医疗制度的做法，不论是农民、农村干部或医生，都比较满意。此次调查结果，引起了卫生部等部门的高度重视，并充分肯定了全国第一个联合保健站就近医疗、互救互济的历史功绩。

1956年年初，山西省委做出决定号召全省农村学习米山乡联合保健站就医的经验，并在《山西日报》发表了社论。之后保健站迅速在全省南北建立，并传出娘子关，走下太行山，轰动全国，有力地配合了当时蓬勃发展的农业合作化运动。据山西省冬季卫生行政会议上的统计，截至1956年年底，全省已建立1600余座农村保健站，占全省2900个乡的60%以上，参加保健站、保健室的在乡中西医生共约8000名，约占全省各乡中西医生总数的65%。大部分乡村都有了保健组织，形成了一个与农业合作化相适宜的农村卫生工作网。高平县米山乡联合保健站的做法，用现在的话来说，叫作"合医合防不合药"式的合作医疗。它的建立，曾在当时起了三大作用：一是多方集资建站，促进了农村卫生事业的发展；二是建立集体保健医疗制度，无病早防，有病早治，保护了农民健康，发展了生产；三是部分地区冲破了医生经济来源完全依赖于治病收费的旧传统，为贯彻预防为主的方针，解决医疗和预防的矛盾创造了有利条件。

4.群众爱国卫生运动的兴起

1952年春，保家卫国的浪潮推动了群众性卫生防疫运动的深入发展。人民群众把这项伟大的运动称为"爱国卫生运动"，得到了中央的肯定和支持，各级爱国卫生运动委员会成立，并把卫生工作与群众性卫生运动相结合定为卫生工作的一项原则。毛泽东同志号召"动员起来，讲究卫生，减少疾病，提高健康水平"。爱国卫生运动不仅受到全国上下的一致拥护和参与，而且受到国际上的赞誉。在社会主义革命和社会主义建设的各个历史时期，显示出它的"移风易俗，改造国家"的伟大作用，取得了丰硕的成果。

为了响应中共中央关于卫生防疫运动的号召，山西省于1952年4月成立了省防疫委员会，8月成立了省爱国卫生运动委员会，省委在这一年的宣传工作计划中，要求在全省的党支部普遍推行平定县维社村群众所创造的"爱国检查日"制度（一般是每半月举行一次，由当地共产党支部领导，党的宣传员负责发动和组织群众参加）。

维社村在抗美援朝运动中，每逢旧历初一、十五都要过"爱国检查日"。通过"爱国检查日"活动，维社村把爱国公约运动和村里的各项工作紧密地联系起来。村里的干部和群众都说："订立好爱国公约，过好'爱国日'，真比经常有一个县区干部的领导还有劲。"

实践证明定期举行"爱国检查日"是提高和巩固爱国公约运

动,加强群众的民主生活,从而不断地提高群众的政治觉悟,推动各项工作前进的一种很好的领导方法。很快,这一制度在全国范围内广泛推行开来。据不完全材料统计,截至1952年年底,全国各地已有数千个村庄及其他单位推行这种制度,其中山西全省和河北省的邯郸专区等地已普遍推行。据统计,仅在山西稷山县,当年全境清除垃圾3.6万余辆大车,灭蝇2976万只,捕鼠1.4万余只,垫整污水坑352处,清扫整理大街小巷1850条,涌现出29个卫生模范村,其中太阳村、三堡村和清水庄3个村的卫生工作获得全县公认,年底又被运城专署授予卫生模范村称号。1953年9月,为了动员全省人民开展以反细菌战为中心,以"四净五灭"(个人净、家里净、院里净、街巷净和灭蝇、灭蚤、灭虱、灭鼠、灭蚊)为内容的爱国卫生运动,省政府召开了广播动员大会。1954年以后,山西省的"四净五灭"运动日益深入地开展起来,涌现出了泽州县东四义村等讲卫生典型。

(二)社会主义建设到"文化大革命"时期的卫生事业(1958~1978)

从社会主义建设时期开始到"文化大革命"结束,山西卫生事业发展较为曲折但总体上稳步向前。在机构建设方面,初步建立了县、乡(公社)、村(大队)农村三级医疗卫生服务网络;在医疗保障制度方面,农村合作医疗制度全面实施;在医务人员培养方面,产生了扎根农村的万千赤脚医生大军;在医疗卫生业务工作方面,开展了疾病诊疗、医疗救治、预防接种、爱国卫生运动、妇幼保健及计划生育等工作。受到历次运动的冲击,医药卫生队伍业务技术水平提高缓慢,医疗质量仍然不能适应人民群众防病治病的要求。

1.医疗卫生服务体系的逐步完善

1958年,人民公社和许多厂矿、街道都办起医院,与此同时开始了医院办护校、各县办卫校,整个卫生领域"大跃进"发展,到1959年,全省的卫生事业机构猛增至10649所。但由于人、财、物等各方面因素限制,医疗服务和卫生技术水平普遍下降。1962年,卫生工作进行调整,首先加强了县级医院的建设,促使县医院成为农村医疗卫生工作的指导中心,增加医疗设备和基建投资,装备和扩建了22所县医院,其他县医院在设备上也有所改善;其次是贯彻执行鼓励集体办医、允许个体行医方针,农村人民公社卫生院一律转为集体举办,中医院实行看病收费、独立核算、自负盈亏、民主管理、按劳分配的原则,使集体所有制医疗机构得到巩固和发展。同时,对于"大跃进"期间建立的大部分医学专科学校和部分中等卫生学校予以撤销,集中精力办好保留的7所医学院校。为了提高农村基层卫生人员技术水平,1965年全省组织6000余名城市医务人员下乡开展巡回医疗,培训基层卫生人员。到1965年年底,全省共有卫生事业机构3426所、病床29656张、卫生人员43124人,已逐步建立健全纵贯省、地(市)县、人民公社、生产队,横及各行业的医疗卫生服务体系,全省卫生工作从根本上发生了变化。

在城市,除了各级政府的医疗机构,许多厂矿企业都兴办了医院、卫生所或者保健站,到1978年,全省工业及其他部门办的医疗机构发展到2520个、床位17771张、医护人员32228人。同时医疗保健制度也逐步建立起来,各级党政机关、群众团体和所属事业单位的干部、职工实行公费医疗制度;工厂、矿场、交通、邮电、财贸、建设等企业的工人、干部实行劳动保险制度。

"文化大革命"开始后,城市卫生工作受到破坏,医药科研工作受到干扰,医疗教育质量显著下降。在农村,各级卫生行政部门遵照毛泽东关于"要把医疗卫生工作的重点放到农村去"的指示,几乎把全部精力放在农村卫生工作上。卫生事业费优先安排农村,80%以上的卫生基建投资用于农村,继续轮流选派城市卫生人员到农村开展巡回医疗和赤脚医生培训工作。生产大队普遍建立了合作医疗制度,全省共有4万余名赤脚医生和近20万名卫生员、接生员服务于农村。到1970年,人民公社卫生院发展到1733所,比1962年增加了1.4倍,床位增加到10003张,比1962年增加了13倍。

2.赤脚医生的发展

1951年中央政府提出建立和发展基层卫生组织,培养大量基层卫生人员,即卫生员、妇幼保健员(助产助理员)和护士助理员。1952年年底,全国90%的地区已经建立了县级卫生机构。1956年农业生产合作社开始兴办保健站,培养保健员。1957年开始规范和整合乡村各类卫生组织,将其纳入政府管理。1958年国家在人民公社设卫生院,生产大队设卫生所,生产小队设不脱产卫生员(保健员)。自此,农村三级医疗卫生保健网的框架基本搭成。然而,只有框架是不够的,村级卫生人力资源的供给远远满足不了农民的需求,且城乡之间的医疗卫生资源,尤其是卫生人力资源的配置严重不均衡。于是,基于现实需要,国家启动了新的村级卫生人力资源培养教育体制。其中,最著名的是毛泽东于1965年做出的"把医疗卫生工作的重点放到农村去"的"六二六"指示。这个指示要求缩短学制、降低招生学历要求和改变培养方法,旨在短期内为农村培养出大批半农半医也即不脱产的卫生人才。这些农村卫生人员凭借集体筹资的合作医疗制度，依靠记工分的方式获得劳动报酬，被农民亲切地称为"赤脚医生"，电影《春苗》就是以此为素材拍成。另一部反映赤脚医生题材的电影《赤脚医生向阳花》的主题曲"赤脚医生向阳花，贫下中农人人夸……"在20世纪70年代成为在乡村广为传唱的歌谣。

在大规模要求培训赤脚医生之前，在山西广大的农村，医生是稀缺资源，尤其是在一些山区农村，一个公社虽然有一个卫生院，但一般卫生院里只有3到5个人，其中不只是医生，还有会计、药师。医生是供不应求的。村民碰到病痛，最为常见的办法就是忍。1952年至1957年为了降低妇婴死亡率，山西省已在农村培训新接生员41471名，1955年米山县建立联合卫生保健站培养保健员施行医疗卫生双重职能，这些服务于基层的医疗人员其实可算作赤脚医生的前身。"六二六"指示后，山西省加大农村医疗卫生的建设，在各地相继建立保健站，施行合作医疗，并大力培训赤脚医生。到1976年，山西省已共有4万名赤脚医生和近20万名农村卫生员、接生员，各地普遍建立了合作医疗制度。

当时对赤脚医生的培训重点放在农村常见病、多发病、传染病和地方病的预防和治疗上，并且极为重视思想政治教育（也可以说是医德教育）。在培训中考虑到西医治疗花钱多、农民负担不起、检诊设施要求高、农村卫生所没有也装备不起的现实情况，中医知识和治疗方法受到重视和推广，特别是针灸被广泛传授给赤脚医生，并根据当地中草药资源情况，培训学员如何采、种、制中草药。在师资方面，主要是县医院和公社卫生院的医生，因为他们有大量农村卫生工作的实践经验。这就使得培训工作与农村卫生需求和现实结合更紧,培训目标与农民需求直接相联。在合作医疗体系下逐渐形成了一套大规模、有计划、自成一体且行之有效的农村赤脚医生培训机制,将初训、复训、轮训相结合,使赤脚医生在实践中不断成长。

赤脚医生深深扎根农村基层,服务于广大农民,献身农村基层医疗卫生事业,是医疗服务面向工农兵的卫生方针有效落实的真实写照,大大改善了农村缺医少药的局面,并为合作医疗的全面实施奠定了基础。

3.合作医疗制度全面建立

经过调查研究,自1955年至1962年,全省在大力推广高平县米山乡等3个乡联合集资举办保健站的经验后,在群众自愿原则下,采取群众集体举办的办法,共办起保健站5032个。同时,又提出了对全省农村基层卫生组织的调整方案,主要有两种办法:一种是凡群众愿意举办卫生福利事业的地区,继续由群众来集体举办,形式可以多样,因地制宜,其经济管理办法主要是各队联办、粮食分摊、自给自足、多余积累、定期奖励;还有一种是群众不愿举办或没有能力办基层保健机构的地区,可由医生集体举办医疗保健机构,实行看病收费、独立核算、自负盈亏、民主管理、按劳分配的原则。此外,在不削弱群众集体举办和医生集体举办的医疗保健机构的原则下,允许医生个人开业行医,并制定了《山西省个体开业医生暂行管理办法(草案)》。

1965年9月,中共中央批转了卫生部《关于把卫生工作重点放到农村的报告》,强调加强农村基层卫生保健工作,极大地推动了农村合作医疗的发展。特别是1968年,毛泽东同志肯定了湖北省长阳县乐园公社办合作医疗的经验，并发表了"合作医疗好"的指示，使农村合作医疗迅速发展并大面积普及，全国绝大多数生产大队都办起了合作医疗站。1969年，山西省遵照毛泽东"六二六"指示，将米山保健站由联合医疗过渡到合作医疗，由起初实行的队办，发展到较高层次的社办合作医疗。1972年6月24日的《山西日报》和1973年4月29日的《人民日报》分别报道了米山社办合作医疗的经验。

1974年，山西省革委会根据卫生局文件指出，要大力推进农村卫生革命，把医疗卫生工作的重点放到农村去和大力发展赤脚医生，号召在全省农村推广合作医疗，要求各地针对农村合作医疗进行一次整顿改革。也就是这次整顿改革，使全省涌现出一批合作医疗办得好的先进典型，如稷山、晋城、昔阳、芮城、翼城、平顺、黎城、大同、阳泉、太原等十几个县、市。

1978年，山西省卫生局又颁发了《关于认真培训提高赤脚医生，办好合作医疗的通知》。各地根据《通知》要求，积极加强对赤脚医生的工作管理，每个大队按300人至500人配备一个赤脚医生，要求赤脚医生积极参加农业集体生产劳动，参加集体分配，坚持亦农亦医。并按省革委76号通知精神，合理解决他们的工分补贴问题。利用农闲时间，采取各种形式培训提高赤脚医生的医疗技术水平。这样既保持了赤脚医生队伍的相对稳定，同时也提高了他们的积极性，使合作医疗得到进一步发展。

总之，该时期山西省农村合作医疗的发展历程不仅经受了"文化大革命"的冲击，而且对山西卫生事业的发展起到了重要的作用。

第一，农民健康水平不断提高，传染病发病率显著下降。数字显示，1970年晋东南地区总发病率为1346.91／10万，1971年比1970年下降了54%，1973年比1972年下降了56.6%。其他常见病、多发病的发病率也在显著下降。由于病人减少，出勤劳力大大增强，有力地推动了"农业学大寨"的群众运动。1973年晋东南地区第一次实现了粮食亩产达标。广大农民当时说"农业获得大丰收，合作医疗有一功"。

第二，农民参合人数与就诊人数逐年增加。以太阳公社为例，1970年第四季度全社有24131人参加社办合作医疗，共收费4826.2元，就诊2951人，占总参合人数的12%，外报9人。到1971年参加合作医疗达24638人，共收费19710.4元，就诊23087人，占总参合人数的94%，外报130人，占就诊人数的0.01%。

第三，培养了一支以贫下中农为主体的赤脚医生队伍。据不完全统计，1974年全省赤脚医生队伍发展到5万人，仅晋东南地区就达9753人，其中有妇女2235名，占赤脚医生总数的23%，有党、团员2819名，占30%。这批赤脚医生和卫生员经过培训和医疗实践，业务技术有了很大提高，一般都能用中西医两法防治常见病、多发病，有的还能治疗一些疑难病症。据1977年年底统计数字，全省尚有约5000个生产大队没有实行合作医疗。（见表4-1）

表4-1 1977年年底山西省农村合作医疗情况表

(单位：个)

单位	大队数	已实行合作医疗	%	未实行合作医疗
太原市	1119	1074	96	45
大同市	357	346	97	11
阳泉市	188	188	100	—
长治市	150	146	97	4
雁北	3689	3367	91.3	322
晋中	4298	3830	89.2	468
忻县	4719	2632	55.8	2087
吕梁	4046	3215	79	831
临汾	2890	2182	75.5	708
运城	3060	2847	93	213
晋东南	5322	5050	94.9	272
合计	29838	24877	83.4	4961

资料来源：《关于认真培训提高赤脚医生，办好合作医疗的通知》。

4.群众爱国卫生运动持续开展

1957年党的第八届三中全会对以除"四害"、讲卫生、消灭疾病为中心的爱国卫生运动进行了讨论。1958年1月8日，中共中央发布了《关于开展以除四害为中心的爱国卫生运动》的通知，同年2月12日，中共中央和国务院发出《关于除四害、讲卫生的指示》，爱国卫生运动的主要内容依然是消灭"四害"。到了1965年，卫生部门向毛泽东请示，将加强粪便管理以及保护水源、水质这两项重要措施加入农村爱国卫生运动的内容，后来在此基础上发展成为"五改"。20世纪70年代，在周恩来指示下，正式提出了农村"两管五改"的爱国卫生运动，"两管五改"即管理粪便垃圾和饮用水源，改良厕所、水井、畜圈、炉灶和室内外环境。全国各省、市、自治区农村"两管五改"的爱国卫生运动不同程度地开展起来。这一时期，在周恩来的亲自指导下，山西稷山县被树立为农村卫生先进典型代表。1959年11月在稷山县召开了全国农村卫生工作会议，推广该县将爱国卫生运动与治脏、治穷、治病，改造环境相结合的经验。

山西晋南专区稷山县的太阳村通过开展爱国卫生运动，从一个又穷又脏的"瘟村"变成了人畜健康、五谷丰登的幸福村。为了改变太阳村的面貌，培养农民新的生活方式，党支部制定了爱国卫生公约和饮食卫生守则，在支部的领导下，村民坚持不懈地向"四害"发动了进军。在以除"四害"为中心的爱国卫生运动中，结合改善环境卫生，群众创造了29种积肥的办法。一切尘土、墙根污土、炕土、烟灰、房顶尘灰、茅锈等等，都经过清除用作肥料。在1956年夏季以前，当年麦田得到两次追肥，粮食产量大幅度提高。1957年10月，全省性的以除"四害"为中心的农村卫生保健工作会议在稷山县举行，推广太阳村的经验成为会议的中心议题。到1958年，稷山县已有2/3的村庄推广了太阳村的经验而成为"四无"村。稷山县卫生运动取得成功的一个重要经验就是针对人民公社化后的新形势，正确地解决了专业的卫生队伍与广大群众相结合的问题，特别是组成了一个与人民公社三级管理体制相适应的三级卫生预防保健网，在全县的爱国卫生运动中积极发挥了参谋、宣传、技术指导和带头的作用。

由于"大跃进"、三年自然灾害、"文化大革命"等历史因素的影响，改革开放以前爱国卫生运动的发展是波浪式前进的，有些年大幅推进，有些年停滞不前，但总体来说爱国卫生运动对于改善卫生环境、改变人们的不良卫生习惯，特别是在促进公共卫生方面发挥了巨大作用。

二、改革开放后医疗卫生事业的发展变革
（1978～2011）

改革开放以后，随着社会经济的快速发展和人们收入水平的

提高，社会对医疗卫生服务的需求迅速增加，一些被抑制的需求也集中释放出来。自20世纪80年代初起，国家对医疗卫生体制进行的改革，主要是多渠道、多层次、多形式发展卫生事业，鼓励社会办医、私人开业和中外合资合作兴办医疗机构，逐步放开了医疗服务收费和药品价格，并且允许医疗机构按成本收费。这些措施使卫生机构、人员、病床数以及医疗设备、技术和质量得到了明显改善。这一时期，国家先后启动了城镇职工基本医疗保险制度改革和城镇医药卫生体制改革以及乡镇卫生院改革，山西医疗卫生事业进入了新的发展时期。

（一）改革开放初期医疗卫生事业的改革（1979~2001）

改革开放后，山西采用合并、改造或充实加强的方法着手解决城乡医院布局的不合理、机构重叠、效率低等问题，从而提高了卫生机构的防病、治病能力。在农村因地制宜地采取了多种办医形式，允许集体、乡村医生承包医院或在乡卫生院设点等形式，使之基本适应现行的农村经济体制。城镇医疗卫生工作也逐步得到加强，一系列改革措施实施，卫生机构、人员和病床增加，医疗设备得到改善。

1.城镇卫生医疗体制改革

进入20世纪80年代，山西卫生事业发展面临新的挑战，一方面，各个医疗卫生机构全面亏损，医卫人员待遇偏低；另一方面，现有的医疗卫生设施服务能力不能满足社会对医疗卫生服务不断增长的需求，供需矛盾日益突出。为此，山西卫生部门以承包制为突破口，制定了深化卫生医疗体制改革的"卫生改革十条意见"。一是改革办医体制，彻底打破"独家办医"的旧格局，实行国家、集体、个人一起上,实行多层次、多渠道、多形式办医的方针,拓宽发展卫生事业的路子;二是改革管理体制,在医疗卫生部门全面推行承包责任制、院(站所)长负责制和任期目标责任制,打破"大锅饭",增强责任心,调动积极性;三是改革经营体制,各医疗、预防单位改过去单项任务、单一经营体制为全方位、多项任务综合经营体制,在县以上医疗、预防单位实行医、防、教、研四结合,在广大乡镇卫生单位则实行医、防、妇、幼、计划免疫、健康教育和爱国卫生等多项任务承包目标管理责任制。

"卫生改革十条意见"的实施有力推动了卫生事业的发展。社会办医的积极性被充分调动,截至1990年,山西省各类医疗卫生机构已发展到6108个,其中集体所有制医疗机构发展到1676个。个体开业达3961人,是山西历史上个体开业人数较多的时期。社会办医打破了全民、集体、部门所有制界限和条块分割的体制,开辟了一条缓解人民群众看病难、住院难、手术难、防病难和技术人才流动难的新途径,既增强小医院的活力,也减轻大医院的压力,对补充国家办医不足,缓解供需矛盾起到积极作用。综合经营体制和多项任务承包目标管理责任制的推行,极大地调动了各级各类医卫人员的责任心和积极性,不仅使医疗单位增强活力,而且在很大程度上扭转了过去重医轻防、预防保健任务难以落实的局面,使预防保健工作也有了突破性进展。

20世纪90年代后期,山西省委、省政府根据国家八部委《关于城镇医药卫生体制改革的指导意见》的精神,开展了系统化的改革。《山西城镇医疗机构分类管理实施办法》《山西省实行病人选择医生促进医疗机构内部改革的具体意见》《山西省关于卫生事业补助的实施办法》《山西省关于贯彻执行医院药品收支两条线管理暂行办法的实施细则》《关于医疗卫生机构有关税收政策的通知》《关于山西省改革医疗服务价格管理的实施办法》《关于医疗机构药品集中招标采购试点工作意见的通知》《关于转发国家药品监督管理局、卫生部〈关于印发药品招标代理机构资格认定及监督管理办法的通知〉的通知》等9个配套文件相继出台,为全省城镇医药卫生体制改革奠定了基础。

根据改革要求,山西开展了一系列改革措施:1999年率先在县级以上医疗机构实行费用清单制度,在全省乃至全国引起强烈反响。2000年,国务院纠风办和中纪委在山西省召开全国推广住院患者费用清单制度现场会。同年,山西省卫生厅直属医疗机构及部分市级医疗机构开始启用清单式门诊收费票据。这一制度规范了医疗收费行为,增强了收费透明度,减少了因收费问题而引发的医疗纠纷,有效地遏制了医疗单位乱收费的行业不正之风。2000年9月,在县级以上公立非营利性医院实行药品收支两条线管理,医院药品收支结余上缴卫生行政部门,统一缴存财政社会保障基金专户,经考核后,统筹安排,合理返还,医院药品收支两条线管理和资金使用情况由同级财政部门、审计部门进行监督检查。推行病人选医生制度,县级以上医疗机构结合本单位实际,完善各项管理制度,积极开展病人选择医生的活动,在管理制度、用人制度和分配制度上下功夫,探索优质、高效、低耗的运行机制。据2001年12月调查的93所县级以上医院中,开展病人选择医生的有58所,开展率为62.37%,平均门诊人次增加11.89%,出院人次增加10.84%,手术人次增加9.52%,业务收入增加17.42%;结合药品集中招标采购工作，门诊平均药费下降7.04%，出院病人平均药费下降3.57%。2001年，实施医疗机构分类管理，截至当年12月底的不完全统计，全省共核定医疗机构5173个，其中非营利性医疗机构（政府举办）487个、其他非营利性医疗机构1233个（企业举办1021个、集体举办128个、事业单位举办66个、社会团体举办5个、其他13个），营利性医疗机构3453个（企业举办156个、集体举办347个、社会团体举办153个、私营2763个、股份合作16个、晋台合资1个、其他17个）。

这一时期是城镇医疗卫生体制改革不断深化的关键阶段，各项改革措施推动了卫生事业的发展，促进了医疗卫生服务水平的提高和服务质量的改善。

2.乡镇卫生院的改革实践

1985年，国务院批转卫生部《关于卫生工作改革若干政策问题的报告》，该报告指出："必须进行改革，要放宽政策、简政放权、多方集资、开阔发展卫生事业的路子。"乡镇卫生院和村卫生室等农村基层医疗机构的改革深受当时国有企业放权改革的影响，认为卫生院等医疗机构发展受阻，主要是由于在经营管理权上缺乏自主性，在分配方式上吃"大锅饭"、实行平均主义等造成的，因此改革要调动医务人员积极性，改革过去的管理体制，按照类似于国有企业放权的改革模式进行，要扩大医疗机构的经营管理自主权，实行多种形式的联劳计酬岗位责任制，具体改革形式多样，如实行定额补助、独立核算、自负盈亏，在管理上实行院长负责制、科室承包、职工聘请制等，在分配方式上实行按劳分配、考核任务承包，等等。随着放权让利改革面不断扩大、深度不断推进，

"放"的幅度越来越大，开始只下放经营权，国有产权不变，后来开始有卫生院变更产权，甚至出现将卫生院拍卖给私人的现象。

到20世纪90年代中期，乡村卫生服务一体化管理理念在我国农村卫生管理体制中盛行。2000年2月，卫生部与世界卫生组织开展乡村卫生服务一体化管理有关研究，这项研究被列为"提高中国农村基层卫生组织服务能力试点研究"项目之一；2001年出台的《关于农村卫生改革与发展的指导意见》中再次提出通过强化乡级对村级的监管和指导，全面提高乡村卫生组织综合服务能力。乡村卫生组织一体化管理模式的推行取得了一定的成效，但由于在理论上对一些基本问题的界定不清，在政策上执行力度不够强，在管理上对一些关键环节操作不规范，乡村医生的利益受到一定损伤。例如药品销售收入的大部分作为发展基金被卫生院提留，而没有下发给村级卫生组织，乡村医生只得到小部分提成；很多村卫生室的设置被取消，搞几个村联合办医，造成村民看病不方便；私人诊所、个体行医再度在农村地区大量出现；等等。

乡镇卫生院是农村的社区基本医疗服务中心，在财政资助和合作医疗的补偿下，为农村居民提供支付得起的基本医疗服务，追求的是社会效益。但随着财政资助减弱、集体经济投入缺失，合作医疗瘫痪，乡镇卫生院为农民提供基本医疗服务的补偿又没有替代途径，乡镇卫生院只能主要靠提供市场医疗服务，并以卖药补医来维持，这样导致了农村医药费用上涨过快。截至2001年年底，山西省共有乡镇卫生院361个，当年院均收入26.2万元，其中业务收入占66.4%、上级拨款占19.3%、乡镇拨款占10.8%、专项经费占1.1%。可见，上级财政拨款在卫生院总收入中占的比例非常低，不足总收入的20%，乡镇卫生院主要靠自己开展业务来赚钱。

当时绝大多数的卫生院都采取了承包，租赁或股份合作等企业改革的经营模式，变成单纯的提供医疗服务的竞争性机构，走上了依靠市场大力发展医疗服务的道路，与同样失去任何财政补偿渠道、基本为私人举办的村级卫生所成了站在同一起跑线上的竞争者，自然也就既无权力也无必要去履行对村级卫生室的管理职能，这直接导致村级医疗卫生机构个体行医盛行、管理混乱、医疗事故频发、防保工作很难落实。

3.合作医疗制度的衰落与重建

党的十一届三中全会以后，随着农村经济体制的变革、家庭联产承包责任制的推进，集体经济组织力量日渐薄弱，村集体根本无力支持合作医疗，合作医疗失去赖以存在的经济基础，再加上政府也没有及时给予引导和支持等诸多因素，合作医疗迅速走向衰落、解体。据统计，到1985年，全国实行合作医疗的行政村猛降至5%左右，1989年降至4.8%，全国仅存的合作医疗主要分布在上海和苏南地区。山西省的情况也一样，农村合作医疗在全省迅速萎缩，大部分地方是名存实亡，只有个别地区在艰难中挣扎，如米山乡曾是全国的模范典型，合作医疗搞得轰轰烈烈，此时也只有孝义、郭村、下冯庄等少数几个村坚持着。

到20世纪80年代中期，全省的医疗卫生工作步入低谷，缺医少药状况重新出现，广大农村群众又发出了"请医难、看病难、住院难"的呼声。面对这种情况，各级政府和卫生部门面临的一项紧迫任务是如何探索一条与农村市场经济相适应，适合农民医疗需求的，发展农村卫生事业的新路子。1988年卫生部国家政策与管理研究专家委员会的年度报告会上曾提出了城乡健康保障制度等构思。山西省各地区也在不停地探索新路子、新法子，试图改变农民缺医少药、看不起病的问题。1988年6月，山西省高平县米山镇第一次提出股份医疗保健保偿和联合保健这种新型的健康保健制度。该制度既吸收了20世纪50年代初期互济保健、联合保健、集体性质的合理部分，又继承了60年代到70年代末合作医疗的衣钵，是改革开放时期公有制为主体、多种经济成分并存条件下产生的一种多元医疗保健新体制，是发展合作医疗保健的新创举。但这一创举也仅仅维持了两三年，由于理论和实际间存在矛盾，政策的制定脱离了实际，所以在运作中矛盾显现，无法维持下去，股份医疗保健保偿和联合保健这种新型的健康保健制度也就无疾而终了。

之后，国务院在1991年1月批转了卫生部、农业部、国家计委、国家教委、人事部等《关于改革和加强农村医疗卫生工作》的请示，再次提出稳步推行合作医疗保健制度，为实现"人人享有卫生保健"提供社会保障。

1993年，中共中央在《关于建立社会主义市场经济体制若干问题的决定》中提出，要发展和完善农村合作医疗制度。

1994年，国务院研究室、卫生部、农业部与世界卫生组织合作，在全国7个省14个县（市）开展中国农村合作医疗制度改革试点及跟踪研究工作。经过几年的试点、恢复与重建，到1997年农村合作医疗有了一定程度的恢复，覆盖率占全国行政村的17%，农村居民参加合作医疗的比率仅为9.6%。

1997年，中共中央、国务院在《关于卫生改革与发展的决定》中，更加完整地提出要积极稳妥发展和完善合作医疗制度，但除部分试点地区和城市郊区，农村合作医疗并没有像预期的那样恢复和重建。

1998年，卫生部进行的第二次国家卫生服务调查显示，全国农村居民中得到某种程度医疗保障的人口只有12.6%，其中合作医疗的比重仅为6.5%。

这期间，山西省农村合作医疗的发展与全国处境一样，除了像晋城东四义等集体经济搞得好的少数村庄外，大部分地区农村合作医疗处于瘫痪和徒有虚名的状态。农民缺医少药、因病致贫的现象普遍存在。即使中央一再下达文件要求恢复和重建农村合作医疗，但仍无济于事。

（二）医疗卫生事业的持续改革（2002~2011）

2002年以后，国家深化医药卫生体制改革全面展开。2006年3月16日，我国发布的"十一五"规划纲要中第一次把卫生单独列为一章，而且放到促进社会主义和谐社会建设的重要位置。党的十七大提出了"人人享有基本医疗卫生服务"的卫生发展目标，为卫生事业发展指明了方向。山西卫生事业发展与时俱进，不断满足居民不同层次的医疗保健服务需要，覆盖城乡的医疗卫生服务体系逐步完善，国家基本药物制度顺利实施，疾病防治能力不断增强，基本医疗保障制度稳固发展，城乡居民健康水平明显提高，卫生事业得到了快速发展。

1. 新医改稳步推进

2009年4月6日，《中共中央国务院关于深化医药卫生体制改革的意见》的公布拉开了新一轮医改的帷幕，山西也由此开始了医疗卫生体制的持续深化改革。

（1）公立医院改革。山西的公立医院改革最早在晋城的高平市和朔州平鲁区试点，重点在补偿机制和运行机制的改革等方面进行积极探索。高平市设立医疗卫生事业发展基金，每年拿出1000万元用于公立医院医疗设备配置、人员培训等，投资近亿元建设市医院综合住院楼，将市医院、市中医院在编人员基本工资全部列入财政预算，实现全市公立医疗卫生机构基本药物零差率销售全覆盖。平鲁区投资1.4亿元新建区人民医院，在岗人员的工资由财政全额保障。由省人民医院对区医院实施托管，在短时间内提升了整体医疗水平。结合医改工作要求，山西还修订了二级和三级综合医院评审标准，进一步完善了医院评审评价制度体系，推动评审评价工作科学、规范开展。截至2010年年底，全省112所县级综合医院中，有95所通过评审达到二级乙等以上水平，占总数的84.82%。2011年，公立医院改革范围扩大到34所县级公立医院，所有试点医院全部达到二级甲等水平。

（2）落实基本药物制度。2009年8月18日，《国家基本药物目录（基层医疗卫生机构配备使用部分）》（2009版）正式公布，卫生部要求从9月21日起施行。建立国家基本药物制度是医改的重点，也是难点。三年内全面实行国家基本药物制度将对现行体制和利益格局产生深刻的调整。山西省贯彻相关政策，实行药品集中招标采购、统一配送和零差率销售，截至2009年年底，共有37个县市、523个基层医疗卫生机构建立起新的制度，完成国家2009年年底2010年年初在基层医疗卫生机构建立新的基本药物制度的要求。2011年，山西要求在全省所有政府办基层医疗卫生机构和村卫生室实施国家基本药物制度，并明确从当年4月1日起所有政府办基层医疗卫生机构购进的基本药物必须附有电子监管码。要求各市卫生局要加强对基层用药的监督和指导，政府办基层医疗卫生机构全部配备使用307种国家基本药物和山西增补的209种药品，村卫生室在307种国家基本药物范围内选择使用。组织开展对实施国家基本药物制度的基层医疗卫生机构医务人员和村医的全员培训。鼓励有条件的地方将非政府办基层医疗卫生机构纳入实施国家基本药物制度范畴。与此同时，做好县域医药卫生一体化综合改革试点县的县级医疗卫生机构实施国家基本药物制度的准备工作。

（3）县域医药卫生一体化综合改革。2010年山西全省县域居民有2600万人，农村居民看病就医，特别是基本医疗服务和公共卫生服务，主要由县域医疗卫生服务体系承担。加强县域医药卫生体系建设，提高服务能力，使农村居民"小病不出村，中病不出乡，大病不出县"，是深化医药卫生体制改革的重心，也是发展县域经济的重要保障。2010年年底，山西省委、省政府提出县域医药卫生一体化综合改革思路。2011年5月，县域卫生资源一体化配置、县乡村三级医卫机构改革一体化实施、药品供应一体化保障、城乡医疗保障一体化建设、基本公共卫生服务一体化实施、县乡村医疗卫生信息平台一体化建设等"六个一体化"框架形成。全省在11个市确定了28个县域综合医改试点县（市、区）。2011年6月，改革工作全面推开。试点县（市、区）通过统筹规划城乡资源，完善医疗卫生服务体系。首先明确各级医疗卫生机构的功能定位，县级公立医院要成为县域内的医疗卫生中心。加强县级医院对乡镇卫生院的支持，推动县乡医疗卫生机构人才、技术、管理纵向流动的制度化。其次探索乡镇卫生院对村卫生室实行行政、人员、业务、药品、财产"五统一"管理，与146所乡镇卫生院建立了对口支援关系，在人员、设备、业务和考核上形成统一管理机制。并在县域内所有政府办医疗卫生机构和村卫生室全部实施国家基本药物制度，构建起基层药品供应保障体系，实现县域内医疗卫生机构同药同质同价。与此同时，试点县着力提升基本医疗保障水平，提高政府财政补助标准，逐步缩小新农合与城镇居民医保、城镇职工医保之间的差距。并通过改革使本辖区公共卫生服务水平高于全省或全国平均水平，农村孕产妇住院分娩率、健康档案建立率、慢性病人管理率、疫苗接种率、健康知识普及率等指标明显高于周边县（区）。逐步建立县乡村统一管理、互通互联的医卫管理信息网络平台，为实现县乡村一体化管理提供技术支撑。2011年试点医院住院患者次均费用为3442.7元，低于全国二级医院平均水平。试点县县外就诊人数有不同程度下降，部分县的新农合病人县外转诊率最低下降到6.9%。截至2011年年底，试点县医院全部达到二级甲等水平，总数较年初翻了一番。在改革中，试点县财政投入超过10亿元用于改善县医院的基础设施和设备条件，医务人员的工资补助由过去不补和少补普遍提高到60%以上，23个县医院实行了基本药物零差率销售，财政补偿比例15%到40%不等。

2.城乡社区（村）卫生服务逐步发展

2002年，根据《山西省卫生资源配置标准》，山西统筹规划机构、人员、床位、大型医疗设备和卫生经费，吕梁、忻州、运城、临汾、晋中、太原、阳泉、晋城等8市（地）先后出台了区域卫生规划，并在试点县组织实施。制定贯彻了《山西省发展城市社区卫生服务的实施意见》等配套文件，社区卫生服务在探索中发展、实践中完善。截至2002年年底，全省建立了14个社区卫生服务中心和226个社区卫生服务站。太原市、长治市初步建立了社区卫生服务网络。小病在社区、大病到医院的医疗卫生服务格局正在形成。2007年，全省城市社区卫生服务机构门急诊诊疗人次、计划免疫等公共卫生服务的数量较上年增加了一倍以上。社区卫生服务"六位一体"功能初步显现。到2010年，全省社区卫生服务机构发展到768个，覆盖城市人口近807万。部分城市公立医院开展了对口支援社区卫生服务试点。社区卫生服务人员达到9312人。太原市迎泽区成为全国社区卫生服务示范区。

村级卫生室全覆盖。山西2009年开始了村级卫生室全覆盖工程的建设，截至当年年底，全省采取新建、改建、联村并建等多种形式，完成6971个村卫生室覆盖任务，提前一年实现村卫生室全覆盖，并争取1.4亿元专项经费，为全省每个村卫生室配备了不低于5000元的常用设备。采取"从院校招录一批、从现有村医中选拔一批、从退休医师中聘用一批"等方式，为新建村卫生室选聘了7609名村医，其中大学生村医223名，保证了每个卫生室都有一名村医。在财政的大力支持下，将村医补助由每月60元提高到不低于400元，新聘大学生村医不低于800元。先后对2.2万名村医进行了基本医疗和公共卫生知识培训，有效提高了村医的业务水平和服务能力。2010年，在村卫生室全覆盖的基础上，省卫生厅印发《关于进一步加强村卫生室建设的通知》，提出依托乡镇卫生院，逐步对村卫生室的行政、业务、人员、药品、财产实行"五统一"的一体化管理和村卫生室"五化"建设，即建设标准化、资质合法化、管理一体化、考核制度化、服务规范化。截至2010年年底，全省60%的县开展了"五统一"的一体化管理，完成3865个符合业务用房标准的村卫生室建设任务，对22081名村医进行国家基本公共卫生服务培训，全省27155个村卫生室中，共有40926名村医取得合法资质，实现每村至少有1名具备合法资质村医的目标。进一步完善了农村三级医疗卫生服务网络，保证了村村都能开展正常的诊疗活动，真正使农民感受到了方便快捷的基本医疗服务。

3.公共卫生服务体系的加强

2002年以后，山西公共卫生体制改革取得突破性进展。公共卫生领域的服务范围在不断扩大，公共卫生机构得到了快速发展，公共卫生体系建设取得进一步完善和壮大。

机构创建方面，2001年6月在原山西省卫生防疫站、省职业病防治研究所、省结核病防治研究所的基础上，通过调整和优化组合，组建综合性疾病预防控制机构，同时挂山西省卫生监测检查中心、山西省性病艾滋病监测中心、山西省结核病防治所的牌子。2003年，取得抗击"非典"阶段性胜利后，为了加强疾病预防控制工作，先后又增设疾病预防控制处、公共卫生突发事件应急办公室、农村卫生处，基妇处改为妇社处。公共卫生基础设施建设方面，基本完成了全省110个疾病预防控制机构和120个医疗救治项目。完成血站、疾病预防控制和突发公共卫生事件医疗救治体系国债项目建设，总投资5.61亿元、建设面积32.5万平方米的农村卫生服务体系建设项目顺利完成。疾病预防控制体系建设方面，公共卫生体系医疗救治项目建设了11个市级紧急救援中心、1个市级传染病医院（病区）、98个农业县医院传染病区，总投资3.35亿元，增加床位2731张，总建筑面积13万平方米。2000年至2005年，"农民健康工程"

投入资金277万元，改造乡镇卫生院222个、县防疫站26个、县妇幼保健院64个。

2010年，全省城市社区居民健康档案规范建档率达55.1%，农村居民建档率达41.1%，超额完成目标任务。各县（区）为乡镇卫生院、村卫生室统一制定健康教育宣传栏2.7万个，发放健康教育宣传资料1809万份，举办健康知识讲座4.1万次。国家免疫规划疫苗报告接种率以乡为单位达99.69%；15岁以下儿童乙型肝炎疫苗补种80.4万人，完成任务的113.68%；为170万适龄儿童强化麻疹疫苗，报告接种率达98.61%。儿童保健管理74.71万人，孕产妇管理23.45万人。登记管理老年人187.72万人、高血压患者115.08万例、糖尿病患者29.33万例、重性精神疾病患者2.9万例。2011年，山西省进一步加快基本公共卫生服务发展，拓展和深化服务内容，扩大服务人群，提高服务质量，人均基本公共卫生服务经费标准提高到25元，基本公共卫生服务项目增加到10类（增加了卫生监督协管项目）。

（三）城乡一体化的医疗卫生事业格局初步形成

党的十七届三中全会提出了要推进城乡一体化发展，城乡医疗卫生一体化发展是其重要内容。山西通过新医改政策，初步建立了城乡一体化的医卫事业发展格局，缩小了城乡之间卫生服务供给和基本医疗保障的差距。

1.覆盖城乡的基本医疗保险制度的建立

山西从1999年开始正式建立医疗保险制度。当年，山西着手建立城镇职工基本医疗保险制度，随后城镇居民基本医疗保险制度、新型农村合作医疗保险制度相继建立，过去难以享受医疗保障和报销待遇的城镇无业人员、农村居民得到了基本的医疗救助保障，实现了病有所医。覆盖全社会的新的医疗保险制度的全面实行，标志着山西省步入了"全民医保"时代，促进了全省卫生健康事业的发展和社会公平的实现。

1999年8月，山西省人民政府下发《贯彻〈国务院关于建立城镇职工基本医疗保险制度的决定〉的实施意见》，确定山西省内的城镇所有用人单位，包括各类所有制企业、机关、事业单位、民办非企业及其职工，以及城镇个体经济组织业主及其从业人员（不含在城镇从业的农民），都要参加基本医疗保险。鼓励有条件的乡镇企业及其职工积极参加基本医疗保险。2000年，省政府进行机构改革，省劳动保障厅成立了医疗保险处和省医疗保险管理服务中心，具体管理和经办山西省的医疗保险业务工作。从2001年开始，全省各市县医疗保险行政和经办机构也相继成立，使山西医疗保险工作步入正轨。随之，医疗保险参保工作进展迅速，到2001年年底，全省城镇参加医疗保险人员达157.3万，2002年增加到216.7万。进入21世纪后，非公有制经济、多种所有制经济、多种就业方式迅速发展，灵活就业人员已成为一个庞大的就业群体。将就业于非正规部门的灵活人员纳入医疗保险的参保范围，成为社会医疗保险发展必须解决的问题。为此，根据劳动保障部《关于城镇灵活就业人员参加基本医疗保险的指导意见》精神，结合山西省实际，2003年8月山西制定了《关于城镇灵活就业人员参加基本医疗保险的指导意见》，将这一群体纳入了基本医疗保险的保障范畴。此后，山西又陆续制定了国有困难企业职工和退休人员、混合所有制企业和非公有制经济组织从业人员、农民工等群体参保的办法和措施。在坚持基本制度的基础上，形成了适应不同群体的多样化的参保方式，基本上解决了各类人员在参保上的瓶颈问题。

2002年10月，《中共中央、国务院关于进一步加强农村卫生工作的决定》明确指出要"逐步建立以大病统筹为主的新型农村合作医疗制度"，"从2003年起，中央财政对中西部地区除市区以外的参加新型合作医疗的农民每年按人均10元安排合作医疗补助资金，地方财政对参加新型合作医疗的农民补助每年不低于人均10元"，这是我国政府历史上第一次为解决农民的基本医疗卫生问题进行大规模的投入。山西省卫生厅根据《决定》精神，制定了《山西省新型农村合作医疗的实施方案》，并于2003年起开始宣传、筹备，自2004年1月1日起全省15个试点县（市）正式启动。由于宣传到位，资金运作良好，整体运行较平稳，工作取得了初步成效。2005年，太原市又扩大了9区1县的试点，全省共计25个试点县（市、区）的319.21万农民参加合作医疗，参合率达到85.76%，占全省总人口的13.78%。2006年，山西省将清徐等31个县（市、区）纳入国家试点。据统计，从2003年到2011年，各级政府财政投入从每人每年20元增加到200元，不到10年的时间里，规模翻了10倍，年均增速超过100%。

2007年，山西出台《山西省人民政府关于开展城镇居民基本医疗保险试点的实施意见》，不属于城镇职工基本医疗保险制度覆盖范围的中小学阶段的学生（包括职业高中、中专、技校学生）、少年儿童和其他非从业城镇居民等，都可自愿参加城镇居民基本医疗保险。2007年第四季度开始在太原和阳泉两个城市启动城镇居民基本医疗保险试点。2008年又将大学生群体纳入城镇居民基本养老保险的覆盖范围，到2008年10月，试点扩大到7个城市。2009年，全省

11个市全面启动实施城镇居民基本医疗保险,提前一年完成了城镇居民基本医疗保险全覆盖任务。

至此,传统的劳保医疗、公费医疗制度实现了向城镇职工基本医疗保险、大额医疗费用补助、公务员医疗补贴及企业补充医疗保险并举的多层次、多形式医疗保障体系的转轨,并同城镇居民基本医疗保险制度、新型农村合作医疗制度一起将基本医疗保险覆盖到了城乡居民所有人群,为城乡基本医疗保险制度的一体化奠定了基础。山西省基本医疗保险参保人数逐年大幅提高,2005年324.9万人,2006年353.8万人,2007年460.63万人,2008年593.89万人,2009年879.3万人,2010年935万人(其中城镇职工500万人)。5年增加了610万人,年平均递增23.5%。

2.城乡医疗卫生服务资源差距的缩小

改革开放以前,城乡差别十分明显。进入21世纪,随着全国城镇化进程的加快,城乡一体化的医疗卫生事业发展也是大势所趋。新一轮医疗卫生事业改革以来,全省财政性医疗卫生支出稳步增长,2011年比2008年增长1.23倍;其占财政总支出的比例由2008年的5.44%提高到2011年的6.75%,比2008年增长了将近1/4。在医疗卫生人力资源、医疗卫生设施等方面,城乡差距不断缩小。县域医药卫生一体化综合改革更是为城乡一体化的卫生事业格局建设奠定了基础。

20世纪80年代末期,中国医疗卫生事业出现了较为严重的城乡失衡状态,城市医疗机构发展较快,医疗条件较优,而农村的卫生条件则相对较差,县级卫生防疫和妇幼保健机构以及乡镇卫生院面临很大的困境。为此,国家设立农村卫生和医疗保健专项投资,来支持农村乡镇卫生院、县级卫生防疫站和妇幼保健院设施的改造建设（简称"三项建设"）。到1998年年底，山西省安排完成投资4.2亿元，其中基建投资3.8亿元、设备购置0.4亿元；支持建设了全省医疗卫生机构2133所，其中乡镇卫生院1917所、防疫站108所、妇幼保健院108所。经过改造完成的卫生机构，装备水平有了一定的改善，技术水平和服务能力明显提高，业务收入都有不同程度的增加。但在一些贫困地区，乡、村两级卫生机构仍非常薄弱，难以向当地农民提供初级卫生保障。2001年至2004年，国家开始了"十五"卫生专项建设，包括贫困地区县医院、县妇幼保健院、县中医院和乡镇卫生院建设。其间全省安排卫生专项中央预算内资金4190万元、省配套资金1445万元，支持建设了15个县医院、10个县妇幼保健院、8个县中医院、120个乡镇卫生院，共计153个项目。从2004年开始到2008年，山西每年安排专项资金用于农村卫生服务体系建设，2004年总投资4056万元，用于全省11个市158个乡镇卫生院项目的业务用房建设；2005年投资7400万元用于全省11个市231个乡镇卫生院业务用房建设；2006年投资9970万元用于全省11个市221个乡镇卫生院和17个县级医疗卫生机构项目业务用房建设；2007年投资7355万元用于全省11个市85个乡镇卫生院和23个县级医疗卫生机构项目业务用房建设；2008年投资714535万元用于全省11个市84个乡镇卫生院、22个县医院、9个县中医院、22个县妇幼保健院和184个村卫生室的业务用房建设。

经过全省农村卫生"三项建设"、"十五"卫生专项建设、农村卫生服务体系建设等，农村地区的医疗卫生基础设施得到大幅度改善，城乡之间卫生服务能力差距缩小。具体如下：

医卫人力资源城乡比较。统计资料表明（见表4-2），山西城市每千人口卫生技术人员数由2008年的7.31提高到2011年的10.01，农村每千人口卫生技术人员数由2008年的2.91提高到2011年的3.71，表明这些年来城市和农村的卫生技术人力条件均取得较大改善。就其城乡差异来看，每千人口卫生技术人员数的城乡差异系数由2008年的0.398降低为2011年的0.371，2011年比2008年降低了6.78%，表明这些年卫生技术人员分布密度的城乡差距有扩大的趋势。

表4-2 2011年山西省医疗卫生人力资源城乡分布状况

指标/年份		2008年	2009年	2010年	2011年	末年比首年增长（%）
每千人口卫生技术人员数（人/千人口）	城市	7.31	8.39	10.1	10.01	36.94
	农村	2.91	3.4	3.83	3.71	27.49
	农村与城市差异系数（城市为1）	0.398	0.405	0.379	0.371	-6.78

资料来源：《中国卫生统计年鉴》（中国协和医科大学出版社，2009年、2010年、2011年、2012年）。

医卫设施条件城乡分布。统计资料显示（见表4-3），2008年至2011年，城市每千人口医疗卫生机构床位数增长40.71%，农村增长48.65%。表明当时城市和农村的医疗卫生设施条件均有较大程度改善，但农村改善的程度稍大于城市。每千人口医疗卫生机构床位数农村与城市差异系数由2008年的0.413提高到2011年的0.436，提高了5.57%。表明当时每千人口医疗卫生机构床位数农村与城市的差异程度有一定缩小，说明城乡医疗卫生设施条件的差距在逐步缩小。

表4-3　2011年山西省病床位城乡分布状况

指标/年份		2008年	2009年	2010年	2011年	末年比首年增长（％）
每千人口医疗卫生机构床位数（张/千人口）	全省	3.71	4.17	4.12	4.49	21.02
	城市	5.38	5.68	6.62	7.57	40.71
	农村	2.22	2.53	3.15	3.3	48.65
	农村与城市差异系数（城市为1）	0.413	0.445	0.476	0.436	5.57

资料来源：《中国卫生统计年鉴》（中国协和医科大学出版社，2009年、2010年、2011年、2012年）。

综合起来看，由于近年来农村医疗卫生设施条件改善的力度大于城市，城乡医疗卫生设施条件的差距在逐步缩小。

三、党的十八大以来卫生事业的快速发展（2012～　）

党的十八大以来，在党中央、国务院的坚强领导下，山西坚持以群众需求为导向，围绕保障人民群众身体健康，全面深化医药卫生体制改革，进一步健全医疗服务体系，医疗服务能力大幅提升，全民医保体系基本建立，公立医院改革步伐明显加快，基本药物制度和基层运行新机制得到进一步巩固完善，社会办医和健康服务业大力推进，医疗卫生事业获得长足发展。

（一）全面深化医药卫生体制改革

山西省坚持统筹安排、突出重点、循序渐进的原则，在体制机制改革上下功夫，推动医药卫生体制改革由单点突破转向系统集成,重点难点问题逐步破解,医改工作取得重大突破。

1.加快推进公立医院综合改革,积极探索建立现代医院管理制度

公立医院综合改革是医疗体制改革的重点,也是难点,对于提升医疗机构服务能力、统筹卫生发展、提高卫生服务体系整体效率具有重要意义。2012年,山西省33个县被国务院医改办、卫生部确定为国家级县级公立医院综合改革试点县,占当时全国311个试点县的1/10,平鲁区作为省级试点探索推进综合改革。2013年,综合改革进入全面拓展阶段,山西省确定了49个新增试点,全省综合改革试点县(市、区)总数达到83个,占全省119个县(市、区)的70%,太原、阳泉、运城3个市实现了试点县(市、区)全覆盖。[1]2015年,全省实现了县级公立医院综合改革全覆盖。城市公立医院综合改革从2014年至2016年分3批在太原、运城、长治、晋中、阳泉进行试点,2017年7月1日实现全省11个市改革全覆盖,比国家要求提前3个月。全省所有公立医院全部取消药品加成,财政补偿机制、医疗服务价格、医院管理体制等相关改革同步推进,公立医院在医院发展、学科建设、职称评聘、技术准入、人才招聘等方面有了更多自主权。

试点之初,山西采取了6项措施促进公立医院改革。一是下放医疗服务价格调整权,取消药品加成政策。核心内容是对取消药品加成后医院减少的合理收入,通过财政补偿60%,价格调整补偿40%。全部试点县均已出台医药价格改革方案,取消了药品加成,

---

[1] 卫小春:《山西医改:探索县级公立医院综合改革之路》,《前进》2014年第3期。

实行零差率销售。二是规范财政补偿渠道，落实政府办医责任。明确了基本原则和补偿政策。经常性收支补助，实行县级财政现行补助政策保留不变，不得抵顶改革中需要增加的补助，补助额不达在职职工基本工资70%的提高到70%；对参加事业单位医疗保险制度的县级医院应按单位缴费部分的70%核定补助；县级医院符合国家规定的离退休人员费用，由县级财政根据国家有关规定补助，事业单位养老保险制度改革后，按相关规定执行。三是推进人事分配制度改革，调动医务人员积极性。规定县级公立医疗机构基本编制按照县（市）户籍人口的千分比核定；要求县级公立医疗卫生机构中卫技专业技术人员比例不低于总编制的85%，医护比要逐步提高到1∶2。在县级公立医院全面实行人员聘用制度和岗位管理制度，由县级以上人社、财政部门核定县级公立医院绩效工资总量。四是合理配置县域医疗资源，提高整体服务效率。各试点县均出台了县域医疗机构设置规划，突破行政隶属，优化布局结构，科学确定县域内医疗机构的数量、规模、分布和功能定位。在管理模式上，采取县管乡、乡管村的方式，县医院和乡镇卫生院之间形成人员相互流动、设备统一调配、业务统一管理、绩效统一考核的管理机制；乡镇卫生院对村卫生室实行行政、人员、业务、药品、财产"五统一"管理。五是强化县级医院能力建设，提升医疗服务能力。全省启动了县级公立医院综合改革管理对口帮扶工作，分两批次安排35所三级医院对口帮扶83个试点，突出管理帮扶和团队支援，采取托管、组建医疗联合体、区域协同、派驻管理团队等多种方式，将先进管理经验移植到试点医院。六是结合年度目标责任考核，强化改革执行力度。从2011年起，山西省连续3年把县级公立医院综合改革列入省委、省政府年度目标责任考核指标体系。2013年，以县级医院综合改革为重点推进公立医院改革被列为山西省转型综改专项改革任务，纳入省政府重点督导工作内容，形成了强有力的综合改革激励推进机制。

公立医院改革全面实施以后，山西紧紧围绕破除以药补医，综合推进取消药品加成与"两票制"、价格调整、医保衔接、医疗控费、财政补偿"六同步"改革，实现了新旧机制的平稳转换。进一步强化了各级政府对公立医院发展建设方面的财政保障，政府卫生支出占卫生总费用比重始终保持在30%以上。积极推进现代医院管理制度建设，启动阳泉市省级薪酬制度改革试点，加强公立医院绩效考核评价，综合改革取得"一优一升两降"的良好效果，即全省公立医院收入构成不断优化，医疗服务收入占比由改革前的22%上升到27%，药占比从改革前的40%以上降至30%以下，居民个人卫生支出占卫生总费用比重从改革前的36%降至31%，患者就医获得感明显增强，医务人员的劳动价值有效体现，初步建立了公立医院发展新机制。

2.持续推进医联体建设，推动优质医疗资源下沉

为了加强乡镇卫生院能力建设，山西于2015年开始了县乡医联体试点工作。山西省出台了《山西省县乡医联体试点工作指导意见》，探索建立"四统一、四不变、两促进"的新型县乡医疗机构管理运行机制，也就是在机构设置和行政建制不变、机构职能和任务不变、财政投入保障机制不变、公共卫生服务指导关系不变的前提下，探索实行人员、业务、医疗设备和绩效考核统一管理，各市、县可因地制宜确定县乡医联体的具体形式，对能力特别薄弱、

名存实亡的乡镇卫生院，可采取由县级医院业务托管、院办院管的方式，建立管理一体型的医联体；对能力较强的乡镇卫生院，可采取县级医院对口指导、团队帮扶、领办科室等方式，建立紧密协作型的医联体。目标是实现试点县域内无名存实亡的乡镇卫生院。当年全省39个县启动实施县乡医联体试点，60所县级医院与135所乡镇卫生院结成89个县乡医联体，医联体内的乡镇卫生院新增业务项目和特色专科55个，开展了分级诊疗和双向转诊工作。纳入县乡医联体的乡镇卫生院医疗卫生服务能力明显提升，门诊量和住院量逐年上升，基层首诊、分级诊疗、双向转诊、急慢分治的就医格局初步形成，县乡医疗卫生机构的资源得到有效整合利用，群众就医感受明显改善。

2016年，为进一步推进优质医疗资源下沉，开始在所有县全面开展县乡医联体建设，并在城市中也进行了医联体建设。55个城市医联体得到巩固壮大，建成县乡医联体631个、医院社区医联体255个，帮助基层新增或拓展医疗业务200余项。

2017年，组织211所县级医院、57所城市公立医院与762所乡镇卫生院、275所社区卫生服务机构，分别建立了631个县乡医联体和255个院社医联体。全年共派出二级以上医院医生5037人次驻点帮扶，帮助基层医疗卫生机构新增或拓展业务项目200余项。还投资470万元，重点选取26所乡镇卫生院和21个集中连片困难县，试点建成乡镇卫生院特色科室360个。此外，还新创建群众满意的乡镇卫生院125所、社区卫生服务提升工程示范单位27个，发挥中医药特色，建成省级中医药特色基层医疗卫生机构207个、基层中医馆330个、中医药适宜技术视频推广基地10个，创建规范化基层妇女儿童保健门诊138个。

2018年，在医联体基础上进行的县乡医疗卫生机构一体化改革成为全国典范。

3.深化县乡医疗卫生机构一体化改革，提升基层医疗服务能力

县乡医疗卫生机构一体化改革就是整合县域医疗卫生资源，组建医疗集团，实行人、财、物一体化管理，推动医疗资源合理配置和向基层有序流动，依托医疗集团专科医生与家庭医生组成签约服务团队，为群众提供更优质服务。具体做法是整合县域所有医疗卫生机构，组建成一个独立法人的医疗集团，发挥县级公立医院龙头作用，实行行政、人员、财务、业务、绩效、药械"六统一"管理。医疗集团一方面与三级综合、专科医院组建多种形式的医联体，另一方面通过乡镇卫生院对村卫生室实行行政、人员、业务、药品、财务、绩效为主要内容的一体化管理，形成县乡一体、以乡带村、分工协作、三级联动的县域医疗服务体系。这种以县乡一体化为核心的医共体建设模式是全国医联体建设的四种模式之一，也是山西医改进入全国第一方阵的重大举措。

县乡医疗卫生机构一体化改革创新了办医体制，成立县（市、区）医院管委会，由县长担任主任，医管委办公室设在县卫生计生局，将过去分散在各部门的政府办医、管医职责，集中到医管委履行。同时将医疗服务价格调价权下放到县级，实行价格动态调整，2018年又有39个县调整了医疗服务价格；将医保资金打包预付给医疗集团，按照总额管理、结余留用，合理超支分担原则，实行总额预算、按月预拨、年终结算管理，结余资金40%用于发展业务，60%提高医务人员待遇，激发控费内生动力。

县乡医疗卫生机构一体化改革2016年试点先行，2017年全省推开，2018年进入分类指导、示范引领、重点突破、全面深化新阶段，在不到三年时间内实现了点上突破、面上全覆盖，涌现出盐湖、万荣、阳曲、清徐、孝义、高平等一批典型地区，取得了基层服务量、基层服务能力、群众健康素养"三提升"和次均费用、自付费用、看病成本"三下降"的明显成效，走出了县域综合医改的山西路径，被评为2017年全国十大医改举措，多次在全国性工作会议上做经验推广。目前，117个县（市、区）的医疗集团全部挂牌运行。2017年基层医疗卫生机构门急诊人次同比增长6.25%，住院人次同比增长7.52%；县级医院门急诊人次同比增长15.09%，住院人次同比增长11.86%。基层服务能力提升，2018年上半年，县域就诊率达到90%以上，县级医院向基层下转病人同比增长176.04%；群众健康素养提升2.06个百分点。

（二）构建全民医保制度体系

为了理顺医保管理体制，国家在不断提高城乡居民医疗保障水平的基础上，于2016年启动了整合城乡居民基本医疗保险制度的改革。山西顺应这一发展趋势，逐步完成了新型农村合作医疗制度和城镇居民基本医疗保险制度的并轨整合。

1.城乡居民医疗保障水平不断提高

2012年山西新农合参合率提高到98.94%，人均筹资标准提高到290元（政府补助240元），住院最高支付限额提高到10万元以上，自付比例下降到47%。城镇居民医保补助标准提高到每人每年240元，扩大了个人账户支付范围，并且在接下来的几年里，城镇居民医保补助标准同新农合以同样的标准不断调整提高。

2013年山西共有2202万农民参加新农合，新农合参合率提高到99.33%，人均筹资标准提高到340元（政府补助280元），住院最高支付限额提高到15万元，均创历史新高。推进新农合支付方式改革工作，在实现乡、村两级门诊总额付费全覆盖及102个县（市、区）开展住院支付方式改革基础上，15个县（市、区）全面开展住院费用按病种、按床日、总额预算、按人次付费等支付方式改革，住院费用支付方式改革实现统筹地区全覆盖。

2014年，山西新农合参合率提高到99.40%，人均筹资标准340元（政府补助280元），新农合大病保险全面展开，支付方式改革覆盖所有统筹地区。参合农民的报销比例，政策范围内门诊达到了50%，住院达到75%。在基本医保的基础上又开始推进大病保险，对参加新农合的农民的22种大病进行保险，在报销基本医疗比例的基础上，进一步进行保障。这项工作在全国迅速推开，总共有97亿元报销数额，115万人次受益。实际报销比应该比基本的新农合补偿提高了12个百分点。

2015年山西省再次提高新农合保障标准和服务水平，参合率继续保持在95%以上，人均筹资标准提高到470元（政府补助380元），门诊慢性病保障由30种增加到35种，重大疾病保障由22种增加到24种。同时，鼓励有条件的地区推进市级统筹，全面开展省级定点医院住院即时结算，加大支付方式改革力度，严控医疗费用不合理增长。2015年城镇职工医保、城镇居民医保和新农合政策范围内住院费用的支付比例分别达80%、75%和78%。新农合补偿范围从住院扩大到普通门诊、大额门诊，政策范围内门诊报销比例达73%，实施城乡居民大病保险，对大病患者经基本医保支付后需个人负担的合规医疗费用报销比例不低于55%，最高赔付额可达40万元，覆盖11市2450.7万城乡居民，累计赔付1278万人次，赔付金额799亿元。

2017年，城乡居民医疗保险整合后，门诊统筹基金筹资标准由60元提高到100元，城乡居民基本医保财政补助标准由每人每年420元提高到450元。城乡居民住院医保目录内医疗费用支付比例普遍提高了10%，平均达75%。参保人员住院费用医保目录内个人自付超过1万元以上部分，由大病保险资金统一按75%的比例支付。执行上述两个"75%"的报销比例后，城乡居民住院医保目录内总费用平均报销比例达80%，比整合完善前提高了15%。

2018年，城乡居民基本医保人均政府补助标准达到490元，个人缴费180元。

2.加强医疗救助工作

山西分别于2004年和2005年启动城乡医疗救助工作，经过由点到面逐步推进，2007年年底，城乡医疗救助制度在全省普遍建立，救助工作全面展开。2012年，随着救助工作的逐步深入，困难群众看病难的问题得到有效缓解。

医疗救助建制初期，各级救助资金投入不大，为避免透支现象的发生，各地在制定政策时也都比较谨慎，设置了较高的起付线和较低的封顶线、较小的救助比例和病种范围等门槛，救助对象也主要限定在城乡低保、农村"五保"和在乡不享受公费医疗的重点优抚对象的范围之内。2012年以后，结合新型农村合作医疗制度在全省推行、城镇居民基本医疗保险试点扩面的实际，山西把做好城乡医疗救助工作同新型农村合作医疗制度、城镇居民基本医疗保险制度的衔接作为增强救助实效的重要环节，通过资助农村低保、"五保"和在乡不享受公费医疗的重要优抚对象参加新型农村合作医疗、全部或部分资助城市困难群众参加城镇居民基本医疗保险的办法，让城乡困难群众与普通居民站在了同一起跑线上，享受到医疗保险待遇；通过对新型农村合作医疗和城镇居民基本医疗保险报销后负担医药费用过高的困难群众给予二次救助等方法，提高医疗救助的综合救助能力和困难群众的实际受益水平，进一步降低城乡困难群众个人医药费用负担。

为了让有限的救助资金发挥最大的社会效益，各地结合实际情况，不断完善救助办法，逐步把因病致贫、返贫的困难群众也纳入救助范围，通过降低或取消救助起付线、扩大病种范围或取消病种限制，提高救助比例和封顶线，进一步提高了困难群众的受益水平。城乡医疗救助模式也由原来的事后报销调整为医前、医中、医后救助结合。

2014年，全省所有县（市、区）全部实行医疗救助一站式即时结算，救助对象政策范围内住院自付医疗费用救助比例达到60%，重特大疾病医疗救助病种增加到20种，全省共有2233.11万名城乡困难群众得到不同形式的医疗救助。

2015年，全省有180万人次的城乡困难群众得到医疗救助。新农合将保障的重大疾病扩大到24类，由新农合基金补偿70%，纳入民政部门医疗教助的县，再由医疗教助资金补助20%，个人只需支付10%。2015年新农合重大疾救教治2.1万人次，补偿金额2.5亿元。形成基本医保、大病保险、疾病应急救助、医疗救助等相互衔接的机制。

3.整合城乡居民基本医疗保险制度

2016年,为了城镇居民基本医疗保险制度和新型农村合作医疗制度实现并轨提质,山西省将全省新型农村合作医疗机构成建制划转人力资源社会保障部门管理,将卫生计生部门有关新农合的机构编制、人员资产、信息系统、结存基金等整体划转至人力资源社会保障部门。通过"六统一"(统一覆盖范围、统一筹资政策、统一保障待遇、统一医保目录、统一定点管理、统一基金管理),将除职工医疗保险应参保人员以外的其他人群纳入城乡居民医保制度覆盖范围,促进应保尽保,避免重复参保。

2017年,山西城乡居民医疗保险制度并轨完成。整合完善后的城乡居民医保制度,住院医疗费用基本医保起付标准、支付比例实行全省统一标准。具体标准为,三级甲等医院(一类收费标准):省内的省、市级医院起付线为1000元,支付比例为60%;省外医院起付线1500元,支付比例55%。三级乙等及二级甲等医院(二类收费标准):县级医院起付线400元,支付比例75%;省、市级医院起付线500元,支付比例70%。二级乙等及以下医院(三类收费标准):起付线100元,支付比例85%。

城乡居民大病保险随城乡居民基本医保一并实施,同时提高了城乡居民大病保险筹资标准和待遇水平。其中,提高筹资标准是指将城乡居民大病保险筹资标准提高到每人每年50元,2018年提高到70元,有条件的市还可适当提高筹资标准;提高待遇水平是指取消原先的大病保险分段补偿办法,统一为一段,这样做简单易行,百姓看得懂、算得清,具体为参保人员住院费用医保目录内个人自付超过1万元以上部分,由大病保险资金统一按75%的比例支付,在一个年度内参保患者大病保险资金按规定支付的最高限额为40万元。

深化支付方式改革。在县域配合一体化改革实施医保总额打包付费，采取总额预算、按月预拨、年终结算方式，将核定的县、乡、村三级医保基金统一打包拨付给医疗集团，目前有105个地区签订了总额预算打包付费协议，医保部门已拨付给县级医疗集团25.19亿元。在城市公立医院全面推行按病种付费改革，并逐步扩大病种数量。建立异地就医即时结算机制，让群众就医报销少跑腿、更方便。

（三）城乡居民健康服务水平不断提升

山西以基层为重点，大力发展家庭医生签约服务，初步建立了分级诊疗体系，通过发展医疗集团、远程医疗协作网等医联体以及加强卫生信息化平台建设的形式，使老百姓在家门口就能享受到较高水平的医疗服务。

1.预约诊疗服务平台（"健康山西"）的建设

"健康山西"原名"山西挂号"，是由省卫计委主导建设的全省统一的预约诊疗服务平台，于2016年年初上线，通过平台网站、手机客户端及微信公众号等多种渠道，可为患者提供在线预约挂号、缴费、处方记录以及检验报告在线查看等多项服务。2017年，作为重要的民生项目，预约诊疗平台建设取得较大突破，陆续推出了App、微信服务号、官网、热线电话等多种服务渠道。

"健康山西"（用户版）通过与各级医疗机构、各级区域卫生信息平台系统对接，为百姓构建省内寻医问诊一站式服务平台，主要功能为三大版块，一是全省统一预约挂号，二是诊疗全程关怀提醒，三是个人健康档案管理。可以为患者提供智慧城市、预约挂号、移动支付、家庭医生、检验报告、健康档案、名医名科、住院服务、咨询医生等服务。到2018年，已有51家三级医院、110家二级医院、3000多家社区医疗卫生机构接入平台，可以与2万余名医生预约咨询。2018年，原山西省卫生计生委配合省人社厅开通了社保卡脱卡支付功能的试点工作，让预约诊疗服务平台在便民惠民上又上了新台阶。平台通过实行巡回医疗、购票挂号、远程医疗、"基层检验+医院临床"公共服务模式、手机App公共服务等，使基层群众就诊、转诊更加便利。

2.推进家庭医生签约服务

为了将"为1200万城乡居民提供家庭医生签约服务"这一惠及全省广大群众的民生工程做好做实，山西从抓好顶层设计、提升服务能力、解决群众需求方面入手，搭建签约服务政策平台，着力解决签约医生服务能力不足、群众获得感不强等问题。在政策层面，实行医保基金、基本公共卫生经费和签约居民分担的经费保障政策，引导建立签约与不签差异化的医保报销政策。在提升签约服务能力方面，不断加大家庭医生特别是全科医生队伍的培养和培训力度，已通过推进"5+3"全科专业住院医师规范化培训和"3+2"助理全科医生培养项目等措施，累计培养培训全科医生5287名，有效扩充了全科医生队伍。截止到2017年5月，全省城乡签约率达37.1%。以家庭医生签约服务撬动分级诊疗的成效逐步显现，群众就医观念发生了转变，基层首诊的就医格局逐步形成。

2018年，全省推行"1名村医+1名乡医+多名上级医院医生"的"1+1+X"家庭医生团队模式，全省共组建家庭医生团队16203个，6652名二级医院医生、429名三级医院医生参与签约服务。签约率普通人群49.17%、重点人群73.17%，并通过加大全科医生培养、"县招乡用"、开展"进万家、送服务、保健康"活动、完善绩效工资倾斜政策等举措，做实家庭医生签约服务。家庭医生签约服务实现119个县（市、区）全覆盖，惠及全省2110.2万城乡居民。

3.加强分级诊疗机制建设

分级诊疗重在机制建设。山西省从家庭签约服务引导、完善畅通双向转诊渠道、实行医保差别化支付等方面入手，综合施策，逐步构建基层首诊、双向转诊、上下联动、急慢分治的就医新格局。为进一步完善分级诊疗制度，2018年9月，山西省医院协会分级诊疗管理分会在太原成立，为各级医院领导者和分级诊疗方面工作的管理者搭建了交流平台，促使优质医疗资源下沉，并在基层首诊、双向转诊、急慢分治、上下联动等方面推动县市级医院的现代化管理。

为落实三级医院功能定位，出台了手术分级管理规范、三级医院危急重症和疑难复杂疾病目录，在三级医院设立专门机构人员，优化转诊服务流程。为推动双向转诊落地，提高对基层医院的报销比例，降低城市三级医院收治普通疾病的报销比例，用差异化报销政策助力分级诊疗。落实医保支付和医疗服务价格政策，完善利益分配机制，引导三级公立医院收治疑难复杂和危急重症患者，调动二级以上医院向下转诊常见病、多发病和疾病稳定期、恢复期患者的积极性和主动性。

（四）医疗卫生体系建设

医疗卫生体系建设。一是公共卫生服务体系，包括疾病预防控制、健康教育、妇幼保健、精神卫生、卫生应急、采供血、卫生监督和计划生育等专业公共卫生服务网络以及以基层医疗卫生服务网络为基础、承担公共卫生服务功能的医疗卫生服务体系。二是医疗服务体系，建立起以县级医院为龙头、乡镇卫生院和村卫生室为基础的农村三级医疗卫生服务网络。三是医疗保障体系，城镇职工基本医疗保险和城镇居民基本医疗保险覆盖城乡所有人群。四是药品供应保障体系，包括药品的生产、流通、价格管理、采购、配送、使用。

截至2017年年底，全省共有医疗卫生机构42490个，其中医院1388所、社区卫生服务中心937个、村卫生室28942个、专业公共卫生机构455个、疾病预防控制中心135个、妇幼保健院135个。

（1）医疗卫生资源规模。截至2017年年底，全省共有卫生人员231.90万人，其中卫生技术人员23.33万人、执业（助理）医师9.43万人、执业医师8.15万人、注册护士9.68万人、药师1.04万人、乡村医生和卫生院3.79万人；编制床位19.75万张，其中医院床位数15.42万张，每万人拥有医疗机构床位数53.36张；每万人拥有卫生技术人员63人。2017年，山西孕产妇死亡率、婴儿死亡率和5岁以下儿童死亡率分别下降至13.78/10万、6.53‰、68.14‰，均低于全国平均水平。

（2）医疗卫生服务利用。2017年全省医疗卫生机构诊疗1.35亿人次，其中门急诊总人次数为1.24亿，入院人数455.47万，出院人数453.00万，住院手术服务106.73万人次；全省医院病床使用率为77.6%。

（3）医疗卫生保障。2017年全省参加基本医疗保险人数为3215.4万，实现应保尽保，保障范围从常见病、多发病扩展到重特大疾病，城乡居民大病保险实现全覆盖，最高赔付额可达40万元，有效减轻了群众医药费用负担。

（4）药品供应保障。山西全面推行县乡村医疗卫生机构药品统一目录、统一议价、统一采购、统一配送、统一结算的"五统一"改革，实现了同县同药同质同价和保供应。核定481家公立医疗机构纳入全省药械采购平台，实现了药品阳光采购机构全覆盖和全流程监测。遴选确定首批省级短缺药品101个品种（其中因价格断货50个品种、因生产或原料断货36个品种），将其列入山西省直接挂网采购药品范围，由医疗机构采取随行就市的方式自主议价采购，较好地保障了临床用药需求。加入13省（区）抗癌药品省际采购联盟，共同开展对进口抗癌药品的联合议价采购工作。

四、发展与展望

70年以来，山西医疗健康事业取得了巨大的成就，医药卫生体制改革走向深入，医疗卫生体系和服务水平不断完善和提高，城乡居民基本医疗保障制度已经初步建立，医药生产及流通、监管体系逐步理顺，居民健康水平不断提高。然而当前"看病难、看病贵"现象依然比较突出，许多体制机制矛盾并未彻底解决，医疗卫生的保障水平依然偏低，医疗卫生事业发展不平衡不充分与人民健康需求之间的矛盾比较突出。医保、医疗、医药三者间的联动改革至今没有实质性进展，远未形成良性互动。这导致医疗卫生服务体系、医疗保障体系与公众日益增长的健康需求差距较大。尤以医保支付、医药流通体制、公立医院改革滞后为甚，基层服务薄弱、优质资源和患者涌向上级医疗机构、激励机制不当导致资源浪费和低效率等问题突出。为此需要不断改革创新、迎难而上，更加注重改革的整体性、系统性、协调性,更加注重医疗、医保、医药"三医"联动,以建机制为重点,加快五项基本医疗卫生制度建设。

1.全面建立分级诊疗制度

优化医疗资源结构和布局,明确各级各类医疗卫生机构的功能定位,继续深化各种医联体建设改革,持续推动县乡一体化综合改革,建立管理紧密型城市医疗集团、县域医疗共同体、区域专科联盟、远程医疗协作等多种形式的医疗联合体,构建优质高效的整合型医疗卫生服务体系,形成科学合理的就医秩序,为居民提供一体化、连续性的健康管理和基本医疗服务。

2.健全现代医院管理制度

巩固公立医院全面取消"以药补医"成果,明确政府办医职责,落实公立医院经营管理自主权。科学调整医疗服务价格,体现医务人员劳动价值。各级各类医院要制定章程,健全决策、管理等制度,提升医疗质量和医疗安全,开展便民惠民服务,持续改善医疗服务。最终建立权责清晰、管理科学、治理完善、运行高效、监督有力的现代医院管理制度。

3.健全全民医疗保障制度

加快整合基本医保制度作为健全全民医保制度的优先选项,同时将目前主要停留在县级的统筹层次提高至省级统筹,这是缩小不同群体之间医疗保障待遇差距的现实选择。加快职工基本医保、城乡居民基本医保制度的整合步伐,用统一的国民基本医疗保险制度覆盖全民。

4.健全药品供应保障制度

完善并落实药品生产、流通、使用各环节政策,鼓励新药研发,加快推进已上市仿制药质量和疗效一致性评价,采取定点生产、市场撮合等措施健全短缺药品供应保障机制。完善药品、耗材集中采购机制,推进国家药品价格谈判,继续推行药品采购"两票制",降低虚高价格。完善基本药物制度,加强药品特别是抗菌药物的使用管理,规范用药行为。

5.建立健全综合监管制度

构建集中、专业、高效的监管体系,实现全行业覆盖。强化事中事后监管,推进"双随机、一公开",提高依法执业水平,主动接受社会监督。健全行业法规标准体系,强化医务人员依法执业、患者依法就医、医患纠纷依法处理,坚决打击涉医违法犯罪活动,形成全社会尊医重卫的氛围。

党的十九大报告指出人民健康是民族昌盛和国家富强的重要标志。随着人民生活水平从小康向富裕过渡以及健康意识的增强,人们更加追求生活质量、更加关注健康安全。山西卫生事业的发展,将坚持以人民为中心的发展思想,以提高人民健康水平为核心,在公立医院改革、健全全民医疗保障制度、健全药品供应保障制度等方向上坚持改革创新,不断破除难题,最终实现由提供基本医疗服务向提升全民族健康素质转变。

专题五 老龄化社会与养老体系建设

我国自1999年进入老龄化社会，人口老龄化成为当前和未来一段时期我国社会的基本特征。加快养老体系建设是实现老年人幸福美好生活的迫切需要，也是促进经济社会全面充分发展的重要举措。本专题首先概述了中华人民共和国成立70年以来山西省人口老龄化的历史进程、现时特点和未来趋势；然后依据时间顺序梳理70年以来山西养老体系的发展脉络，重点聚焦养老保障体系和养老服务体系的建设过程；最后在总结和评价现有养老体系的基础上提出进一步完善山西省养老体系的政策建议。

一、山西省老龄化社会现状

人口老龄化指总人口中因年轻人口数量减少、老年人口数量增加而导致的老年人口比例相应增长的动态。整体而言，老龄化社会有两个含义：一是指老年人口相对增多，在总人口中所占比例不断上升的过程；二是指社会人口结构呈现老年状态，进入老龄化社会。国际上通常的认定标准是当一个国家或地区60岁以上老年人口达到或超过人口总数的10%，或65岁以上老年人口达到或超过人口总数的7%，即意味着这个国家或地区的人口处于老龄化社会。1999年，我国60周岁以上老年人口占到总人口的10%，标志着整体进入老龄化社会。

(一) 老龄人口数量及占比变化

中华人民共和国成立以来，随着经济社会的全面发展，山西人民的生活条件得到逐步改善，医疗卫生事业获得了前所未有的发展，人口死亡率大幅度下降，老龄人口数量随总人口数量的增长而不断增长。根据中华人民共和国成立以来6次人口普查以及2017年人口统计的数据，1953年至2017年，山西65岁以上老龄人口的数量由68万增加到368万，年均增长率为2.68%。相比总人口年均1.50%的增长率，老龄人口的增长速度明显更快。1953年时，山西省65岁及以上人口占全省总人口的比重仅为4.74%，2017年这一比例达到9.95%，70年间翻了一倍还多。

进入21世纪以来，我国的人口老龄化进程有进一步加快的趋势，17年间65岁及以上人口在总人口的占比从7%增长到11.4%。对比来看，全国65岁及以上人口在总人口的占比在2000年达到7%，山西省在2003年达到7.1%，山西省比全国晚3年进入老龄化社会，同时山西省的老龄化程度一直略低于全国平均水平。整体来看，山西省的老龄化程度略低于全国平均水平，但由于我国整体上已进入快速老龄化时代，因此山西未来的老龄化形势依然比较严峻。

(二) 老龄化人口结构变化

在人口统计中，少儿人口和老年人口通常均被看成是被抚养人口，这部分人与劳动年龄人口的比值在一定程度上反映了社会对少儿人口和老年人口的负担情况，因此总抚养比的变化是我们在分析人口老龄化过程中所应该重视的问题之一。通常我们可以通过人口抚养比的不同来判断人口年龄结构的类型。在国际上，一般将人口年龄结构类型分为三种，即年轻型、成年型和老年型，其通用标准及山西、全国的年龄结构类型变动过程如表5-1所示。

表5-1 历次人口普查中山西省人口抚养比变化情况

年龄结构类型		少儿抚养比(%)		老年抚养比(%)		老少比(%)		年龄中位数(岁)	
通用标准	年轻型	>40		<5		<15		<20	
	成年型	30—40		5—7		15—30		20—30	
	老年型	<30		>7		>30		>30	
		全国	山西	全国	山西	全国	山西	全国	山西
"一普"1953年		36.27	34.33	4.41	4.71	12.16	13.72	22.7	23.98
"二普"1963年		40.69	40.43	3.56	4.35	8.76	10.76	20.2	21.24
"三普"1982年		33.59	33.36	4.91	4.99	14.62	14.95	22.9	22.97
"四普"1990年		22.7	28.15	5.58	5.39	20.16	19.14	25.25	25.36
"五普"2000年		22.89	25.8	6.96	6.2	30.41	24.03	30.1	29.76
"六普"2010年		22.3	22.7	11.9	10.06	53.36	44.32	35.2	34.96
2017年		23.39	20.94	15.86	13.36	67.81	63.8	—	—

数据来源：历次人口普查数据和《山西统计年鉴》(2017)。

从已有数据可以看出，中华人民共和国成立以来山西省与全国保持了同样趋势的人口结构变化过程，老龄化程度不断加深是其核心特点。相比而言，山西比全国的老龄化水平要略晚一些，但老龄化趋势和速度变化是一致的。依时间顺序来看，1953年和1964年两次人口普查中山西的人口结构类型都是典型的年轻型，1982年则表现出了向成年型过渡的迹象，老年系数进一步增大，少儿系数和年龄中位数表现为成年型，到"四普"和"五普"时这种过渡性已经充分地表现，并接近老年型。到2010年第六次人口普查时，山西省的少儿抚养比为22.7、老年抚养比为10.06、老少比为44.32、年龄中位数为34.96岁，所有指标均显示出明显的老年型特征。至2017年，山西省各项人口年龄结构指标均向深度老年型演变，标志着山西人口年龄结构在加速老化。

老龄化社会的挑战首先来自对老人进行赡养与照料的压力剧增，这种压力以不同方式分散给个体、家庭以至全社会。对于政府而言，如何及时构建可行的养老保障体系和养老服务体系成为应对老龄化时代的首要问题。当然，老龄化社会的挑战并不止于养老领域，人口老龄化会深刻影响到就业、消费、科技创新等领域，暂不在此专题的讨论之列。

（三）未来老龄化形势

我国已全面进入老龄化社会，那么未来山西省的老龄化趋势如何？山西人口研究中心以2010年第六次人口普查以及2015年山西省1%人口抽样调查数据为基础，分低、中、高三个方案对未来人口走势做了预测。数据显示，未来40年间，随着0岁至14岁人口和15岁至64岁人口占比的不断下降，65岁及以上老龄人口的占比呈快速发展态势。2020年，老龄人口占比将达到11.51%，大约每9个人中有1个老人；2030年达到17.86%，大约每6个人中有1个老人；2050年达到28.81%，大约每3.5个人中有1个老人。同时，老年抚养比呈快速增长趋势，2020年，老年抚养比为15.73%，大约每9个劳动力养活1个老人；2030年达到26.47%，大约每4个劳动力养活1个老人；2050年达到48.74%，大约每2个劳动力养活1个老人。可见，未来山西省的老龄化步伐会不断加快，老年人口数量和老龄化的程度并驾齐驱，而且进展快、速度高、程度深。

二、计划体制下的养老安排（1950～1985）

中华人民共和国成立70年以来，养老体系经历了一个从无到有、从起步发展到逐渐完善的过程，期间取得了有目共睹的成绩。山西省养老体系的建设也基本保持了与全国步调的一致。依据时间顺序，本专题大致分为3个时期（1950～1985，1986～2008，2009～ ）依次进行梳理，每个时期的内容都以当时养老保障政策和养老服务体系的变化为主。

从第一阶段来看，我国的计划经济时期是一个特殊的时期。共和国从苦难中诞生，一穷二白、百废待兴。但是，尽管当时整体的经济水平处于非常低的阶段，但政府对于城乡养老却各有安排，在社会二元基础上分别形成了城乡不同的养老政策和养老格局：在城市实行国家主导并面向劳动者的社会养老保险制度，而城市中的非劳动者则主要依赖家庭养老以及针对鳏寡孤独的社会福利政策；在农村实行土地供给基础上的家庭养老和集体养老。

（一）城市养老制度安排

我国在城市中的社会保障制度在诞生之初是为了配合城市优先、重工业优先的发展战略，和户籍制度一起维持城乡分割，为工业发展积累资金。1951年2月，国务院颁布了《中华人民共和国劳动保险条例》，该《条例》规定：规模在100人以上的国营、公私合营、私营及合作社经营的工厂、矿场及其附属单位与各管理机关，铁路、航运、邮电的各企业单位及其附属单位，均应参加社会养老保险；企业按职工工资总额的3%缴纳劳动保险费，职工个人不缴费；企业所缴纳保险费的70%留在企业，用于企业直接支付养老金，30%转到全国总基金，用于全国范围内的跨企业、跨行业、跨地区调剂；职工退休后根据其工龄长短领取养老金，其数额为本人工资的50%～70%。对于暂不实行劳动保险条例的单位，《条例》也做出了指导：由各企业或其所属产业或行业的行政方面或资方与工会组织，根据劳动保险条例规定的原则及本企业、本产业或本行业的实际情况协商，订立集体合同来解决。这一《条例》在1953年和1956年分别作了修订，将参加社会养老保险的单位范围逐步扩展至工、矿、交通事业单位、国营建筑公司、商业、外贸、粮食、供销、合作、金融、民航、石油系统、水利、地质、水产、国营农牧场及林场等。据数据显示，1957年山西全省实行保险条例的职工达100万人，1965年达到126万人，1978年达268万人。

1955年，国家颁布《国家机关事业单位工作人员退休处理暂行规定》和《国家机关事业单位工作人员退职处理暂行规定》，对政府机关、事业单位工作人员的养老保障作了单独规定，其在制度框架上与企业基本相同，主要区别在于管理和资金安排方面。机关事业单位工作人员的养老金由国家财政负担，由政府人事部门直接管理。1964年《关于轻工业、手工业集体所有制企业职工、社员退休统筹暂行办法》规定了集体所有制企业职工的退休条件和待遇标准。10年"文化大革命"期间，初步建立的城镇养老保障制度也处于停滞、倒退阶段，但之后的1978年，国务院发布了《关于安置老弱病残干部的暂行规定》和《关于工人退休、退职的暂行办法》，标志着国家对养老保障制度的恢复与重建。这两个办法对已有的退休、退职办法作了修订，最重要的变化就是由两个不同的法规来分别规范企业和机关单位的退职、退休制度，两种制度在不同的平等轨道上同时运行。

对于非就业且无依无靠的孤老人员，也有专门的城市社会福利制度进行收养帮助。山西省就先后开设生产教养院、残老教养院、社会福利院等机构，专门收纳包括老年人在内的社会孤老残幼人员。1959年，山西省共有残老教育院12所，在院老人1143人。1960年，山西省根据国家精神，将残老教养院全部更名为"社会福利院"，对城市中无依无靠的老人进行集中赡养和照料，在城市养老中发挥了重要的作用。

这一时期我国城市的养老制度属于典型的国家保险型社会养老保障制度，劳动者不需要缴纳任何费用，均能享受退休金。退休金全部由国家和企业共同负担，本质上都来源于国家预算，由此形成了国家和单位一体化的统收统支社会养老保障模式。这一模式与计划经济体制下的劳动力用工机制相符合，短期内迅速覆盖到了全体城镇职工，是我国养老保障制度建设与发展的巨大成就。当然，这种制度具有明显的内在缺陷，全面性、充分性、科学性有待改进。

（二）农村养老制度安排

1950年《中华人民共和国土地改革法》颁布，在新解放区开始分批进行土地改革，改革的基本内容是没收地主阶级的土地，分配给无地少地的农民，把封建剥削的土地所有制改变为农民土地所有制。至1952年，我国土地改革基本完成，农民获得了作为生产资料的土地，进而也获得了生产、生活和养老的保障。因此，中华人民共和国成立以后的相当长时期内，我国广大农村地区主要依靠土地养老、家庭儿女养老这两种传统模式来实现养老功能。其间农村虽进行了人民公社等土地集体经营模式的探索，但土地的分散与集中主要在村集体内部展开，对农村的养老模式并未造成影响。1956年6月，根据《高级农业生产合作社示范章程》和《全国农业发展纲要》的有关规定，"农业生产合作社对于缺乏劳动力或者完全丧失劳动力、生活没有依靠的老、弱、孤、寡、残疾的社员，在生产和生活上要给以适当的安排和照顾，保证吃、穿和柴火的供应，保证年幼的受到教育和年老的死后安葬"，简称"五保"制度，明确了集体对无家庭支持人口的生存保障责任。1980年，山西省农村人民公社根据《农村人民公社工作条件（试行）》规定，采取多种形式安排其生活，在有条件的地方开办敬老院34所，没有条件的地方实行分散供养。1985年，山西省人民政府颁发《山西省农村五保户供养工作试行办法》，对"五保"对象的条件、确认办法、供养形式、经费负担、财产保护、建档存档等做了明确规定。当年年底，全省有402个乡（镇）办敬老院745所、床位5852张，供养"五保"对象3410人，其中老人3182人。

这一时期我国农村的养老制度是基于分田到户（村）的家庭养老和集体养老，虽然层次和水平比较低、但在那个贫穷的年代解决了农村老人的生存问题，亦是难能可贵的巨大历史进步。

三、社会化养老探索阶段（1986~2008）

第二阶段的养老探索起源于改革开放对于我国城乡经济形式的改变，由于市场经济的出现，计划经济时代的就业方式和收入分配方式受到巨大冲击，进而要求城乡养老制度做出相应的改变。

(一) 企业职工养老保险改革

改革开放后，随着经济体制改革的深入，我国经济市场化的程度不断提高，私营企业、三资企业、个体经营户越来越多，而且劳动力的流动性也越来越强，原有的企业职工养老保障制度不能适应改革的需要，弊端越来越突出。在此背景下，国家着力对城镇企业职工养老保障制度进行社会化改革，山西省的改革大致可以细分为三个阶段：

一是改革试点阶段（1986～1990）。1986年，国务院颁行《国营企业实行劳动合同制暂行规定》，该规定明确指出："国家对劳动合同制工人退休养老实行社会保险制度。退休养老基金的来源，由企业和劳动合同制工人缴纳。"同年，养老保险费用的全国统筹工作开始启动。山西省人民政府于同年制定了《山西省国营企业劳动合同制工人退休养老社会保险实施办法》，对招收的劳动合同制工人全面实行新的社会养老保险办法。1987年，山西省人民政府下发《关于国营企业固定职工退休费用实行社会统筹的通知》，规定自1987年1月起，本省国有企业职工退休费用实行社会统筹，范围为全省国营企业和中央驻晋企业中的固定工、1971年年底以前参加工作的计划内临时工、长年在工作和生产岗位上混岗使用的集体所有制职工。之后，全省各地加快了社会统筹工作步伐，经过不到两年时间，山西省国有企业职工退休费用实现了市、县级统筹。1988年年底，全省参加养老保险社会统筹的国营企业达到4914户，在职职工106.2万人，离退休人员19万人。

二是改革深化阶段（1991～1996）。1991年，国务院颁布《关于企业职工养老保险制度改革的决定》，提出要建立国家强制性基本养老保险、企业补充养老保险和个人储蓄性养老保险三者并存的多层次新型养老保险体系；规定养老保险费用由国家、单位和个人三方共同负担，国家让税、企业和个人按月缴纳。同年，山西省人民政府下发《关于全民所有制企业职工养老保险基金实行省级统筹的通知》，决定从1991年10月1日起，本省全民所有制企业职工养老保险在以市、县为单位统筹的基础上实行省级统筹。凡在本省所辖的全民所有制企业的固定职工、城镇劳动合同制职工、1971年年底前参加工作的计划内临时工和混岗使用的集体所有制职工，一律参加省级统筹。从1994年起，这一省级统筹范围又扩大到了全部职工。至1995年年底，全省参加养老保险社会统筹的职工达210万人，离退休人员46.69万人。

三是改革成果确立阶段（1997～2008）。1997年，国务院发布《关于建立统一的企业职工基本养老保障制度的决定》，目的在于建立全国统一的城镇企业职工养老保障制度。它明确提出社会统筹与个人账户相结合的模式是中国城镇企业职工基本养老保障的统一模式，同时统一和规范了企业养老保险的缴费比例、个人账户积累率、养老待遇的计发办法和领取条件等。1998年，国家及各地劳动和社会保障部门相继成立，企业职工社会保障管理更加制度化、规范化。同年，国务院又下发了《关于实行企业职工基本养老保险统筹和行业统筹企业移交地方管理有关问题的通知》，加大了养老保障基金的管理和调剂力度。1998年9月起，中央驻山西省的煤炭、铁路、电力、银行等八大行业76万名在职职工、24万名离退休人员全部纳入山西省地方社会统筹，实现了行业统筹移交地方管理的接轨。

在这一阶段,山西省一方面加紧中央驻晋企业、科研院所等机构的职工保险移交和统筹工作,另一方面把扩大职工养老保险覆盖范围作为抓好社会保险工作的重要内容,督促各类非国有企业纳入养老保险范畴。特别是2008年6月,山西省政府又出台了《关于推进非公有制经济单位和灵活就业人员参加社会保险工作的意见》,将推动非公有制经济单位和灵活就业人员参加社会保险列入经济和社会发展总体规划,列入政府年度工作目标考核内容。随后,省劳动保障厅制定了扩面工作专项机构,通过落实目标责任制、部门联动机制、评先评优否决指标、扩面工作奖励办法等措施,实行了扩面工作日汇报、周调度、月通报制度,大力推动企业养老保险范围从国有企业扩大到各类企业,从单位职工扩大到灵活就业人员,使越来越多的人员享受到基本养老保险。至2008年年底,山西省"十一五"规划确定的参保425万人的目标任务提前完成,确保了所有参保离退休人员能按时足额领到养老金。

(二)机关事业单位养老保险改革

与企业职工养老保险大刀阔斧的改革相比,机关事业单位在改革开放后一直沿用1978年104号文件规定的国家财政供养的退休养老制度。随着企业职工养老保险制度的不断改革和稳固,机关事业单位与企业之间的"双轨制"也愈加明显。20世纪90年代和2008年,国家分两轮在部分省份设立试点,并号召所有省份针对机关事业单位养老保险制度进行改革,但由于顶层设计的缺乏和现实困难的阻力,两次改革均以失败告终,并未从根本上撼动养老金的"双轨制"。

山西省机关事业单位养老保险制度的第一轮改革始于1994年。

当年6月1日，山西省人事厅、劳动厅、财政厅联合下发了《关于省直机关、事业单位养老保险业务工作有关问题的通知》；9月23日，山西省人民政府颁发了《关于印发省机关事业单位养老保险工作方案的通知》，确定了山西省对于机关事业单位养老保险制度改革的目标，即首先建立机关事业单位合同制工人和自收自支事业单位养老保险基金制度，乡镇聘用制干部或差额拨款单位可在试点的基础上逐步把养老保险基金建立起来。当时全省各地实行的都是社会统筹制度模式，未设立个人账户。2008年，作为全国5个试点之一，山西省开启了第二轮机关事业单位养老保险制度改革，此次改革的重点是在对基金收支和财政负担情况进行测算的基础上，对养老金的计发办法进行研究，对职业年金方案提出意见。

尽管与全国其他省份情形一致，山西省针对机关事业单位养老保险制度的前两轮改革成果并不乐观，全省仍实行县级统筹，各地发展不平衡、制度运行不规范，省、市两级也没有建立起调剂金制度，统筹互济支付能力弱，但作为试点省份，山西省依然取得了一些成效。数据显示，从1994年到2009年，全省机关事业单位参保范围逐年扩大，从原来的先建立机关事业单位合同制工人和自收自支事业单位养老保险基金制度，到引入社会统筹和个人账户相结合的制度模式，统筹范围扩大到财政补助的事业单位。太原、临汾、晋城等发展较快的地区，直接覆盖到事业单位全体职工和离退休人员。至2009年，在全省11个市的119个县中，已不同程度开展机关事业养老保险的有116个县，其中全员启动的包括临汾、忻州、吕梁及运城的部分县（市），参保人员达47.2万人；启动事业单位的主要是太原市，参保人员达11.5万人；仅开展了自收自支事业单位和机关的合同制工人和聘用制干部养老保险业务的包括晋城、长治、朔州和省直，参保人员达30.1万人。

（三）"老农保"

20世纪80年代，随着社会主义市场经济的建立和计划生育政策的实施，农村家庭以地养老、养儿防老模式受到挑战，农村剩余劳动力的不断流出也呼唤更为社会化的养老模式的出现。根据国家"七五"计划的要求，民政部开始要求各地探索建立农村社会保障体制。

山西省在全国最早启动农村社会养老保险的探索。1991年4月，在民政部的帮助指导下，山西省左云县出台了全国第一个县级农村养老保险暂行办法。1991年，山西省民政厅确定大同市南郊区、左云县、怀仁县、太原市南郊区、清徐县、朔城区、孝义市、新绛县、祁县等16个县（市、区）为全国农村社会保险工作的首批试点，当年参保人数为1.2万。次年，试点县增至50余个。1993年，省老龄委、省农办等六单位下发《关于积极发展农村社会养老保险事业的通知》。下半年开始，全省陆续建立起农保经办机构，在115个农业县（市、区）逐步推开农保工作，当年参保人数达到2.5万。1994年，山西省人民政府下发《关于加快建立和完善农村社会保险制度的通知》，大大推动了这一工作的进展。2002年，省劳动保障厅会同省计生委下发《关于开展农村计划生育户养老保险试点工作的通知》，对农户领取独生子女证和"夫妻双方均为农业人口，已有两个女孩，并接受绝育手术的"，均列入农村计划生育户养老保险的参保对象。至2002年年底，全省11个市、115个农业县（市、区）的1497个乡镇、10 896个村委和6582个乡村企业开展了农保业务，投保农民（含乡村企业职工）累计达到200万人，年内有6000余人开始按月领取养老金。

"老农保"的制度设计框架是以个人交纳为主、集体补助为辅、国家给予政策扶持为原则。在实际运作过程中，政府主要承担政策支持、组织指导和运行管理职责，而不参与出资给予财政补贴；大多数农村集体经济因能力有限而无力承担或者根本不愿意补助养老保险，因此，"老农保"实际上是农民自我保障、互助互济的自我储蓄模式，并不具有真正的社会保险的性质，在制度上先天不足，因此农户参保的积极性并不高。尤其是1997年之后，受中国人民银行多次降息的影响，农村养老保险的个人账户利率不断下调，致使养老保险基金的保值增值压力骤然增加，再加上其他复杂因素的综合影响，农村养老保险基金的支付风险明显上升，"老农保"试验被叫停，以失败结局退出历史舞台。

（四）养老福利社会化探索

从20世纪80年代起，随着民政部提出社会福利由救济型向福利型转变，由供养型向供养康复型转变，由封闭型向开放型转变，我国开始了社会福利社会化的探索，老年人社会福利也开始从原有的教养型救济向普惠型社会福利转变。1994年，国务院颁布《农村五保供养工作条件》；随后，《中华人民共和国老年人权益保障法》（1996年）、《农村敬老院管理暂行办法》（1997年）、《关于加快实现社会福利社会化的意见》（2000年）等相继出台，从法律法规层面明确了社会福利社会化的指导思想、目标和总体要求，为我国养老福利事业的发展提供了全面的理论规划和政策指导。因而从90年代开始，我国老年人社会福利的领域骤然扩大，资金来源、资金分配、目标人群、服务方式以及服务的提供者等都发生了深刻变化。

1985年，山西省政府颁布《山西省农村五保户供养工作试行办法》，对"五保"对象的条件、确认方法、供养形式、经费分担、私有财产保护、建立档案作了明确规定，以公社（乡）或村大队为单位兴办敬老院，实行集中供养，被认为是妥善安排"五保"户老人的一种好形式。凡有条件的地方，都按照集体事业集体办和以养为主、自愿入院的原则，积极兴办、加强管理，使山西省的敬老院有了较大的发展。1994年国务院颁布《农村五保工作条例》后，"五保"供养进入规范化、法制化管理的新阶段。1996年开始，全省敬老院建设发展指导思想进行调整，由过去推行的每乡每镇普及向普及提高转变，即在城镇郊区、旅游景点建设一批规模大、标准高的窗口式敬老院。这些敬老院可向社会开放，收养自费入院的非"五保"对象，实现供养与收养相结合，社会效益和经济效益都有所提高。1997年，山西省民政厅制定了《山西省文明敬老院标准》，次年又出台了《山西省等级福利院评定标准》《关于山西省民办福利事业单位审批管理办法》等，使该领域的相关法规、规范建设日趋完善。2002年，全省有农村敬老院984所、在院供养的"五保"老人5000多人，全省享受救济的"五保"老人2万余人。

2001年，省政府转发了由民政厅、发改委、财政厅、建设厅等16部门联合制定的《关于加快实现山西省社会福利社会化的实施意见》，全省各地市根据《意见》精神和要求，结合当地实际，制定出台了推进社会福利社会化的扶持政策，所有优惠政策都突出地为社会力量兴办老年人社会福利事业在立项规划、建设用地、资金投入、减免税费等方面给予优惠和扶持。2005年至2008年，响应民政部在全国开展养老服务社会化示范单位创建活动的号召，山西在全省范围内确定了1家国家示范单位、13家省级试点示范单位和56家市级示范单位。2006年3月1日，国务院实施了新修订的《农村五保供养工作条例》，将农村"五保"供养由以农村集体供养为主调整为以财政供养为主，把"五保"对象的生活纳入了公共财政保障范围，标志着与社会主义市场经济体制相适应的新型农村"五保"供养制度基本确立。民政部从2006年起实施农村"五保"供养服务设施建设霞光计划，计划在政府投入的基础上，利用发行福利彩票的公益金修建、改建一批敬老院等农村"五保"供养服务机构及散居"五保"对象的集中居住点，集中解决各地农村"五保"供养设施滞后的问题。2006至2010年，民政部及省民政厅利用福利彩票公益金为山西省农村敬老院建设投入了2599万元，其中省级投入1156万元，资助新建、改建、扩建乡镇敬老院94所。

这一时期我国的养老福利还有一项重要工程，就是社区老年福利服务星光计划（简称"星光计划"）。响应民政部号召，山西省从2001年6月至2004年6月，分三批组织实施了"星光计划"，共资助新建、改造老年福利服务设施910个，其中，社区居委会老年福利服务站（点）515个、街道办事处老年福利服务场所55个、乡镇敬老院162个、县级以上老年福利服务中心178个。至2005年年底，全省各类社会福利机构1063家，床位25715张，床位数比2000年增长了近50%。2007年，省发改委设立省煤炭可持续发展基金，用于拨付老年福利机构设施建设，投入资金2200万元。2009年，山西省又通过省级彩票公益金3800万元，重点对县级社会福利服务中心建设项目予以资助,完成38个县(区)级社会福利服务中心建设项目,增加床位近5000张。据统计,通过"星光计划"的实施和引导,全省街道和社区利用各种渠道建起各类老年福利服务设施和活动场所达2万多个。

总之,改革开放之后的前30年,在社会主义市场经济的推动之下,山西省在养老保障个人缴费和养老福利社会化方面做了大量的探索,由此开启了现代意义上的养老体系的建设篇章。在这一时期,山西省积极推行了城镇职工退休费用的社会统筹、试点机关事业单位养老保险改革,探索了农村养老保险制度建设,大力投资了养老福利社会化工程。虽然有些改革的成效并不尽如人意,但是各方面有益的探索与改革开创了有益的工作局面、建立了扎实的工作队伍、积累了丰富的工作经验,为养老体系建设的进一步完善奠定了坚实的工作基础。

四、多层次养老体系完善阶段(2009~)

进入21世纪,我国人口老龄化加速发展,老年人口基数大、增长快,并日益呈现高龄化、空巢化趋势,需要照料的失能、半失能老人数量剧增。中国进入老龄化社会的事实逐渐成为共识,各界对现实和未来的养老形势表达出密切关注。在这一阶段,随着我国整体经济社会开始进入新的转型期,经济转型压力与社会矛盾积累相互交织,在基础民生领域,如住房、教育、医疗、养老等领域,各类民生问题显得尤为突出。中央层面立意高远,着力加强顶层设计,下大力气布局包括养老在内的民生领域的重大制度改革。党的十七大首次明确将老有所养作为和谐社会建设的重要目标之一,为养老体系的发展提出了总体性的目标，由此推动了近10年来我国养老保障体系和养老服务体系的全面、快速、多层次建设与完善。

(一)"新农保"

2009年，国务院下发了《关于开展新型农村社会养老保险试点的指导意见》，决定从2009年起开始在全国范围内推进新型农村社会养老保险制度的试点工作。文件规定，将保基本、广覆盖、有弹性、可持续作为"新农保"试点工作的基本原则，建立个人缴费、集体补助、政府补贴相结合的筹资办法，实行社会统筹与个人账户相结合。其中，个人账户的养老金根据本人缴费多少和年限长短，有高有低、多缴多得、长缴多得，体现了权利与义务的对等。中央财政对中西部地区按中央确定的基础养老金标准进行全额补助，地方政府对参保人缴费补贴标准不低于每人每年30元，对农村缴费困难群体，地方政府为其代缴部分或全部最低标准的养老保障费。"新农保"与"老农保"相比，具有三方面的优点：一是强调了政府责任，真正做到了政府、集体和个人三方共同承担；二是提高了保障水平，在提高个人缴费水平、规定政府最低补贴水平的同时，政府还提供非缴费型、全覆盖的基础养老金；三是采用了"基础养老金+个人账户"的模式，既方便"老农保"个人账户的全额转入和衔接，也为与城镇养老保险相衔接提供了条件。因此，"新农保"一经推开，便得到了广大农民的踊跃支持。同时，"新农保"虽然都采用了自愿参与的办法，但但凡参与的农村居民就能够获得政府补贴，体现了社会共济的特点，具有了真正意义上社会保险的性质。

山西的"新农保"在全国起步最早。早在2008年11月，山西省政府转发省劳动保障厅《关于开展新型农村社会养老保险试点工作的指导意见》，使山西省成为全国最早开展"新农保"工作的省份。其主要制度是年满16周岁的农村居民，可以在其户籍地自愿参加"新农保"；"新农保"基金由个人缴费、集体补助和政府补贴组成，其中个人缴费和集体补助进入个人账户，政府补贴计入基础养老金；个人缴费标准为每年100元、200元、300元、400元、500元5个档次，各市、县可以根据实际情况增设缴费档次，但不超过1000元，参保人自主选择档次缴费，多缴多得；"新农保"制度实施后，已年满60周岁的农民不用缴费，可以直接领取每月不低于55元的基础养老金和个人账户养老金。"新农保"在山西试点后，取得了较好的参保经办业绩。在试点开展后的两年间，山西省先后发布了《新型农村社会养老保险经办规程》《新农保信息系统建设指导意见》《山西省农村社会保险审计稽核管理工作暂行办法》《山西省农村社会养老保险社会化发放实施办法》等配套政策，建立健全了业务、财务、统计、稽核、账目核查等各项规章制度，形成了一套较为完善的"新农保"工作机制，为"新农保"工作的大力推广和顺利实施提供了有力保障。短短两年后的2010年，在全省115个农业县中，42个县实行了"新农保"政策，全省参保人数491.89万，完成年度目标任务的123%；试点县平均参保率为85%；104万60周岁以上的农村老年人得到不低于每月55元的"新农保"养老金，达到农民年人均纯收入的15.6%；数百万参保农民每年至少得到30元的政府缴费补贴，增加了个人账户积累；太原、阳泉、朔州、晋城4个市在全省率先实现了"新农保"制度全覆盖。与其他省市相比，山西省的"新农保"工作明显走在了前列。至2012年年底，山西省已实现农村养老保险全覆盖。

(二) 城镇居民养老保险

2011年6月13日,国务院发布《关于开展城镇居民社会养老保险试点的指导意见》,宣布于当年7月1日起启动城镇居民养老保险试点工作。《指导意见》指出,城镇居民养老保险试点实施范围与新型农村社会养老保险试点基本一致,2012年基本实现城镇居民养老保险制度全覆盖。山西省作为首批试点,于2011年7月发布了《关于开展城镇居民社会养老保险试点的实施意见》,较早启动了城镇居民养老保险工作。《意见》规定年满16周岁(不含在校学生)、不符合职工基本养老保险参保条件的城镇非从业居民,可以在户籍地自愿参加城镇居民养老保险;个人缴费标准设为100元至1000元10个档次,自主选择,多缴多得;政府补贴分基础养老金补贴(出口补)和缴费补贴(入口补)两部分,对符合待遇领取条件的参保人全额支付城镇居民养老保险基础养老金,同时对参保人员缴费给予补贴;养老金待遇由基础养老金和个人账户养老金构成,支付终身;年满60周岁后不用缴费,领取每月不低于55元的基础养老金和个人账户养老金。"城居保"很快于2012年在山西实现了全覆盖。可以看出,"新农保"和"城居保"在设计之初就采用了相似的制度模式,二者在账户设立、基金筹集、补贴方式等方面具有共通性,从而为日后的统一合并做好了准备。

(三) 城乡居民养老保险并轨

2012年4月,国务院印发《关于建立统一的城乡居民基本养老保险制度的意见》,部署在全国范围内建立统一的城乡居民基本养老保险制度,合并实施"新农保"和"城居保",形成制度名称、政策标准、管理服务、信息系统"四个统一",要求在"十二五"末,在全国基本实现"新农保"和"城居保"制度合并实施,并与职工基本养老保险制度相衔接;争取在2020年前,全面建成公平、统一、规范的城乡居民养老保险制度。

在2012年实现"新农保""城居保"全覆盖之后,山西省人力资源和社会保障厅自2013年3月始,明确要求各地"新农保""城居"保经办规程要统一,具体包括参保登记、保险费收缴、基金划拨、个人账户管理、基金管理、保险关系转移接续、档案管理、宣传咨询、举报受理等环节。2014年,山西省出台《关于建立统一的城乡居民基本养老保险制度的实施意见》,正式实施城镇居民社会养老保险和新型农村社会养老保险并轨,在全省建立统一的城乡居民基本养老保险制度。《意见》明确了城乡养老保险制度的转移衔接办法,规定凡年满16周岁(不含在校学生),非国家机关和事业单位工作人员及不属于职工基本养老保险制度覆盖范围的城乡居民,均可在户籍地参加;城乡居民养老保险基金由个人缴费、集体补助、政府补贴三部分构成,政府补贴部分还将分为基础养老金补贴(出口补)及缴费补贴(入口补);将过去"城居保""新农保"设置的100元至1000元10个缴费档次、100元至500元5个缴费档次,统一归并为100元至2000元12个档次,增设1500元、2000元两个档次,以满足不同收入人群的需要;凡年满60周岁、累计缴费满15年并在山西省参加城乡居民养老保险的个人,即可按月领取城乡居民养老保险。在基金管理方面,山西省将"新农保"基金和"城居保"基金合并为城乡居民养老保险基金,纳入社会保障基金财政专户,实行收支两条线管理,单独记账、独立核算。这一合并工作预计于2020年全部完成。数据显示，截至2018年10月底，全省城乡居民基本养老保险参保达1566.96万人，其中414.71万老年参保居民享受到了养老金，人均养老金水平由制度试点初期的30元提高到了目前的122元。

（四）机关事业单位养老保险新布局

2015年2月，国务院印发《关于机关事业单位工作人员养老保险制度改革的决定》，全新布局新时期机关事业单位养老保险制度，明确了此项改革的指导思想、目标任务、基本原则、政策措施和工作要求，此次改革的目标是在机关事业单位建立起社会统筹和个人账户相结合、以职业年金为补充的养老保险制度，并与企业实现并轨。

2015年10月，山西省政府发布《山西省机关事业单位工作人员养老保险制度改革实施办法》，启动本省机关事业养老保险制度改革。主要内容有基本养老保险费由单位和个人共同负担，单位缴纳基本养老保险费的比例为本单位工资总额的20%，本单位工资总额为参加机关事业单位养老保险工作人员的个人缴费工资基数之和，个人缴纳基本养老保险费的比例为本人缴费工资的8%，本人缴费部分全部进入个人账户，不得提前支取；实行"老人老办法，新人新制度，中人逐步过渡"的新的待遇计发机制；机关事业单位基本养老保险基金单独建账，与企业职工基本养老保险基金分别管理使用；现阶段先实行省、市、县级分别统筹，建立省级基金调剂制度，所需资金由省级财政预算安排；另外，机关事业单位在参加基本养老保险的基础上，还应当为其工作人员建立职业年金。单位按本单位工资总额的8%缴费，个人按本人缴费工资的4%缴费，工作人员退休后，按月领取职业年金。职业年金基金归集到省级，实行统一管理。

可以看出，改革后的机关事业单位工作人员退休养老保障将不再全部由单位负担，强调个人的缴费义务，多缴多得、长缴多得，且在基本养老保险基金筹集、基本养老金调整、统筹层次、基金管理和监督、养老保险关系转移接续、政策衔接、养老金发放的筹资机制、社会化管理服务、基本养老保险经办管理、信息系统建设等方面向着社会化方面改革。此次改革有望取得实质性成效，并在未来实现与企业职工养老保险相合并以及跨区域转移。

（五）养老服务体系的构建

"十二五"时期，随着第一个老年人口增长高峰的到来，我国人口老龄化进程将进一步加快，老龄化进程与家庭小型化、空巢化相伴随，与经济社会转型期的矛盾相交织，社会养老保障和养老服务的需求将急剧增加。2011年发布的《中国老龄事业发展"十二五"规划》提出"努力实现老有所养、老有所医、老有所教、老有所学、老有所为、老有所乐"的工作目标。同年发布的《社会养老服务体系建设规划（2011—2015年）》，首次提出居家为基础、社区为依托、机构为支撑的社会养老服务体系建设目标。2013年9月，国务院发布《关于加快发展养老服务业的若干意见》，随后民政部、发改委、原国家计生委、人力资源和社会保障部、原国土资源部、住房城乡建设部等相关部门陆续出台了几十个配套文件，明确了养老机构用地、标准化建设、专业人才培养等方面的相关政策，由此我国在新时期建设社会养老服务体系的工作全面展开。

2012年7月,山西省政府出台《加快推进全省社会养老服务体系建设的意见》,这是本省针对社会养老服务体系建设工作的第一个省级规范性文件,它对养老机构的土地征用、税费减免、补助补贴、登记管理、队伍建设等方面提出了明确的优惠政策。同年12月,又发布《关于做好民办养老服务机构开办补助和运营补贴工作的通知》,对民办服务机构予以开办补助和运营补贴,鼓励民间资本举办养老机构或服务设施,参与提供基本养老服务,落实民间资本参与养老服务优惠政策,加强对民间资本进入养老服务领域的指导规范。从2014年起,全省养老事业强化政策创新,依法依规推进养老服务业全面提速。2014年6月5日,山西省政府印发《关于加快发展养老服务业的意见》,共5章20条,就山西省养老服务业的发展目标、基本原则、体系机制、优惠政策、组织领导等方面提出了明确的规定和要求,为促进山西省养老服务业发展进行了全方位、系统性的安排部署。同月,省政府又出台了《山西省加快推进健康服务业发展实施方案》,督促各部门确定任务、落实清单,抓紧制定具体配套文件并认真组织实施,形成部门联动、协调一致的工作格局,合力发展养老服务业。为进一步优化养老服务业发展的政策环境、完善体制机制、创新发展模式,拓宽民间资本参与渠道,山西省响应国家《关于开展养老服务业综合改革试点工作的通知》,积极筛选并申报试点,扎实推进养老服务综合改革试点工作,涌现出一批在全省乃至全国做得好、叫得响的品牌试点。

2017年5月,山西省出台《山西省"十三五"养老服务业发展规划》,明确了加快市、县、乡三级基本养老保障体系建设,推动社区居家养老服务、社会力量发展养老服务业等12项主要任务和实施社区养老服务示范工程、"一片两区"健康产业规划工程、大同康养综合园区建设等十大工程,力推山西养老服务业发展。为进一步补足农村养老服务短板,破解农村养老难题,山西省民政厅、发改委等部门于2019年4月联合出台《推进农村养老服务行动计划(2019—2021)》,针对重点突出领域提出12项重点任务工程,提出到2021年年底,初步形成以农村老年人日间照料(活动)中心为主体、区域性养老中心和中心敬老院为引领,多种社会力量参与的农村养老服务体系的建设目标。

山西省城市居家养老服务的探索是从太原市开始的。太原市早在2010年就建立起了社区服务热线呼叫中心,为老年人提供物美价廉的家政服务、法律咨询、生活配送、健康保健服务。2016年12月,太原市民政局、太原市财政局出台《政府购买居家养老服务实施方案(试行)》,对6类困难老人提供每人每月100元的标准居家养老服务,所有持卡老年人可根据实际意愿和需求到相关服务企业自行选择助急、助医基础养老保障服务和助餐、助洁、助浴、助购(行)等基本生活保障服务。截至2017年,太原市共有1.6万名困难老年人获得政府购买居家养老服务的帮助。与此同时,山西省大力发展居家养老服务,打造"一刻钟养老服务圈"。预计到2020年,60%以上的社区将建立居家养老服务中心,建立起老年人及其家庭基本信息数据库、居家养老服务综合管理系统、呼叫系统和老年人家庭视频监控系统。

(1)在社区养老服务方面,2011年山西省确定了两个市的7个社区老年人日间照料中心项目作为全省试点。全省主要通过委托第三方(社会组织)实施,依托养老信息平台及借助社区志愿者等模式提供服务。截至2017年年底,全省已建成市级社区居家养老服务信息平台6个、社区居家照料中心(含老年餐桌)664个,涌现出太原市万柏林区漪汾苑社区等一批养老示范社区。面对日益突出的农村养老问题,山西省于2011年在全国率先提出试点建设农村日间照料中心。2013年在总结试点经验的基础上,山西省民政厅等相关部门下发了《关于进一步规范农村社区老年人日间照料中心建设的通知》,要求农村老年人日间照料中心一般要设置四室一厅,以解决农村70岁以上空巢和高龄老人基本生活为目的,以满足老年人的吃饭、日间照料为基本要求,坚持村级主办、自主参与、互帮互助、量力而行、政府扶持的原则,补助每个农村老年人日间照料中心维修资金10万元以及每年2万元的运营费用。截至2017年年底,全省已建成农村老年人日间照料中心5290个。

(2)在机构养老服务方面,2014年省民政厅联合省物价局下发《关于山西省养老服务机构用水用电用气用热价格的通知》,规定全省经县级以上民政部门许可的养老机构的用水、用电、用气、用热按居民生活类价格执行。同年10月又通过了《关于实施财政贴息扶持全省社会养老服务业发展的意见》,决定自2015年起,对民间资本通过银行贷款投资建设养老机构,由省市两级财政各贴息一半。2015年民政厅出台《山西省养老机构设立许可实施办法》,就养老机构的设立条件和程序、许可管理、监督检查及法律责任等做了明确说明,规范了养老机构的设立许可工作。同年10月,省政府印发了《关于支持社会力量发展养老服务业的若干措施》,从放宽准入、财政扶持、安排用地、盘活资源到税费优惠、医养融合、人才保障等方面,提出18条政策措施,规定将民办养老机构一次性建设补助由原来的1000元/床提高到5000元/床，明确对社会力量举办的养老机构，由各市国土部门优先给予用地保障，应保尽保。2017年5月，山西省人民政府出台《关于全面放开养老服务市场提升养老服务质量的若干意见》。省民政厅会同省发改委、省住建厅、省国土厅、省环保厅出台《关于进一步完善社会力量投资建设非营利性养老机构有关问题的通知》，进一步降低社会力量投资兴办养老机构的门槛，简化手续、规范程序、取消不合理的前置审批事项，给社会力量投资兴办养老机构做好指导和服务工作，解决养老领域"最后一公里"的难题，为投资人创造更为宽松的养老政策环境。截至2017年年底，全省有各类养老服务机构967所，其中，公办养老机构192所、民办养老机构276所、农村敬老院499所。

（3）在医养结合养老服务方面，2014年省民政厅与省卫计委联合制定了《关于推进医疗机构与养老服务整合发展的指导意见》，提出按照养为主、医为辅、保基本、广覆盖的思路，整合现有资源，建立住、养、医、护、康五位一体的养老服务模式，探索构建山西省医养融合的服务新模式，积极推动医疗和养老资源融合，建设目标为到2020年前实现医疗资源与养老资源的充分融合，原则上二级甲等以上设置老年病科，符合条件的养老机构设置医疗机构。《意见》同时为不同规模的养老机构设计了配套设置、独立设置、协议合作三种医养结合的具体模式，成为全国少数出台医养融合发展政策的省份之一。

（4）在老年福利方面，山西省自2009年起就将农村老年特困资金列入省财政经常性预算，同年省老龄委制订了《农村老年特困救助资金管理和使用办法》，为救助资金的使用和管理提供了法律支撑。2012年起，山西省农村特困老年救助金增加至100万元，按照普惠和重点救助相结合的原则，对全省119个县（市、区）进行普惠式救助，每个县（市、区）救助1000名农村老年人，每人救助500元。同时要求各地市根据当地情况筹措资金，建立贫困老年人救助机制。2015年11月，省政府办公厅印发《关于建立全省经济困难的高龄与失能老人补贴制度及提高百岁以上老年人补贴标准的通知》，给予全省经济困难的高龄与失能老人每人每月30元生活补贴和60元护理补贴，并将百岁以上老人补贴标准由现行的200元／月提高到300元／月，建立了山西省经济困难的高龄与失能老人补贴制度。2016年，为统筹农村"五保"供养和城市"三无"人员救助、健全特困人员救助供养制度，根据国务院精神，山西省印发《关于进一步健全完善特困人员求助供养制度的实施意见》。2017年，又印发《关于制定特困人员救助供养标准指导意见的通知》，建立起特困人员救助供养标准与最低生活保障标准、经济困难失能老年人护理补贴标准和最低工资标准的联运调整机制。

整体来看，这一阶段山西省养老体系走上了全面、快速建设轨道。一方面，"新农保""城居保"体系在短短几年间实现了从建立到全覆盖、再到科学并轨，机关事业单位养老保险改革也走上了与职工养老保险逐渐融合的道路，全省全民全覆盖的养老保险制度体系已初步形成；另一方面，居家为基础、社区为依托、机构为支撑、医养相结合的社会养老服务体系得以全面推进，老年人日益增长的、多元化的养老服务需求陆续得到满足，城乡老年人的生活质量和享有的社会福利大为改观。

五、发展与展望

中华人民共和国成立70年来，山西省养老体系经历了从无到有、从保生存到有尊严的养老、从点到线到面不断扩容的过程，取得了举世瞩目的成就。尤其是近10年以来，政府养老工作呈现精准布局、上下联动和快速发展的趋势，山西省社会养老体系的系统性、规范性、专业性进一步加深。

（一）主要成就

1.养老体系框架已基本形成

目前，山西省已基本建立起"三支柱"的养老保障体系和居家为基础、社区为依托、机构为支撑、医养相结合的养老服务体系，应对老龄社会的养老体系框架已基本形成。在这一框架下，未来养老体系建设将着力于不断扩容扩面、交汇融合，规范化和专业化不断加强，必将成为应对老龄化社会的坚实制度保障。

2.养老保障与服务基本覆盖所有老年人

随着"新农保""城居保"快速实现全覆盖以及政府对城乡日间照料中心与各类养老机构的大力支持和补贴，目前山西省各项养老保障与服务在制度与机构建设上已基本实现覆盖城乡、面向所有老年人。

3.老龄化形成共识，社会养老意识普遍增强

目前社会各主体对于少子老龄的人口现状及未来趋势提高了认识并基本达成共识，人们的养老意识普遍提高，参保意识和社会化养老意识不断增强。家庭养老虽仍然是基本的养老方式，但其趋势在不断弱化，多元化的养老模式开始被普遍认可和大力提倡。

(二)存在问题

1.养老保障体系存在结构性失衡问题

在"三支柱"养老保障体系中存在着"一长两短"的结构性失衡问题,严重影响了养老保障体系整体功能的发挥。作为"第一支柱"的社会养老保险一枝独秀,而企业年金和商业性养老保险目前来看发展严重滞后,发挥作用较小。

2.养老保险各自分立,且保障水平偏低

城乡居民养老保障虽然初步实现了并轨,但整体保障水平偏低;机关事业单位养老保险制度改革依然面临较大困难,与企业养老保险的合并尚需时日;养老保障在不同保险种类、不同地区之间的不可接续不利于劳动力的自由流动和人力资源的合理配置,存在固化既得利益的弊病。

3.养老账户做实压力大,存在不可持续风险

养老保障长期存在历史债务及个人账户空账运行问题,如何做实账户面临巨大压力。同时随着人口老龄化的不断发展,制度内赡养比呈不断攀升趋势,缴费的压力越来越大,使得养老基金缺口有日益增长的趋势,自给自足能力不足,存在着不可持续风险。

4.养老市场发育滞后,养老服务有效供给不足

养老服务体系中最突出的问题在于养老服务内容供需矛盾突出,可预期的数量庞大、类型多样的养老需求与现实的养老能力不足之间形成鲜明的反差。尤其是专业的护理机构数量不足以及专业护理人员的严重缺口成为养老服务业最大的短板,间接造成了养老资源不足和错位并存的现实困境。

(三) 政策建议

应对未来不断发展的人口老龄化,需要全面科学的养老体系建设。就山西省而言,应结合本省省情,循序渐进、量力而行,忌盲目贪大、忌盲目高标准,不断完善本省养老保障制度改革,提高养老服务水平。

1.稳步推进社会保险制度改革与并轨

继续深化城乡居民养老保险的并轨工作,引导激励符合条件的城乡居民早参保、多缴费,增加个人账户的资金积累;分层次、分类型推进机关事业单位养老保险改革,提高统筹层次,做实个人账户,建立权利与义务对等的养老金计发办法;探索保险制度的合并路径,为建立全民统一的社会保险制度奠定基础。

2.加快实现社会保险省级统筹步伐

稳步提高各项社会保险统筹层次,进一步完善企业职工和机关事业单位基本养老保险省级统筹,实现"新农保"和城镇居民养老保险基金省级管理。探索省级范围内统一编制和实施养老保险基金预算、统一养老保险业务管理规程、统一养老基金调剂使用、统收统支。

3.不断提高财政支出中社会保障的比重

建立财政支持社会保障建设的长效机制,确保公共财政用于社会保障尤其是养老保障的比重随财政实力的增长和经济发展水平而不断提高;同时加强社会保险基金管理,规范社会保险基金收支行为,明确政府责任,建立和巩固独立的社会保障预算制度。

4.纠偏养老服务供需错位的现象

加强政府投资养老项目的调研论证工作,提高养老政策的针对性和实效性，在城市与农村、民办与公办、社区与机构之间合理配置扶持资金与工作资源，纠正当前大城市优质养老机构"一床难求"与农村养老机构床位空置并存的现象。同时充分调动市场力量发展个性化、多样化、品质化的养老服务需求。

5.加强养老服务人员队伍的培养

整合学校优势资源，增设老年服务类专业，加快养老服务专业人才的培养；依托养老机构和养老社区，采取岗前培训与在岗培训相结合方式，加大对现有护理人员的培训力度；通过岗位补贴等方式提高养老护理员的待遇，缓解养老机构用人压力；加强宣传力度，提高护理员职业的社会认同感。

专题六　人口政策与人口结构的演变

中华人民共和国成立70年以来，经济社会发生重大变革，人口规模和结构也随之发生巨大变化。人口政策随着人口态势的发展变化不断调整和完善，人口再生产类型经历中华人民共和国成立初期的高出生、高死亡、高增长到高出生、低死亡、高增长，再到低出生、低死亡、低增长的历史性转变，人口增长速度逐渐变缓，人口素质大幅度提高。

一、从鼓励生育到节制生育的政策演变（1949～1978）

中华人民共和国成立后，百废待兴，国家面临的紧迫任务是恢复国民经济，发展社会生产。经过第一次人口普查，政府开始对控制人口的必要性有了初步认识，逐渐产生了节制生育的政策措施。总体来看，改革开放前的人口政策，从鼓励生育到节制生育，可分为四个阶段。

（一）鼓励生育阶段（1949～1953）

中华人民共和国成立时，不精确的人口统计数据为4亿至5亿，当时还没有明确的生育政策，人口发展处于自发和无计划状态，全国的人口出生率一直保持在很高的水平，政府对生育及人口增长采取了完全放任自流的态度。

中华人民共和国成立初期，从维护妇女健康的角度出发，卫生部发布了禁止人工流产的规定，生育主管部门做出规定，只有影响到孕妇身体健康的前提下，才允许打胎，这其实是采取了鼓励生育的政策。1950年4月20日卫生部和军委卫生部联合发布了《机关部队妇女干部打胎限制的办法》，规定"为保障母体安全和下一代生命，禁止非法打胎"[1]。不仅打胎的条件十分苛刻，而且申请打胎的手续也极为严格烦琐。规定打胎之前，必须本人丈夫同意并签字，然后，公立医院妇产科医生证明，向卫生部部长申请批准。凡未经批准而打胎的人，对其本人及执行者，分别给予处分。在1950年规定的基础上，1952年卫生部制定了一个面向全民的《限制节育及人工流产暂行办法》，严格实施绝育措施，并开始严格限制避孕用具的销售。对于避孕药具的出售，《办法》规定出售者必须向当地卫生主管机关呈报批准。未经批准的店铺、摊贩一律禁止出售避孕用具，而购买节育用具者须持有医师证明交由药房限量购买。1953年，卫生部又以"与国家政策不符"为由，通告海关禁止进口避孕用具和药具。这些规定实际上是禁止人们绝育、避孕和人工流产的，规定设计之初是着眼于妇女和儿童健康，从保护妇女和儿童的角度出发，并不是为了鼓励人口增长，但在事实上都起到了鼓励人口增长的作用，规定使广大有节育需求的人们失去了节育的可能性，客观上促进了人口增长。

---

[1] 孙沐寒：《中国计划生育史》，北方妇女儿童出版社，1990年，第66页。

1949年至1953年，由于在人口生育政策方面采取的放任自流的方式，我国人口数量激增，中国人口发生了历史性变化。此阶段人口变动的主要特点为高出生率、低死亡率、高自然增长率。从表6-1看，1949年至1953年，出生率全国一直保持在36‰~37‰的水平，山西省则从1949年的19.95‰增长到1953年的33.20‰，增长了13.25个千分点；死亡率全国从1949年的20‰下降到1953年的14‰，降低了6个千分点，山西省则从1949年的13.70‰下降到11.39‰，下降了2.31个千分点；自然增长率全国从1949年的16‰增长到1953年的23‰，提高了7个千分点，山西省则从1949年的6.25‰增加到21.81‰，提高了15.56个千分点，山西省此阶段自然增长率远高于全国平均水平；总和生育率全国从1949年至1953年一直保持在6左右，山西省则从1949年的5.72增长到1953年的6.24；总人口全国从1949年的54167万增长到1953年的58796万，增加了4629万，增长了8.55%，年均增长率为2.07%，山西省总人口从1949年的1280.86万增长到1953年的1426.78万，增加了145.92万，增长了11.39%，年均增长率为2.73%，山西省的人口增长速度高于全国同期水平。不论是全国还是山西省，由于人口政策的缺失，1949年后均形成了第一次人口增长高峰期。

表6-1 1949年至1953年全国和山西省人口自然变动表

(‰，万人)

	全国					山西省				
	1949年	1950年	1951年	1952年	1953年	1949年	1950年	1951年	1952年	1953年
出生率	36.00	37.00	37.00	37.00	37.00	19.95	26.76	30.35	32.87	33.20
死亡率	20.00	18.00	17.00	17.00	14.00	13.70	13.51	12.83	12.16	11.39
自然增长率	16.00	19.00	20.00	20.00	23.00	6.25	13.25	17.52	20.71	21.81
总和生育率	6.139	5.813	5.699	6.472	6.049	5.72	5.72	6.92	6.24	6.24
总人口	54167	55196	56300	57482	58796	1280.86	1311.57	1351.94	1395.2	1426.78

资料来源：姚新武、尹华编：《中国常用人口数据集》，中国人口出版社，1994年。山西省人口普查办公室编：《世纪之交的中国人口（山西卷）》，中国统计出版社，2005年。

（二）酝酿转变阶段（1953~1957）

鼓励生育的政策在1953年第一次人口普查后发生了转变。1953年年底，我国进行了第一次人口普查，总人口突破6亿，人口自然增长率高达23‰。普查数据表明中国人口已远远不是所估计的4.5亿，而是6.02亿（含台湾地区），仅仅中国大陆人口就已经达到了5.9亿。1955年3月1日，中共中央批准了卫生部关于节制生育问题向中央的报告，发出《关于控制人口问题的指示》，指出："节制生育是关系广大人民生活的一项重大政策性问题。在当前的历史条件下，为了国家、家庭和新生一代的利益，我们党是赞成适当地节制生育的。各地党委在干部和人民群众中（少数民族地区除外）适当地宣传党的这项政策，使人民群众对节育问题有一个正确的认识。"[1]这是1949年以来，我国节育政策上一个非常重要的转折点，也是我国人口政策首次浮出水面。1956年9月，周恩来在中国共产党第八次全国代表大会上所做的《关于发展国民经济第二个五年计划的建议》报告中提出："为了保护妇女和儿童，很好地教养后代，以利民族的健康和民族繁荣，我们赞成在生育方面加以适当节制，卫生部门应该协同有关方面对节育问题进行适当的宣传，并且采取有效的措施。"[2]这是第一次在党的代表大会上公开阐述节育问题。

毛泽东同志在1957年发表了一系列关于中国人口问题的讲话，提出中国政府提倡节育，人口要有计划的生产，并且应该设立专门的部门管理人口生育问题，同时做好宣传工作。"计划生育也来个10年规划，少数民族地区不要去推广，人少的地方也不要去推广。就是在人口多的地方，也要进行试点，逐步推广，逐步达到普遍计划生育。"[3]这是我国第一次使用"计划生育"这一用语。从节制生育到计划生育提法的转变，标志着我国对人口和生育问题的认识发生了一个飞跃。

山西省在这一时期主要是进行舆论宣传。根据中共中央和政务院1953年批准卫生部修订的《改进避孕及人工流产问题的通报》以及1955年中共中央发出的《关于控制人口的指示》的精神，山西

---

[1] 彭珮云：《中国计划生育全书》，中国人口出版社，1997年，第1页。
[2] 彭珮云：《中国计划生育全书》，中国人口出版社，1997年，第3页。
[3] 彭珮云：《中国计划生育全书》，中国人口出版社，1997年，第2页。

省从1956年起,开展了节制生育的宣传指导工作。这一时期的计划生育工作,主要侧重于节制生育的宣传和避孕节育技术的指导。当时山西节制生育的重点主要放在城市和人口出生率较高、人口密度大的地区。省卫生部门派出医务人员在县以上城市宣传避孕科学知识,推广使用避孕药具,同时医疗部门还进行技术指导,开设避孕门诊、供应避孕药具等。在政府的号召和有关部门的宣传下,部分城市群众开始实行节制生育,但是这一时期全省的节制生育整体上依然处于自发状态。

针对人口快速增长的势头和群众较为普遍的节育要求,我国政府适时地提出节制生育和计划生育,并在宣传教育、技术指导和药具生产供应等方面都做了大量工作。但由于只在部分大中城市有所开展,而且很快中断,人口增长的势头并没有得到有效控制,全国生育依然处于自发状态。山西省的情况和全国基本相似,由于中华人民共和国成立后国民经济的恢复发展,群众生活水平普遍提高,医疗卫生条件得到改善,山西省人口增长速度加快,人口出生率和自然增长率都逐年增高。随计划生育工作的开展,从1952年开始我国第一次生育高峰增速趋缓。1955年和1956年人口出生率和自然增长率均出现了大幅回落,其中出生率全国由1954年的37.97‰下降到1955年的32.60‰和1956年的31.90‰,两年下降了6.07个千分点;山西省的出生率则从1954年的36.91‰下降到1955年的34.23‰和1956年的29.94‰,两年下降了6.97个千分点。自然增长率全国由1954年的24.78‰下降到1955年的20.32‰和1956年的20.50‰,两年下降了4.28个千分点;山西省由1954年的22.17‰下降到1955年的21.30‰和1956年的18.34‰,两年下降了3.83个千分点。总和生育率全国由1954年的6.278下降到1955年的6.261和1956年的5.854，两年下降了0.424；山西省由1954年的6.47下降到1955年的6.15，1956年陡然升高到7.12，随后又下降，和全国情况有差别，具体原因还需要进一步探究。从表6-2看，1957年，全国和山西的人口出生率、自然增长率和总和生育率迅速反弹，与这一年反右斗争的扩大化紧密相关，使初见成效的计划生育工作停滞。

从总人口的变化情况看，其依然呈现出增长的态势，全国的总人口从1954年的60266万，增加到1957年的64653万，增加了4387万人，增长7.28%，平均每年增加1462.33万，年均增长率为2.37%；山西省的总人口从1954年的1464.53万人，增加到1957年的1586.74万，增加了122.21万，增长8.34%，平均每年增加40.74万人，年均增长率为2.71%，山西总人口的增长速度高于全国平均水平。

表6-2　1954年至1958年全国和山西省人口自然变动表

(‰，万人)

	全国				山西省			
	1954年	1955年	1956年	1957年	1954年	1955年	1956年	1957年
出生率	37.97	32.60	31.90	34.03	36.91	34.23	29.94	33.25
死亡率	13.18	12.28	11.40	10.80	14.74	12.93	11.60	12.68
自然增长率	24.78	20.32	20.50	23.23	22.17	21.30	18.34	20.57
总和生育率	6.278	6.261	5.854	6.405	6.47	6.15	7.12	5.66
总人口	60266	61465	62828	64653	1464.53	1508.70	1553.58	1586.74

资料来源：姚新武、尹华编：《中国常用人口数据集》，中国人口出版社，1994年。山西省人口普查办公室编：《世纪之交的中国人口（山西卷）》，中国统计出版社，2005年。

尽管全国和山西省的生育依然处于自发状态，然而计划生育毕竟迈出了可喜的第一步。这一时期，从整个社会大环境看，节育工作处于一个蓬勃发展的好时候，理论上开始形成对计划生育工作的初步认识；政策上，国家开始重视计划生育问题，虽然具体的生育政策还没有形成，还没有提出和解决人口政策中有关结婚以及生育的年龄、生育间隔和数量等关键性问题，但党和人民政府发布了一些文件、规定，学者和专家进行了热烈的讨论，从理论上做了一些宣传工作，为后来生育政策的提出和计划生育工作的展开，进行了思想上和舆论上的准备；技术上，卫生部门派出医务人员在县级以上的城市宣传避孕科学知识，进行节育技术指导；群众的生育观念上，主动要求绝育和避孕的人数不断增多。

(三) 曲折发展阶段（1958～1970）

1958年至1970年，我国政治环境发生的变化导致人口政策也发生了巨大变化。

1. 1959年至1961年人口工作指导思想出现反复

由于受到1957年反右斗争和1958年"大跃进"运动的影响，我国人口工作的指导思想出现了反复。在这一时期，政府并没有出台新的人口政策，而是在"赞成节育，尽可能宣传节育"的基础上，主张"人多了好"，这对前一时期提倡节育的人口政策是一个很大的冲击。1959年至1961年，我国正值三年困难时期，出生率和自然增长率急剧下降，死亡率上升。从表6-3看，全国的出生率1958年至1961年呈现整体下降的趋势，从29.22‰下降到18.20‰，3年下降了11.02个千分点，下降速度非常快；山西省的出生率从28.68‰下降到19.05‰，3年下降了9.63个千分点。与此同时，死亡率大幅度上升，全国死亡率从1958年的11.98‰提升到1961年的14.24‰，

3年提高了2.26个千分点；山西省的死亡率从1958年的11.73‰提高到1961年的12.20‰，3年增长了0.47个千分点。出生率的下降和死亡率的提高导致人口自然增长率大幅度下降，全国的人口自然增长率从1958年的17.24‰下降到1961年的3.78‰，3年下降了13.46个千分点，其中在1960年还出现了中华人民共和国成立以来的第一次人口负增长，也是截至目前唯一的一次人口负增长；山西省的人口自然增长率则从1958年的16.95‰下降到1961年的6.85‰，3年下降了10.1个千分点。全国的总和生育率连续下降，从1958年的6.679下降到1961年的3.287；山西省的总和生育率从1958年开始经过两年连续下降后，1961年又大幅度回升。

表6-3 1958年至1961年全国和山西省人自然变动表

(‰，万人)

	全国				山西省			
	1958年	1959年	1960年	1961年	1958年	1959年	1960年	1961年
出生率	29.22	24.78	20.86	18.20	28.68	27.54	27.33	19.05
死亡率	11.98	14.59	25.43	14.24	11.73	12.84	14.21	12.20
自然增长率	17.24	10.19	-4.57	3.78	16.95	14.7	13.12	6.85
总和生育率	6.679	4.303	4.015	3.287	5.33	4.77	4.04	6.67
总人口	65994	67227	66227	65859	1621.07	1666.57	1703.02	1710.04

资料来源：姚新武、尹华编：《中国常用人口数据集》，中国人口出版社，1994年。
山西省人口普查办公室编：《世纪之交的中国人口（山西卷）》，中国统计出版社，2005年。

从总人口的变化情况看，总人口增速明显放缓，全国的总人口从1958年的65994万，经过1959年的增加后，1960年和1961年都有所减少，年均增长率为-0.682%；山西省的总人口从1958年的1621.07万，增加到1961年的1710.04万，增加了88.97万，增长5.49%，年均增长率为1.80%，山西总人口的增长速度虽然高于全国平均水平，但总人口的增速明显放缓。1959年至1961年人口增长速度趋缓仅仅是表面现象，主要是由于此阶段社会经济严重受挫，导致此阶段全国范围内出现生育低潮。

2.1962年至1965年重新启动实施限制生育政策

1962年起，我国大量已婚育龄妇女开始进行补偿性生育，受此影响，我国人口发展迅速走出低谷，人口数量猛增，随后节育政策重新启动。1962年，中共中央、国务院发出《关于认真提倡计划生育的指示》，文件中明确指出："在城市和人口稠密的农村提倡节制生育，适当控制人口自然增长率，使生育问题由毫无计划的状态逐渐走向有计划的状态，这是我国社会主义建设中既定的政策。"[1]这个指示要求一是要在城市和人口稠密的农村地区认真加强对节制生育和计划生育工作的领导；二是要做好计划生育的宣传与技术指导；三是要做好避孕药品、用具的生产供应工作，扩大供应网点，便利群众购买，避孕药品、用具的价格一律不予提高；四是关于人工流产及绝育手术问题，卫生部门应制订具体办法并创造条件，帮助群众进行人工流产或实施绝育手术。有计划的控制人口增长首次被提到国家政策的高度，表达了党中央对计划生育工作的重视，是中国政府在实际上要重新开展计划生育工作的一个动员令，这份文件是计划生育工作的一个里程碑。

根据党中央、国务院的部署，各地也对生育子女数、生育间隔提出了具体要求。1959年至1961年三年经济困难时期，山西人口出

---

[1] 彭珮云：《中国计划生育全书》，中国人口出版社，1997年，第4页。

生率和自然增长率大幅度下降，1961年是中华人民共和国成立后山西省人口自然增长率最低的一年。从1962年开始，随着国民经济的逐渐好转，人口出现了补偿性生育。山西省人口出生率从1961年的19.05‰上升到1963年的38.06‰，相当于在1961年的基础上翻了一番，成为中华人民共和国成立后，山西省人口出生率、自然增长率最高的年份。由于人口的快速增长，山西省委1963年3月发出《认真提倡节制生育和计划生育》的文件，同时批转了山西省卫生厅党组《关于认真开展计划生育的报告》，《报告》指出："人口增长的速度如此之快，势必产生许多问题难以解决，甚至影响到社会主义建设的发展。因此，采取有效措施，节制生育，提倡计划生育，提倡晚婚，适当控制人口的自然增长率，已经成为我们当前的重要工作之一。"要求"各级党政机关重视和加强对节制生育和计划生育工作的领导，经常督促有关部门抓好这件工作"。[1]在山西省委的高度重视下，1963年山西省成立了计划生育委员会。省卫生厅在《关于进一步开展计划生育工作的意见》中提出一对夫妇所生育的子女控制在两三个以内。同年按照国家统一部署，山西省卫生厅制定了《山西省1963年妇幼卫生工作方案》，明确指出："在人口密度大的城镇和村庄，要认真地提倡节制生育，做好避孕知识宣传与技术指导工作。"[2]1963年11月，省卫生厅在《关于加强节育技术指导工作提高节育手术质量和附发卫生部草拟的节育手术常规（草稿）的通知》中指出公社以下医疗保健机构，暂不应开展节育手术。对个

---

[1] 山西省史志研究院编：《山西通志·人口志》，中华书局，1999年，第360页。

[2] 山西省史志研究院编：《山西通志·人口志》，中华书局，1999年，第360页。

体开业的医务人员各地必须加强管理，一律不准进行任何节育手术。每个担负节育手术的医务人员都应准确掌握节育手术的技术操作，保证受术者的安全。

1964年1月，中共山西省委、山西省人民委员会批转了太原市《关于积极开展计划生育工作的意见》，要求各级党委和政府均必须把计划生育工作列为重要的议事日程之一，加强领导，建立和健全组织机构，经常督促有关部门密切配合、分工协作，逐步地把计划生育工作普遍而深入地开展起来。1965年6月，山西省计划生育委员会制定了《关于提倡晚婚和计划生育的几个政策问题的意见》，提倡晚婚，结婚以25岁为宜，对于实行计划生育和多子女户的困难补助和婴儿福利待遇均做出了非常具体的规定。同年10月23日，山西省委又发出了《关于进一步加强计划生育工作的通知》。

这一时期，山西省计划生育工作的主要特点：一是全省成立了专门的计划生育领导机构，二是计划生育工作队伍初见雏形，三是较为普遍地开展了节育手术和避孕知识宣讲，四是第一次提出了提倡晚婚和计划生育几个政策问题的意见。据不完全统计，1963年全省有17892人实行了计划生育，约占应实行计划生育人数的7.4%。1963年下半年，人口出生率为15.75‰，比上半年下降了6.6‰，比1962年同期降低了4.08‰。[1]计划生育工作在这一时期初步开展起来，并且有了一定的发展。但是受到条件限制，全省的计划生育工作依然存在问题，如计划生育办公机构不够完善、编制短缺、县级以下机关无专职行政人员，由卫生部门监管；计划生育服务技术工

---

[1] 山西省史志研究院编：《山西通志·人口志》，中华书局，1999年，第360页。

作赶不上群众的需要,避孕指导也赶不上要求;经费短缺,农村广大群众实行节育手术出不起费用;计划生育药品供不应求;等等。

1962年至1965年,尽管中央政府已经明确表态支持节育,但由于1962年后的补偿性生育,我国形成了第二个人口增长高峰。从表6-4看,人口出生率1963年高达43.60‰,随后出生率有所下降,但也高于1962年,而死亡率在这一时期从1962年的10.08‰下降到1965年的9.55‰,人口自然增长率则从1962年的27.14‰增长到1965年的28.51‰,总和生育率1963年高达7.502。山西省人口出生率1962年为37.70‰,与全国平均水平基本持平,1963年增长到38.06‰,略有增幅,随后两年出生率下降,到了1965年为33.95‰,已经低于1962年的出生率,死亡率1962年为11.34‰,随后两年增长到13.98‰,1965年降低到10.38‰,在这一时期人口自然增长率呈现降低的态势,从1962年的26.36‰降低到1965年的23.57‰,3年下降了2.79个千分点,而同期全国的人口自然增长率是增长了1.37个千分点,山西省相比于全国,人口自然增长率不升反降。

表6-4 1962年至1966年全国和山西省人自然变动表

(‰,万人)

	全国				山西省			
	1962年	1963年	1964年	1965年	1962年	1963年	1964年	1965年
出生率	37.22	43.60	39.34	38.06	37.70	38.06	36.15	33.95
死亡率	10.08	10.10	11.56	9.55	11.34	11.44	13.98	10.38
自然增长率	27.14	33.50	27.78	28.51	26.36	26.62	22.17	23.57
总和生育率	6.023	7.502	6.176	6.076	6.67	7.05	5.73	6.15
总人口	67295	69172	70499	72538	1745.33	1790.11	1824.37	1871.56

资料来源:姚新武、尹华编:《中国常用人口数据集》,中国人口出版社,1994年。
山西省人口普查办公室编:《世纪之交的中国人口(山西卷)》,中国统计出版社,2005年。

1962年至1965年全国的总人口从67295万增长到72538万，3年增加了5243万，增长了7.79%，平均年增长率为2.53%；山西省的总人口从1962年的1745.33万增加到1965年的1871.56万，增加了126.33万人，增长了7.23%，平均年增长率为2.35%，山西总人口的年平均增长率低于全国同期，山西省在此阶段控制人口的效果还是非常明显的。

3.1966年至1970年计划生育工作基本停滞

正当计划生育工作蓬勃开展，已经在城市取得进展，并向广大农村推行时，1966年，"文化大革命"开始，刚刚取得进展的计划生育工作基本停滞，人口控制工作被迫停顿，我国的人口再次处于自由发展状态。1966年至1970年，每年的人口出生率均在33‰以上，5年间人口净增超过1亿。山西省的计划生育工作同样由于1966年开始的"文化大革命"而受到严重冲击，机构瘫痪，工作停顿，人口出生处于无政府状态。

1966年，"文化大革命"开始后，尽管我国并没有放弃控制人口的方针，节制生育的政策也没有改变，但社会经济环境发生重大变化，计划生育机构或被革命委员会取消，或名存实亡，计划生育工作实际上处于停滞阶段。此阶段我国人口持续高速增长，人口压力增加，20世纪60年代末期，我国总人口已突破8亿大关，比中华人民共和国成立初期增加了约3亿人，人口年均出生率在34‰以上，每年增加人口在2000万左右。从表6-5看，1966年至1970年，全国人口出生率保持在35‰左右，死亡率维持在8‰左右，自然增长率保持在25‰以上。山西省在此阶段的人口出生率在30‰左右，死亡率在8‰左右，而人口自然增长率则基本在20‰以上。

1966年至1970年，不论全国还是山西省人口变动的特点依然是高出生率、低死亡率和高自然增长率。全国的总人口数量突飞猛进，从1966年的74452万增加到1970年的82992万，4年增加了8540万人，增加了11.47%，平均每年增加2135万人，年平均增长率为2.75%。山西省的总人口从1966年的1911.05万人增加到1970年的2111.35万人，四年增加了200.3万人，增长10.48%，平均每年增加50万人，年平均增长率为2.52%。

表6-5 1966年至1970年全国和山西省人口自然变动表

(‰，万人)

	全国					山西省				
	1966年	1967年	1968年	1969年	1970年	1966年	1967年	1968年	1969年	1970年
出生率	35.21	34.12	35.75	34.25	33.59	30.02	28.71	31.52	30.57	31.10
死亡率	8.87	8.47	8.25	8.06	7.64	10.27	8.40	8.26	7.66	8.17
自然增长率	26.34	25.65	27.50	26.19	25.95	19.75	20.31	23.26	22.91	22.93
总和生育率	6.256	5.313	6.448	5.732	5.812	5.31	5.74	6.38	5.68	5.92
总人口	74452	76368	78543	80671	82992	1911.05	1946.95	1999.65	2049.09	2111.35

资料来源：姚新武、尹华编：《中国常用人口数据集》，中国人口出版社，1994年。
山西省人口普查办公室编：《世纪之交的中国人口（山西卷）》，中国统计出版社，2005年。

总体上看，20世纪60年代党中央和国务院的有关人口生育政策的指示和文件以及山西省的生育政策，已经将节制生育较为明确地提出，尽管还不够完善，但已经具有了计划生育政策的雏形，也为今后计划生育政策的不断完善奠定了基础。60年代的生育政策在一定程度、一段时期内控制了人口数量的增长，这一时期制定的以提倡节制生育、适当控制人口自然增长率为主要内容的人口政策在中华人民共和国人口政策史上具有承上启下的重要作用：第一，该时期确定的提倡和鼓励限制生育的人口政策是对20世纪50年代党和政府以及学术界关于人口问题的理论即初步实践、顺其自然的继承和发展，而且为70年代在全国范围内全面推行限制生育的人口政策做了理论和实践的准备工作；第二，该时期提倡的生育政策以及关于计划生育工作的具体实践活动又为70年代在全国范围内实行"晚、稀、少"的人口政策做了准备。该时期在计划生育群众性宣传中已经出现"一个不少、两个正好、三个多了"的提法。一般认为，70年代是我国人口政策的形成时期，但如果没有60年代提倡和鼓励有节制生育的人口政策的推行和实施，在中国这样一个崇尚多子多福文化的国家里，很难将"晚、稀、少"的人口政策顺利推进下去。

（四）计划生育政策的普及（1971～1978）

"文化大革命"造成了社会动荡，计划生育工作停滞不前，人口出现了大幅度增长。到1970年，人口增长的速度和规模已经远远超过了经济社会发展的承载力，人口问题已经成为亟须解决的重要问题。在此背景下，计划生育政策应运而生。1973年，国务院成立了计划生育领导小组，计划生育工作机构也在各地相继成立，人口指标开始被正式纳入国民经济指标，计划生育工作在全国范围内铺展开来。

1973年6月，在全国计划工作会议上，国家计委提出："要大力开展计划生育，降低人口出生率。争取到1975年，把城市人口净增率降到10‰左右，农村人口净增率降到15‰以下。各省、市、区都要由主要负责同志认真抓好这项工作。"[1]人口规划被第一次纳入国家的经济发展计划，并成为中央和地方发展规划的重要组成部分。1978年3月5日，在全国人大五届一次会议上通过的《中华人民共和国宪法》第53条规定："国家提倡和推行计划生育。"第一次把计划生育纳入国家根本大法，使人口和计划生育工作有了强有力的法律保障。1978年10月中共中央批转国务院计划生育领导小组《关于国务院计划生育领导小组第一次会议的报告》，进一步明确了"晚、稀、少"的内涵，即提倡一对夫妇生育子女数最好是一个，最多两个；生育间隔三年以上。同时还对职工和农民接受节育手术后的福利待遇问题做出了规定，要求城市住房和农村口粮、自留地分配等社会经济政策和其他一些规定，都要有利于计划生育工作的开展。这样，以"晚、稀、少"为主要内容的计划生育政策在我国基本形成。

1972年至1978年是山西省全面开展计划生育的重要时期。"文化大革命"前期，人口急剧膨胀。面对急剧增长的人口形势，党中央、国务院下决心控制人口的过快增长。1971年5月，山西省成立了革命委员会计划生育领导组，下设办公室，并于同年6月召开了第一次工作会议，转批了《省计划生育领导组第一次会议纪要》。《纪要》要求，要"提高技术质量，培训基层计划生育骨干，大力推广行之有效的综合措施。把做好计划生育工作，当

---

[1] 彭珮云：《中国计划生育全书》，中国人口出版社，1997，第65页。

作一项重要的政治任务来完成"。[1]《纪要》下达后，全省计划生育工作得到普遍加强。各地陆续建立健全了组织，调整和完善了机构，加强了队伍建设。1971年至1973年全省各地（市）、县（市）都成立了计划生育领导组，下设办事机构。1972年11月，山西省革命委员会批转省计划生育领导组办公室《关于重申提倡晚婚和计划生育几个政策问题的意见》，要求各地进一步宣传和落实提倡晚婚和实行计划生育的既定政策。1973年，山西省革命委员会要求："共青团、妇联、工会、文化、宣传教育等部门做好宣传发动工作。计划生育部门要把人口发展规划纳入国民经济计划。燃化、商业部门要做好药械供应工作。民政部门要做好结婚登记时的晚婚教育。武装部门要发动民兵带头落实晚婚和计划生育。卫生部门要当好参谋，做好技术力量的培训和计生指导工作，提高手术质量。"[2]1973年6月，山西省革命委员会转发省计划生育领导组《关于当前我省计划生育工作情况和今后意见的报告》，《报告》提出："大力提倡每对夫妇一生中不超过两个孩子，每胎间隔要长。教育青年实行晚婚，农村提倡男25周岁、女23周岁以后结婚，城市提倡男28周岁、女25周岁结婚。农村在口粮分配上，要克服平均主义，提倡'人劳比例，分成吃粮'的分配方法。"[3]1975年，省妇联、省总工会、团省委、省民政局、省

---

[1] 山西省史志研究院编：《山西通志·人口志》，中华书局，1999年，第361页。

[2] 山西省史志研究院编：《山西通志·人口志》，中华书局，1999年，第361页。

[3] 山西省史志研究院编：《山西通志·人口志》，中华书局，1999年，第399页。

卫生局联合下发了《关于进一步做好计划生育和晚婚工作的联合通知》，对各部门的工作任务进行了分工，初步提出了山西省的人口政策。

由于70年代计划生育政策的开展，我国的计划生育工作取得了显著成绩，人口出生率增长的势头得到有效控制。1971年至1978年，人口出生率由30.74‰下降到18.34‰，降低了12.4个千分点，下降了40.34%；人口自然增长率从23.4‰下降到11.35‰，下降了12.05个千分点，下降了51.5%；总和生育率从5.442下降到2.716，降幅达到50.07%。（见表6-6）山西省的人口出生率从1971年的29.09‰下降到1978年的15.66‰，降低了13.43个千分点，下降了46.17%；人口自然增长率从1971年的20.96‰下降到1978年的9.11‰，下降了11.85个千分点，下降了56.54%；总和生育率从1971年的5.86下降到1978年的2.21，降幅达到62.29%。总人口的变化方面，全国的总人口从1971年的85229万，增加到1978年的96259万，增加了11030万，增长了12.94%，年平均增长率为1.75%，已经明显低于60年代总人口的年平均增长率；山西省的总人口从1971年的2164.4万，增加到1978年的2423.6万，增加了259.2万人，增长了11.98%，年平均增长率为1.63%，山西省总人口的年平均增长速度低于全国同期平均水平。

表6-6　1971年至1978年全国和山西省人口自然变动表

(‰，万人)

	全国					山西省				
	出生率	死亡率	自然增长率	总和生育率	总人口	出生率	死亡率	自然增长率	总和生育率	总人口
1971年	30.74	7.34	23.4	5.442	85229	29.09	8.13	20.96	5.86	2164.40
1972年	29.92	7.65	22.27	4.984	87177	29.47	8.57	20.9	5.19	2213.09
1973年	28.07	7.08	20.99	4.539	89211	27.01	8.11	18.9	4.65	2257.26
1974年	24.95	7.38	17.57	4.170	90859	25.88	7.71	18.17	4.16	2301.90
1975年	23.13	7.36	15.77	3.571	92420	23.22	7.85	15.37	3.44	2340.03
1976年	20.01	7.29	12.72	3.235	93717	19.60	7.19	12.41	3.23	2373.05
1977年	19.03	6.91	12.12	2.844	94974	17.53	7.09	10.44	2.66	2398.44
1978年	18.34	6.99	11.35	2.716	96259	15.66	6.55	9.11	2.21	2423.60

资料来源：姚新武、尹华编：《中国常用人口数据集》，中国人口出版社，1994年。

山西省人口普查办公室编：《世纪之交的中国人口（山西卷）》，中国统计出版社，2005年。

进入20世纪70年代以后，我国的计划生育工作逐渐走上了正轨，提出了具体的计划生育政策。综合看来，1971年至1978年我国人口生育政策的制定和实施有几个特点：一是明确提出人口增长率控制目标，将人口生育政策生育指标化；二是将人口目标纳入国民经济计划，从根本上保证了政策的贯彻落实；三是提出将计划生育写进《中华人民共和国宪法》，从此提倡和推行计划生育有了法律的依据和保障。总之，70年代制定和实施的人口政策是中国人口政策历史上具有里程碑意义的人口政策，是我国现代人口政策的奠基之作。

二、从严格控制到稳步发展的转变（1979～2013）

改革开放后，随着《中共中央关于控制我国人口增长问题致全体共产党员、共青团员的公开信》的发表，我国开始实行严格的计划生育政策，后经调整完善，我国人口政策进入平稳发展的阶段，由刚开始的"晚、稀、少"向"一孩"紧缩，到"开小口、堵大口、刹歪口"的"口子"政策，再到提倡晚婚晚育、少生优生，提倡一对夫妇只生育一个孩子的生育政策。

（一）由"晚、稀、少"向"一孩"政策紧缩

改革开放后，我国计划生育政策进入了一个平稳发展的阶段，随着人口形势和态势的发展变化，生育政策进行了相应的调整。

十一届三中全会以来，为了和经济发展目标相适应，国务院明确提出20世纪末力争全国人口控制在12亿以内的总目标，为了实现这一目标，需要确立与之相适应的人口政策。1980年9月，国务院在五届人大三次会议政府工作报告中指出："必须在人口问题上采取一个坚决的措施，就是除了在人口稀少的少数民族地区以外，要普遍提倡一对夫妇只生育一个孩子，以便把人口增长率尽快控制住，争取全国总人口在本世纪末不超过12亿。"在上述背景下，1980年9月25日，《中共中央关于控制我国人口增长问题致全体共产党员、共青团员的公开信》发表，号召所有共产党员、共青团员特别是各级领导干部贯彻落实一对夫妇只生育一个孩子的政策。用公开信形式向党、团员发出号召，这在中国共产党历史上还是第一次，是中共中央推行计划生育的一个极为重要的决策，对我国之后的计划生育工作产生了深远的影响。《公开信》的发表标志着我国独生子女

政策的正式出台及全面实施。

1979年9月，山西省革命委员会根据山西省实际颁发了《山西省计划生育工作的若干规定（试行）》，从1979年10月1日起试行。该文件明确提出，计划生育的基本要求是"晚、稀、少""最好一个、最多两个"，同时对计划生育的奖励与优待、宣传教育、技术服务、限制处罚也做了具体规定。该文件第一次比较完整地提出了山西省的计划生育政策，可以说是山西省计划生育政策的雏形。进入80年代后，面对严峻的人口形势，山西省的计划生育政策逐步趋于完善和稳定，从坚持"晚、稀、少"到提倡晚婚、晚育、少生、优生，提倡一对夫妇只生育一个孩子。1980年，山西省人民政府计划生育领导组办公室发出了《关于大力提倡一对夫妇只生育一个孩子的几点意见》。1981年4月，山西省人民政府批转山西省计划生育领导组《关于1980年全省计划生育的工作情况及今明两年意见的报告》提出："普遍提倡一对夫妇只生育一个孩子。"同时规定了照顾生育二孩的条件。1981年12月，山西省人民政府下发了《关于成立山西省计划生育委员会的通知》，成立山西省计划生育委员会，同时撤销山西省计划生育领导组。1982年6月，山西省人民政府制定了《关于计划生育问题的若干规定》，重点贯彻"晚婚、晚育、少生、优生""提倡一对夫妇只生育一个孩子"的政策，同时对有特殊困难和实际困难的家庭做出可以生第二胎的规定。1984年，山西省选择部分县进行生育政策试点，主要在临汾地区的翼城县，大同的新荣区，晋东南地区的高平县、陵川县、襄垣县等分别进行"晚婚、晚育加间隔""照顾独女户生二胎"等的政策试点和分类指导。

80年代初的计划生育政策提倡一对夫妇只生育一个孩子,在城镇地区通过采取一些必要措施还能取得一定的效果,在农村却阻力巨大,受到抵制而步履维艰,而且还造成了农村干群关系紧张。过紧的、超越广大群众可接受度的生育政策不仅难以推行,反而在客观上助长了人口的盲目增长,特别是1981年和1982年生育率还出现了一定程度的回升。从表6-7看,全国总和生育率分别回升到2.63和2.86,山西省的总和生育率分别回升到2.43和2.53。由于过度收紧的一孩政策没有考虑到当时中国的实际情况,使本来为控制人口数量的生育政策的实际效果与政策预期背道而驰。

表6-7 1979年至1984年全国和山西省人口自然变动表

(‰,万人)

	全国					山西省				
	出生率	死亡率	自然增长率	总和生育率	总人口	出生率	死亡率	自然增长率	总和生育率	总人口
1979年	17.90	6.24	11.66	2.75	97542	15.62	6.41	9.21	2.17	2447.20
1980年	16.98	6.34	10.64	2.24	98705	16.95	6.49	10.46	2.19	2476.46
1981年	20.91	6.36	14.55	2.63	100072	20.31	6.54	13.77	2.43	2508.77
1982年	21.09	6.60	14.49	2.86	101541	21.07	6.64	14.43	2.53	2546.00
1983年	18.62	7.08	11.54	2.63	102495	20.81	6.62	14.19	2.28	2588.40
1984年	17.50	6.69	10.81	2.35	103475	19.96	6.00	13.96	1.95	2631.48

资料来源:姚新武、尹华编:《中国常用人口数据集》,中国人口出版社,1994年。

山西省人口普查办公室编:《世纪之交的中国人口(山西卷)》,中国统计出版社,2005年。

具体来看这一时期人口发展的特点,全国的人口出生率经过1981年和1982年的高峰后回落,山西省的人口出生率尽管在经历了1981年和1982年的升高后回落,但回落的速度相比于全国较慢,而且高于1979年的人口出生率。全国总人口从1979年的97542万增加到1984年的103475万,已经突破10亿,5年增加了5933万人,增长了6.08%，年平均增长率为1.19%；山西省的总人口从1979年的2447.20万增加到1984年的2631.48万，增加了184.28万人，增长了7.53%，年平均增长率为1.46%，年平均增长率高于全国同期平均水平。

（二）稳定的人口政策逐步形成

严格的计划生育政策忽视了当时的生育状况和群众的生育意愿，在农村地区实现难度非常大，后经调整完善，确立"开小口、堵大口、刹歪口"的"口子"政策，我国人口政策进入平稳发展的阶段。

由于前期严格的"一孩"政策在一定程度上造成了农村地区的动荡和社会不稳定。党中央从1984年开始对"一孩"政策进行修正。1984年4月中共中央批转国家计划生育委员会党组《关于计划生育工作情况的汇报》，即中央7号文件，重新调整、完善计划生育工作的某些具体政策：（1）农村继续有控制地把口子开得稍大一些，按照规定的条件，经过批准，可以生二胎；（2）坚决制止大口子，即严禁生育超计划的二胎和多胎；（3）对少数民族的计划生育问题，要规定适当的政策，可以考虑人口在1000万以下的少数民族，允许一对夫妇生育二胎，个别的可以生育三胎，不准生四胎；（4）严禁徇私舞弊，对在生育问题上搞不正之风的干部要坚决予以处分。这就是人们通常说得"开小口、堵大口、刹歪口"的"口子"政策。1986年4月，六届人大四次会议提出我国的生育政策主要是各地区、各部门要继续把计划生育工作放在重要地位，大力抓紧抓好；计划生育部门要根据各地不同情况，进行分类指导；继续提倡晚婚晚育和一对夫妇只生育一个孩子，农村中有实际困难的夫妇可以按计划生育两个孩子；少数民族夫妇一般可以生育两个孩子，个别可以生育三个孩子。在具体实施过程中，我国农村的人口政策大致分为三种类型：第一种类型是一对夫妇只生一个孩子，同时严格按照规定，照顾生二孩的比例不超过10%，实行这一政策的是北京、上海、天津、江苏和四川五省、市；第二种类型是照顾独女户可生两个孩子，即农村地区实行"一孩半"政策，河北、山西、辽宁、浙江、山东、河南等18个省、自治区实行这一政策；第三种类型是基本允许生两个孩子，宁夏、云南、青海、广东、海南实行这一政策。1991年5月，中共中央、国务院发布的《关于加强计划生育工作严格控制人口增长的决定》更加全面地表述了当时的生育政策。《决定》指出，我们把实行计划生育、控制人口增长、提高人口素质作为一项长期的基本国策，是从我国的实际情况和人们的切身利益出发，为了国家更快地发达起来，使人民更快地走上共同富裕的道路而做出的重大战略决策。并进一步明确我国现行的计划生育政策是提倡晚婚晚育、少生优生，提倡一对夫妇只生育一个孩子。农村也要提倡一对夫妇只生育一个孩子，某些群众确有实际困难，经过批准可以间隔几年以后生第二个孩子。为了提高少数民族地区的经济文化水平和民族素质，在少数民族中也要实行计划生育，具体要求和做法由各自治区和所在省决定。我国的计划生育政策进入了一个相对稳定的时期。从2000年开始，中共中央强调在稳定现行生育政策的基础上，稳定低生育水平，提高人口素质，并陆续制定了相关的辅助性政策，以保障生育水平的稳定。为了避免生育率的反弹，2000年3月，中共中央发布《关于加强人口与计划生育工作稳定低生育水平的决定》。《决定》指出，当前的首要任务是稳定低生育水平，在此基础上实现人口零增长，继而解决人口问题引发的各种社会问题，实现经济、社会的绿色发展，并强调要建立和完善计划生育利益导向机制。2001年12月，我国颁布了《中华人民共和国人口与计划生育法》（2002年9月1日实施），将原有的政策性规定法律化为国家稳定的计划生育政策，鼓励公民晚婚晚育，提倡一对夫妻生育一个孩子；符合法律、法规规定条件的，可以要求安排生育第二个孩子，具体办法由省、自治区、直辖市人民代表大会或者其常务委员会规定。2004年，中央出台了两项计划生育奖励扶助制度，即农村部分计划生育家庭奖励扶助制度和少生快富工程。[1]这是中国政府由推行处罚多生的生育政策转变为奖励少生，是我国实施计划生育政策以来力度最大的制度性激励措施，标志着我国计划生育利益导向机制在国家层面的建立。

1984年4月，中央7号文件进一步明确提出"要把计划生育政策建立在合情合理、群众拥护、干部好做工作的基础上。要继续提倡一对夫妇只生育一个孩子，同时要进一步完善计划生育政策"。根据7号文件精神，结合山西实际情况，1984年7月，山西省计划生育委员会下发了《在农村适当放宽生育二胎的意见（试行）》，对《关于计划生育的若干规定》中照顾农村生育二胎的规定做了补充。补充规定对农村再婚夫妇、农村少数民族夫妇等的照顾生育政策都做了更为详细的说明。1986年11月，山西省六届人大二十一次会议做了《关于计划生育工作的决议》，山西省人民政府于同年12月28日颁发了《关于继续认真贯彻〈关于计划生育的若干规定〉的

---

[1] 翟振武、张枫：《计划生育利益导向机制——广东模式研究》，中国人口出版社，2008年，第65页。

通知》，从1987年1月1日起执行。该文件使山西省计划生育政策更加切合实际，合情合理。在该文件中，关于照顾生育政策，放宽了5种：（1）将只照顾农村独生子女结婚者，城市放宽为夫妇双方均为独生子女的，农村放宽为夫妇一方为独生子女的；（2）只照顾农村夫妇一方为一等残废者，放宽为城市、农村都适用的夫妇双方因非遗传性残疾，丧失劳动能力者；（3）将农村男到独女无儿家结婚落户者，放宽为男到有女无儿家落户并赡养女方老人的，但女方家姐妹多人的，只照顾其中一个；（4）将农村兄弟三人以上，只有一人有生育能力者，放宽为兄弟两人以上，年龄都超过30周岁，经县级以上医院证明，只有一人有生育能力者；（5）将农村连续三代以上单传只生一个孩子的家庭，放宽为连续两代以上单传的，另增加再婚夫妇，一方丧偶，生育过两个孩子，另一方为30岁以上的初婚者或未生育也未抚养他人孩子的。1989年9月，山西省第七届人民代表大会常务委员会第十二次会议通过颁布了《山西省计划生育条例》，于1990年1月1日起施行。《条例》的颁布实施，进一步规范了山西省的计划生育工作，使山西省计划生育政策以地方性法规的形式固定下来，为全面控制人口增长提供了法律依据和政策保证。从此，山西省的计划生育工作开始纳入依法管理的轨道。2008年，山西省人口和计划生育委员会印发了《山西省农村计划生育家庭奖励扶助工作实施方案》，将农村计划生育家庭奖励扶助制度分为5种类型：领证独生子女父母奖励、退二孩指标独生子女父母奖励、双女绝育家庭奖励、计划生育家庭特别扶助、农村部分计划生育家庭奖励扶助。并对每一种奖励类型的奖励对象及资格确认、奖励标准、资金来源和管理、发放等作了详细规定。

1984年的"开小口、堵大口、刹歪口"的"口子"政策,虽然使人口出生率出现了一定幅度的回升,却在某种程度上稳定了群众和干部的紧张关系,也挽回了计划生育工作的紧张局面。更为重要的是,这种"开小口,堵大口"的做法比较全面而又符合实际地形成了中国特色的以计划生育为人口控制方式的经验。

表6-8 1985年至2012年全国和山西省人口自然变动表

(‰,万人)

	全国					山西省				
	出生率	死亡率	自然增长率	总和生育率	总人口	出生率	死亡率	自然增长率	总和生育率	总人口
1985年	17.80	6.57	11.23	2.2	104532	21.36	6.36	15	2.11	2673.51
1986年	20.77	6.69	14.08	2.42	106008	20.28	6.48	13.8	2.19	2713.53
1987年	23.33	6.72	16.61	2.59	109300	21.57	6.46	15.11	2.16	2758.11
1988年	22.37	6.64	15.73	2.52	111026	22.17	6.42	15.75	2.18	2807.24
1989年	21.58	6.64	15.04	2.35	112704	21.38	6.30	15.08	2.42	2852.98
1990年	21.06	6.67	14.39	2.31	114333	22.54	6.56	15.98	2.42	2898.96
1991年	19.68	6.70	14.39	2.31	115823	21.56	6.87	14.69	2.41	2941.86
1992年	18.24	6.64	11.6	2.00	117171	19.59	6.94	12.65	2.22	2979.31
1993年	18.09	6.64	11.45	2.00	118517	17.48	6.36	11.12	2.01	3012.62
1994年	17.70	6.49	11.21	1.81	119850	17.46	6.70	10.76	2.02	3045.21
1995年	17.12	6.57	10.55	1.78	121121	16.60	6.12	10.48	1.95	3077.28
1996年	16.98	6.56	10.42	1.80	122389	16.59	6.25	10.34	1.97	3109.26
1997年	16.57	6.51	10.06	1.82	123626	16.18	6.06	10.12	1.94	3140.89
1998年	15.64	6.50	9.14	1.85	124761	16.09	6.17	9.92	1.95	3172.20
1999年	14.64	6.46	8.18	1.84	125786	15.93	6.07	9.86	1.96	3204.00
2000年	14.03	6.45	7.58	1.80	126743	13.41	5.79	7.62	1.44	3247.12
2001年	13.38	6.43	6.95	1.76	127627	13.06	5.90	7.16		3271.63
2002年	12.86	6.41	6.45		128453	12.86	6.14	6.72		3293.71
2003年	12.41	6.40	6.01		129227	12.26	6.04	6.22		3314.29
2004年	12.29	6.42	5.87		129988	12.36	6.11	6.25		3335.07
2005年	12.40	6.51	5.89		130756	12.02	6.00	6.02		3355.21

续表

	全国					山西省				
	出生率	死亡率	自然增长率	总和生育率	总人口	出生率	死亡率	自然增长率	总和生育率	总人口
2007年	12.10	6.93	5.17		132129	11.31	5.98	5.33		3392.58
2008年	12.14	7.06	5.08		132802	11.32	6.01	5.31		3410.64
2009年	11.95	7.08	4.87		133450	10.87	5.98	4.89		3427.36
2010年	11.90	7.11	4.79		134091	9.70	5.40	4.30	1.11	3571.21
2011年	11.93	7.14	4.79		134735	10.47	5.61	4.86		3593.28
2012年	12.10	7.15	4.95		135404	10.7	5.83	4.87		3610.83

资料来源：中华人民共和国国家统计局：《中国统计年鉴（2017）》，中国统计出版社，2017年。
山西省人口普查办公室编：《世纪之交的中国人口（山西卷）》，中国统计出版社，2005年。
山西省2006—2014年国民经济和社会发展统计公报。
山西省2010年第六次全国人口普查主要数据公报。

从表6-8看，全国的人口出生率从1985年开始逐年下降，到1995年人口出生率和自然增长率与1980年基本持平。山西省的出生率和自然增长率同全国基本同步，也是从1985年开始逐年下降，到1995年人口出生率和自然增长率与1980年基本持平。全国的总人口从1985年的104532万增加到2012年的135404万，2005年突破13亿，年平均增长率为0.96%；山西省的总人口从1985年的2673.51万增加到2012年的3610.83万，年平均增长率为1.12%，年平均增长率高于全国同期平均水平。

综上所述，20世纪80年代以来山西省计划生育工作的主要特点是生育政策不断调整和完善，逐渐形成了稳定的计划生育政策；在执行生育政策的过程中，城镇家庭开始实行"一孩"政策，农村地区实行"一孩半"政策。这一阶段，经过逐步调整和完善，计划生育政策的实施有效控制了人口过快增长的态势，使生育水平下降到更替水平以下，实现了人口再生产类型从高出生、低死亡、高增长到低出生、低死亡、低增长的历史性转变。

三、从"单独二孩"到"全面二孩"政策的实施（2013～ ）

改革开放后由于实行了严格的计划生育政策，我国的人口类型由高出生、低死亡、高增长迅速转变为低出生、低死亡和低增长。由于人口形势发生变化，党和政府从人口均衡发展的角度出发，进一步适时调整生育政策。2013年，"单独二孩"政策的实施以及2015年"全面二孩"政策的实施是我国经过30多年严格计划生育政策后人口政策的两次重大调整。

（一）人口政策第一次重大调整："单独二孩"政策

随着经济社会发展和人口态势的变化，我国的人口形势发生了重大变化，人口老龄化日益加重、出生人口性别比严重失调、劳动年龄人口不足等，为了适应人口形势的变化，促进人口与经济社会协调发展，改善人口态势和抵御家庭风险，2013年11月，党的十八届三中全会通过《中共中央关于全面深化改革若干重大问题的决定》，《决定》提出："坚持计划生育的基本国策，启动实施一方是独生子女的夫妇可生育两个孩子的政策，逐步调整完善生育政策，促进人口长期均衡发展。"这标志着持续30多年的计划生育政策有了一次大的松动。"单独二孩"生育政策的启动，开启了我国计划生育工作的新篇章，此后，各地陆续启动了地方人口与计划生育条例的修订工作，明确"单独二孩"政策。

山西省于2014年5月29日正式启动"单独二孩"政策。政策规定适用对象应同时具备以下三个条件：（1）夫妻双方或一方为山西省户籍人口；（2）夫妻一方为独生子女；（3）夫妻双方只有一个子女。

2014年山西省卫计委全员人口信息管理系统对全省符合单独条件的家庭摸底调查显示，夫妻一方户籍在山西省，50岁以下符合"单独二孩"政策的家庭中，女性总量为5.48万，年龄集中在25岁至34岁，达到3.89万人，占比70.99%。有生育意愿的有3.58万人，占全部符合条件人群的65.33%。其中20岁至24岁生育二孩的意愿最为强烈，高达72.62%，其次为25岁至29岁，比例为71.36%。随着年龄的增长，生育二孩的意愿逐渐降低。

2014年12月26日山西省卫计委在新闻通气会上通报，"单独二孩"政策实施半年来，全省共有4613个家庭申领"单独二孩"再生育服务证，其中917个家庭申领后生育了第二个孩子，领证家庭仅占符合政策家庭的8.41%。此后办证数量不断增加，政策执行效果逐步显现。截至2015年12月31日，全省共有12383个家庭申领了"单独二孩"再生育服务证，审批数量占到同期全省再生育服务证审批数量（67285个）的18.40%，占到单独家庭总户数（51142户）的24.21%。其中，已有3534个家庭领证后生育了孩子，占到全省"单独二孩"再生育服务证申领总量的28.54%。"单独二孩"政策的实施，释放了部分生育潜能，为启动实施"全面二孩"政策奠定了基础。另外还要看到，"单独二孩"生育对象家庭的生育热情并不高，申领"单独二孩"再生育服务证的不到1/4，实际生育的仅为7%。

(二)人口政策第二次重大调整:"全面二孩"政策

2015年10月29日,党的十八届五中全会决定促进人口均衡发展,坚持计划生育的基本国策,完善人口发展战略,全面实施一对夫妇可生育两个孩子政策,提高生殖健康、妇幼保健、托幼等公共服务水平。这是继2013年十八届三中全会决定启动实施"单独二孩"政策之后人口政策的又一次重大调整。根据十八届五中全会的精神,2015年12月27日,第十二届全国人民代表大会常务委员会第十八次会议通过《关于修改〈中华人民共和国人口与计划生育法〉的决定》,修订后的《人口与计划生育法》自2016年1月1日起施行。自此"全面二孩"政策正式实施。"全面二孩"政策是中央科学把握人口发展规律,站在中华民族长远发展的战略高度,促进人口均衡发展的重大举措。实施"全面二孩"政策,有利于优化人口结构,增加劳动力供给,减缓人口老龄化压力;有利于促进经济持续健康发展,实现全面建成小康社会的目标;有利于更好地落实计划生育基本国策,促进家庭幸福与社会和谐。

2016年1月5日中共中央国务院《关于实施全面两孩政策改革完善计划生育服务管理的决定》发布后,山西随即按照《决定》要求和上级部署,积极行动起来,全面落实《决定》精神,完善"全面二孩"政策配套措施,构建鼓励按政策生育的制度体系和社会环境。2016年1月20日,山西省十二届人大常委会第二十四次会议审议并通过了关于修改《山西省人口和计划生育条例》的决定。修改后的《条例》删除了"提倡晚婚、晚育、少生"的表述,提倡一对夫妻生育两个子女,女方延长产假60日,男方享受护理假15日,自公布之日起施行。同日,省卫生计生委印发了《山西省全面两孩政策实施细则》。为了更好地落实中央《决定》精神，2016年1月，山西省政府108次常务会议纪要印发《关于我省实施全面两孩政策各有关部门和单位职责任务分解》，明确了各项职责任务的责任主体和完成时间表。同年4月21日，山西省政府印发了《山西省实施全面两孩政策的实施方案》，对"全面二孩"政策配套措施的制定实施做出具体部署，"全面二孩"政策在全省平稳有序实施。

实施"全面二孩"政策后，对于生育两个以内（含两个）孩子的，实行生育服务登记制度，不需要审批，由家庭自主安排生育。符合我省《条例》规定条件，要求生育三个及以上子女的，仍需要按规定办理审批手续。山西省实施"全面二孩"政策是在修正后的《山西省人口和计划生育条例》公布后全面推开的，但对认可符合生育政策的时间是根据中央决定的统一时间，即2016年1月1日起。这就是说，2016年1月1日后生育的所有第二个孩子都属于政策内生育。山西省实施"全面二孩"政策近3年来，政策执行效果逐步显现。2017年全省出生率为11.06‰、死亡率5.45‰、自然增长率5.61‰，相比于2016年10.29‰的出生率和4.77‰的自然增长率均有所上升。2018年出生率和自然增长率均有所下降，分别下降1.43和1.3个千分点，这与学者和政府认为"全面二孩"实施后的2017年和2018年是出生率高峰期的预期不符。

（三）从"单独二孩"到"全面二孩"是生育政策的延续和完善

党的十八大以来，我国人口政策经历了两次重大调整，符合绝大多数人的期盼。根据2017年全国生育状况抽样调查山西省数据显示，山西省的平均理想子女数是1.92个，打算生育子女数为1.78个。因此"单独二孩"和"全面二孩"两次生育政策的调整合民心，顺民意，是计划生育领域全面深化改革的民生工程，符合我国经济社会发展的根本利益与人口长期均衡发展的长远利益。

1.生育政策调整后的人口变动态势

我国从20世纪70年代全面推行计划生育以来，经过党中央以及各省各级党委政府和社会各界的共同努力，计划生育取得了伟大成就，有效缓解了人口与资源、环境的紧张关系，有力促进了经济增长、社会进步和民生改善，为全面建成小康社会奠定了坚实基础。在新的人口形势下，进一步调整生育政策，从严格的"一孩政策"到"单独二孩"再到"全面二孩"政策，人口生育政策的调整是在保证控制人口增长的基础上，解决我国生育水平过低、人口严重老龄化、劳动力人口供给不足等一系列人口问题的基础上而做出的。

表6-9 2013年至2018年全国和山西省人口自然变动表

(‰，万人)

	全国				山西省			
	出生率	死亡率	自然增长率	总人口	出生率	死亡率	自然增长率	总人口
2013年	12.08	7.16	4.92	136072	10.81	5.57	5.24	3630.00
2014年	12.37	7.16	5.21	136782	10.92	5.93	4.99	3648.00
2015年	12.97	7.11	4.96	137462	9.98	5.56	4.42	3664
2016年	12.95	7.09	5.86	138271	10.29	5.52	4.77	3681.64
2017年	12.43	7.11	5.32	139008	11.06	5.45	5.61	3702.35
2018年	10.94	7.13	3.81	139538	9.63	5.32	4.31	3718.34

资料来源：中华人民共和国国家统计局：《中国统计年鉴(2017)》，中国统计出版社，2017年。

山西省2013年至2018年国民经济和社会发展统计公报。

从表6-9看，在生育政策调整的带动下，山西省人口的出生率和自然增长率在2017年有缓慢增长，随后2018年又下降。山西省的总人口从2013年的3630万增加到2018年的3718.34万，增长了2.43%，年平均增长率为0.48%，低于全国同期0.5%的人口年平均增长率。

2.生育政策调整后可能的人口学效果

每一次生育政策调整都会对未来人口发展态势产生重大影响，从2013年至今，我国经历了生育政策的两次重大调整，这种调整对于人口规模平稳发展以及人口的长期均衡发展具有重要的和积极的政策效应。

首先，能够增加每年的出生人口数量。生育政策调整后，年龄偏大的育龄妇女会在政策落地后尽快怀孕生育，而年龄较小的育龄人群会依照家庭计划按部就班的生育第二个孩子。因此生育政策的调整会增加年出生人口数量，但不会造成出生人口数量的大幅度波动。

其次，能够适当缓解老龄化水平。生育政策调整后落地的出生人口在60年后才能成为老年人，虽然新的生育政策对21世纪中叶前山西省的老年人口规模没有改变，但可以通过增加新出生人口影响全省的老龄化水平，对老龄化水平有微弱的降低作用。

再次，促进出生人口性别比下降。出生人口性别比偏高是从20世纪80年代开始的，尽管近年来有所下降，但仍然高于正常值（103~107）。在没有人为技术干涉的前提下，多生孩子是家庭达到理想孩子性别结构平衡的唯一手段。"单独二孩"和"全面二孩"政策可以适度增加出生人口数量，一定会促进出生人口性别比下降。

2013年以来，我国生育政策在短短两年内进行了两次调整，虽然不可能改变山西省人口发展的总体趋势，但可以在增加山西省的劳动力资源、缓解人口老龄化水平、降低人口出生性别比等方面产生积极效果。

四、发展与展望

中华人民共和国成立70年来，国家的人口规模和人口结构发生了巨大变化，人口政策在有效控制人口数量的同时，也带来了一系列人口问题。如何调整人口政策，更好地促进人口均衡发展已经成为当务之急。

（一）人口政策的效果分析

中华人民共和国成立70年人口政策在有效控制人口数量和人口增长速度的同时，也带来了人口结构的迅速老化、总和生育率长期低于更替水平等问题。具体来看，人口政策的效果主要表现在三个方面：

1.有效控制人口增长速度

综观山西人口在中华人民共和国成立后70年的变动，一个明显的特点就是人口从大幅增长到人口出生率和自然增长率均呈现出大幅度下降趋势，但在人口惯性增长规律的作用下，总人口至今仍呈增长趋势。人口生产类型经历从高出生、高死亡、高增长到高出生、低死亡、高增长，再到低出生、低死亡、低增长的转变。

70年时间，山西省的人口总量持续增长，总人口由1949年的1280.86万，增加到2018年的3718.34万，共增加2437.48万。2010年第六次人口普查时人口为1949年人口的2.79倍，年均增长率为2.93%。如果以每10年为一个年代划分看山西的年均增长率，人口的增长速度明显放缓，第一个10年（1951~1960），山西人口从1951年的1351.94万增加到1960年的1703.02万，年均增长率为2.65%；第二个10年（1961~1970），山西人口增加到1970年的2111.35万，年均增长率为2.17%；第三个10年（1971~1980），山西人口增加到1980年的2476.46万，年均增长率为1.61%；第四个10年（1981~1990），山西人口增加到1990年的2898.96万，年均增长率为1.59%；第五个10年（1991~2000），山西人口增加到2000年的3247.80万，年均增长率为1.14%；第六个10年（2001~2010）山西人口增加到2010年的3571.21万，年均增长率为1.00%；第七个10年（2011~2018），山西人口增加到3818.34万，年均增长率为0.49%。综观中华人民共和国成立以来山西人口的变动情况，最大的特点就是人口增长速度由快到慢，呈现出趋缓的增长态势。人口增长速度的变缓，除了经济和社会的发展因素之外，实行计划生育政策也是重要原因。

2.人口结构老化

人口年龄结构的不同比例是判断人口年龄结构类型的重要指标，国际上一般将人口年龄结构类型分为三种，即年轻型、成年型和老年型。

表6-10显示山西人口年龄构成已经由成年型转变为老年型，进入老龄化社会。1953年和1964年两次人口普查时，山西的人口结构类型都是典型的年轻型，1982年则表现出了向成年型过渡的迹象，老年系数进一步增大，少儿系数和年龄中位数表现为成年型，到"四普"和"五普"时这种过渡性已经充分地表现，并接近老年型，"六普"则完全转变为老年型。从1964年"二普"到

1990年"四普"的老年人口系数，全国由3.56%提高到5.58%，增加了2.02个百分点，而同期山西的老年人口系数由4.35%提高到5.39%，增加仅1.04个百分点，低于全国同期的增长速度。山西第五次人口普查资料显示65岁及以上的老年人口占总人口比重为6.20%，同全国的6.96%相比，仍低0.76个百分点，但已经接近于老年型社会。第六次人口普查显示，山西0岁至14岁少儿人口占总人口的比重为17.1%，15岁至64岁人口占总人口的比重为75.33%，65岁及以上人口占总人口的比重为7.58%，老少比为44.33，人口年龄中位数为34.96岁。通过人口年龄结构划分，山西已经完全进入老年型社会。

表6–10　历次人口普查的山西人口年龄结构及与全国比较

（单位：%）

年龄结构类型	通用标准			"一普"1953年		"二普"1964年		"三普"1982年		"四普"1990年		"五普"2000年		"六普"2010年	
	年轻型	成年型	老年型	山西	全国	山西	全国	山西	全国	山西	全国	山西	全国	山西	全国
少儿系数	>40	30≤40	<30	34.33	36.27	40.43	40.69	33.36	33.59	28.15	27.70	25.80	22.89	17.1	16.6
老年系数	<5	5≤7	>7	4.71	4.41	4.35	3.56	4.99	4.91	5.39	5.58	6.20	6.96	7.58	8.87
老少比	<15	15≤30	>30	13.72	12.16	10.76	8.76	14.95	14.62	19.14	20.16	24.03	30.41	44.33	53.43
年龄中位数（岁）	<20	20≤30	>30	23.98	22.70	21.24	20.20	22.97	22.90	25.36	25.25	29.76	30.10	34.96	35.83

资料来源：2010年普查数据来自《山西省2010年第六次全国人口普查主要数据公报》。

《2010年第六次全国人口普查主要数据公报（第1号）》。

3.总和生育率持续偏低

表示妇女生育水平的指标有很多，最常用的是总和生育率。中华人民共和国成立后的1950年至1971年，山西的妇女总和生育率基本上围绕着6.0上下波动，最高的1957年为7.12。1972年之后，在计划生育政策作用下，山西的妇女生育水平出现了大幅度的下降，到

1980年时接近更替水平，达到2.19，其后经过了长达10年左右的徘徊，到20世纪90年代初，在各方面因素的共同作用下，突破更替水平，开始了又一轮的下降。2000年的第五次人口普查，直接计算的总和生育率只有1.44，2010年第六次人口普查总和生育率为1.1。虽然这个数字许多人认为有较大的误差，需要调整，但各方面均认为山西的妇女生育水平确已降至更替水平以下。因此，在这种生育水平基础上，如何认识山西今后的生育趋势，就成了一个需要认真思考的问题。研究表明，生育水平的下降并不是某一方面因素作用的结果，而是多方面作用的结果，但在不同的时期，各方面因素作用的强度有很大的不同。如在20世纪70年代到80年代，人口出生率和妇女生育率都出现了大幅度的下降，这个时期发挥作用的最主要因素就是计划生育的实行，其次是经济增长的因素。进入20世纪90年代之后，经济发展积累力量的作用增大，甚至超过了计划生育的作用，于是就出现了许多地方的育龄群众自愿退回二胎生育指标的情况。应当明确的是，这一切的影响作用都是在人口自身的发展规律基础上发挥作用。

（二）调整人口政策的建议

中华人民共和国成立以来的人口生育政策控制了人口数量的增长速度，取得了巨大成效，但也使我国的人口老龄化速度加快，总和生育率水平长期低于更替水平，如何调整人口政策，使其更好地促进人口均衡发展，提出几点建议：

1.积极鼓励二孩生育

目前国内多项研究均表明，我国即将进入劳动力萎缩和人口老龄化阶段，这个阶段是不可逆的，是经济社会发展的必然趋势，因此要积极应对,及早做出适应人口社会发展变化的政策部署,"全面二孩"政策就是为促进我国人口长期均衡发展做出的重要战略部署。多项调查显示,人们理想生育子女数和打算生育子女数以及实际生育子女数存在差别。俗话说想生而不敢生,每一个被调查者都觉得"全面二孩"政策好,都想生两个孩子,但一落实到实际生育时就不生了,造成了生育率持续走低,远远低于更替水平的困局。因此采取何种切实有效的措施推动"全面二孩"政策实实在在落地,从而促进人口均衡发展是当务之急。

首先,将奖励进行到底。经济负担重是人们不愿意生育二孩最重要的原因,因此要想鼓励人们生育,必须要有相当力度的奖励措施,对于生育二孩的家庭给予经济奖励,有了经济奖励做保障,才有可能让一部分纠结生与不生的家庭下定决心生育二孩。其次,延长二孩生育家庭妇女的假期。现在新修订的《山西省人口和计划生育条例》规定,女方在享受国家和本省规定产假的基础上,奖励延长产假60日,总共158天;男方享受护理假15日。建议将生育二孩以及符合条件的三个及以上子女妇女的产假延长到一年,这样既有利于妇女身心的恢复,尤其是高龄产妇,又有利于家庭和谐稳定以及婴儿的健康成长。再次,培养更多的儿科医生,加强儿科建设。"全面二孩"政策的实施,必定会增加儿科门诊量,目前山西省儿科人才短缺,导致各医院儿童门诊资源紧张。因此要加强儿科医生培养,缓解儿科医生紧张状况。

2.适当的时候全面放开生育政策

目前比较一致的认识是我国的总和生育率在1.5至1.6,离更替水平还差0.5至0.6,甚至更多。而从理论上讲,政策上允许一对夫妇生育两个孩子，总和生育率最多不会超过1.8的水平。从目前两孩政策实施的情况看也不会超过1.8。从在农村调查的情况表明，包括贫困地区人们生育多孩的动能已经很小，其主要的原因是农村中生育力量——年轻人大都进了城镇，而进城后的生育观念也随着社会发展的影响和环境的改变而改变。另外，法规规定鼓励生育两个孩子，之所以鼓励，是因为有很多符合生育两个孩子的不愿生育。因此，即使放开生育限制，也不会出现出生井喷。

3.加快完善养老模式与机制

人口老龄化是不可避免的发展趋势，针对日益严重的人口老龄化，根据老年人自身发展的特点和趋势以及山西省经济社会发展的实际，建议增加城市和农村养老设施的投入，鼓励社会力量参与到养老设施建设中来，有针对性地建设养老院及适时发展老年公寓，为老年人特别是高龄老人提供服务。从目前看，省级、市级和社会办的一些养老院一般条件较好，收费相对高，这对有收入保障的自费老年人比较合适；县级和一些民办养老院规模较小，可以因地制宜，主要收养社会孤寡老人和家庭有困难的寄养老人，收费也相对较低。各级政府要通过财政、税收等一系列措施和手段，降低养老服务价格，增加养老设施的投入，努力使大多数老年人及其家庭能够承受并使用社会化的养老服务，以解决老龄化社会所带来的问题。比如可以对养老院在建设的过程中按照社会公益性建设项目减免土地使用费以及其他相关的税收费用；在地段选择上可以规划在交通便利、环境较好的郊区；在经营过程中，水电煤气以及暖气费都可以按照民用标准收费；在床位设置上，政府可以按照每个床位给予一定的经济补偿。通过从多个方面来降低养老院的运营成本，动员更多的人参与到养老设施的投入与建设中来。

逐步建立和完善与人口老龄化进程和经济社会发展水平相适应的社会保障制度，真正做到使老年人老有所养。养老的基础是使所有的老年人要有基本的经济保障。我国社会保障制度在今后相当长的时间内所追求的目标是让更多的人享有晚年的养老保障。随着人口老龄化进程的加快，老年人的养老保障问题将会变得越来越突出，因此建立完善的、面向整个社会的多层次的养老保障体系就显得尤为重要。要建立多层次的养老保障体系，首先要探索建立完善的农村养老保障制度。在今后的社会发展过程中，农村的老年人会越来越多，占总人口的比重也会增大，而且家庭养老功能的逐步弱化，要求我们必须积极探索建立完善的农村养老保障制度。其次要推行家庭养老。家庭养老还是比较适合我国国情的一种养老模式，在构建养老保障体系时，社会养老保障体系的建设与发展目标应当是弥补家庭养老保障功能的弱化和不足，而不是以社会养老保障取代家庭养老，因此家庭养老应该成为今天乃至未来老年人养老保障体系的基础。再次是要完善社区居家养老，走家庭养老和社区养老相结合的道路。社区是老年人的主要居住地所在，是老年人活动的主要场所和空间，要充分发挥社区作为辅助家庭养老的载体作用，提高社区服务的质量和水平，为更多的老年人服务。社区服务一般更贴近老年人的生活需求，使他们有一种不脱离生活习惯的亲切感和归属感，这种服务能满足老年人居家养老的意愿，并在很大程度上是对家庭养老的补充和完善。

专题七　社会治理的发展变迁

从1949年至今，社会领域的发展变化翻天覆地，国家治理理论经历了从计划管理到社会管理再到社会治理的三次重大理论飞跃，社会治理取得重大突破与全面进步。特别是改革开放以来，伴随着社会体制的演化和变迁，社会管理和社会治理的变革成为社会转型期发展的典型特征，社会治理创新成为社会发展的主题。

一、改革开放前的计划管理体制（1949~1978）

中华人民共和国成立之初，新生的人民政权面对的是一个一盘散沙的社会状态和错综复杂的发展环境，为了迅速地凝聚社会力量、稳定社会秩序，在社会主义计划经济逐步建立的过程中，以计划管理为主要方式的治理模式也随之建立起来。计划管理模式的主要特点是政府全能的社会管理方式，包括以单位为基础的从业人员管理，以街居为基础的城市人员管理，以公社、大队为基础的农村人员管理，以单位制度、户籍制度、职业身份制度、档案制度为基础的流动人员管理，它是由政治意识形态主导的，以党和政府为中心，政府包揽一切的全能型社会管理体制，这种计划管理体制也被称为"社会管控"模式。这种模式极大地增强了国家对社会的组织能力、动员能力和控制能力，促进了社会秩序的稳定和社会的稳步发展。但由于政府包办一切事物，所有社会成员被固定在一个相对封闭的位置，社会缺乏自我组织、自我管理、自我调节机制，整个社会缺乏活力和创造力。

（一）计划管理体制的形成和发展

中华人民共和国成立之初，我们党面对的是一个一穷二白、千疮百孔的烂摊子，与此同时，还受到国内外各种敌对势力颠覆新生政权的威胁，加之社会管理的经验和理论还不成熟，受到历史惯性的影响，战争时期的社会管理手段在中华人民共和国成立初期得到了合理的延续，全面管控型的计划管理体制由此而生。在随后的发展过程中，国家面临加快实现社会主义工业化的任务，为了集中精力进行现代化建设，进一步强化国家的集中指挥，加强对社会成员的严密管理和控制，城乡二元结构的社会形态得以固化，以控制功能为主要目的的单位制、街居制管控方式逐步发展。在当时社会生产力不发达的前提下，高度集中的指令性的管理体制更易于实行，也更加与计划经济的发展相适应。国家—单位—个人的政府全能管控型的管理模式伴随着计划经济的发展更加巩固，政府和社会高度统一、政社不分，政府主导型的社会管理体制影响了中国社会发展几十年。

1.农村社会的人民公社管理体制

中华人民共和国成立后农村先后经历了土地改革和农业合作化时期，土地改革实行农民土地所有制，土地的所有权和经营权统归于民；1953年开始的农业合作化则是从劳动互助组、初级社到高级农业合作社逐步过渡，个体小农经济为集体经济所取代。1956年农业合作化运动结束后，"大跃进"兴起，当时的领导人认为农村合作社的规模和公有化程度已经不适应农村的生产力，需要将规模较小的合作社合并为大社以适应生产力的发展。1958年7月1日，"人民公社"第一次见诸报端。1958年7月中旬，全国第一个人民公社——河南省遂平县嵖岈山卫星人民公社成立。1958年8月29日正式通过《中共中央关于在农村建立人民公社问题的决议》，此后，各地纷纷进行并社、组建人民公社，在1958年的8月到10月，全国共成立人民公社23384个，参加的农户占总户数的90.4%，共计112174651户，平均每社4798户。[1]至此，我国农村基本上实现了"政社合一"的人民公社体制，它是集党、政、经、军、民、学为一体的组织管理体制，党和国家通过人民公社体制来实现农村社会的组织军事化、生活集体化、行动战斗化。

（1）"一大二公"的管理模式和组织形式。人民公社组织规模大，两万多个公社取代了以前的70多万个高级合作社，规模平均比原高级合作社大约28倍，并且人民公社不仅是生产管理组织，还是农林牧副渔全面发展、工农兵商学五位一体；人民公社实行公社所有制，土地、宅基地、耕畜等生产资料都归公社所有，由公社统一经营、统一核算，取消家庭副业，不准经商，将商业、邮政、财政等企事业单位也划拨给人民公社统辖管理，公有化程度进一步提高。

（2）"政社合一"的运行机制。在人民公社制建立之前，我国农村实行乡社分设，即乡政府是政权单位，农村合作社是农村集体经济组织，是两个不同的机构。在人民公社化运动中，人民公社取代乡政府，公社委员会取代乡政权，为此，人民公社既是农村社会

---

[1] 陈锡文等：《中国农村改革30年回顾与展望》，人民出版社，2008年，第43页。

的基层政权单位，又是农村社会经济、文化、生活单位。公社权力通过"政社合一"的管理制度向党组织高度集中，国家实现对农村社会的全面控制，有力地保障了国家各项方针政策的落实和对农村资源的提取。

（3）"三级管理"的管理模式。人民公社通过设立人民公社、生产大队、生产队三级管理机构实现对农民的农业生产、家庭活动、政治生活等的高度集中统一管理。人民公社处在最上层，由若干个生产大队组成，其性质和功能相当于乡政府，制定政策和命令，统筹全社的生产安排、物资调拨、劳力调配，对生产大队的工作予以支持和监督。生产大队由一定数量的生产小队组成，一般来说是以自然村为单位，相当于村级行政管理机构。其作为中间管理层级，直接受公社的领导，既要承担公社分配的生产任务，又要负责生产大队内部的生产和行政工作，同时还要管理文教卫等公共生活。生产队是管理组织体系中最基本和最重要的层面，由若干个个体家庭组成，是执行农业生产任务的最基层组织，是社员进行集体经济生活和政治活动的最基本单位。

2.城市社会的"单位制+街居制"管理体制

街道办事处是城市的基层政权组织，是中华人民共和国成立后中国共产党接管城市时的一种基层政府机关，是由接管委员会办事处演化而来，最初的形式是以街政府或街公所体制为主，在随后的机构精简中，街政府或街公所被相继撤销，由公安派出所设民政干事的模式来替代。居民委员会是最早起源于各类与基层公共生活有关的自治性质组织，后经政府推动和吸纳转变为政府的派出机关街道办事处之下的准行政化组织。据文献资料记载，最早建立居民委员会的是杭州市上城区上羊市街居民委员会。[1]1952年10月，根据毛泽东"还是把市民组织起来好"的指示，时任北京市市长的彭真负责牵头研究这一问题，并于1953年6月8日向中央提交了《关于城市街道办事处、居民委员会组织和经费问题的报告》。1954年2月全国人大常委会颁布《城市街道办事处组织条例》和《城市居民委员会组织条例》，对街道办事处和居民委员会的性质、地位、作用、职责和组织结构等做了明确规定。其中居委会名义上是居民自己的组织，在实际运作中，基本上被国家行政吸纳，成为政府的派出机构街道办事处的"腿"，一直是处于自上而下政权延伸的末梢，而不是自下而上的政权的基础。由此，"街居制"作为我国行政管理体系的末梢在城市基层社会建立起来。

"街居制"建立后，国家又依靠行政权力，建立了"单位制"，并将近乎所有的资源都投入到单位体制中。中华人民共和国成立后，各种行政组织和管理机构以及工矿企业就是所谓的形形色色的单位，"单位制"的成立将全国绝大多数人组织在政治、军事、经济、文化及其他各种组织里，克服旧中国散漫无组织的状态。国家通过"单位办社会"，将城市社会的广大市民纳入无所不包的政治体系，实现了对城市基层社会的整合与控制，国家的政治空间弥漫于整个城市社会。国家在城市管理中主要通过单位为他们提供相关服务和管理，城市中少数游离于单位之外的社会闲散人员、民政救济和社会优抚对象等，由街道办事处和居委会负责管理，街居承担了单位体制之外的"权力剩余"。因此，改革前的中

---

[1] 丁茂战：《我国城市社区管理体制改革研究》，中国经济出版社，2009年，第12页。

国城市社会的每个成员都纳入政府行政系统，从属于形形色色的单位组织，离开了单位，个人就失去了生存的身份和社会基础。

（二）计划管理体制在山西的发展

和全国一样，在改革开放之前，以社会管控为目的的计划管理体制成为控制和影响山西社会的主要的社会管理体制。完善的组织体系与当时的经济、政治体制融为一体，互构互强，加强和巩固了中央集权在城乡社会的渗透。

1.人民公社的兴起

山西是全国率先创办农业生产合作社的地区之一，最早在1951年，山西长治地区先后在武乡、平顺、屯留、襄垣、壶关、长治、黎城等县的窑上沟、东监章、西监章、枣烟、川底、翠谷、东坡、长畛、南天河、王家庄等10个村庄试办了10个初级农业生产合作社，并取得成功，为随后兴起的全国农业合作化运动积累了经验。1952年3月1日，山西省成立了互助合作委员会，当年秋，全省互助组达到565个，组织起来的农户占到了总农户的65.5%。1955年，平顺县西沟村金星农林牧生产合作社成为全国农村互助合作运动的典型之一。1956年，与全国一样，山西掀起了初级社转高级社的高潮，截止到1956年7月，全省共建起高级社1.94万个，入社农户330万户，占全省总农户的99.3%。1958年7月，人民公社开始在全国范围内创建。1958年8月12日，长治专区潞安县南垂乡中苏友好集体农庄和进华、团结、五一等18个农业社合并成立山西第一个人民公社——中苏友好人民公社。8月19日至24日6天内，长治地区全部实现人民公社化。之后，全省的人民公社化迅速发展。9月13日，《山西日报》报道："全省农村实现人民公社化。"全省农村2.1万个高级社合并为890个人民公社，随后又合并为658个人民公社。

公社下设生产大队和生产队两个治理层次，从而形成公社—生产大队—生产队三级治理组织体系。公社是农村各项工作的领导和管理机关；大队是公社的执行机关，也是一个上传下达的中间组织；生产队是社员集体经济生活和政治活动的基本场所，是农民集体劳动、集体分配的基本单位。而且，最为重要的是，生产队的区划结构与传统农民的居住结构在空间上相吻合。但以村为队，或者叫村队模式，只是为公社制度和村落传统之间找到一个结合点，要把二者紧密联结起来，还需要一种高度集中化的权力作为推动力，其载体正是延伸至村一级的中国共产党的各级组织。人民公社既是"政社合一"的体制，也是"党政合一""党经合一"的组织体制。公社设立党委，生产大队设立党支部，生产小队设立党小组，由此形成党的组织网络。党组织、政权组织、经济组织高度重合，党的书记全面负责并处于领导地位，公社和大队管委会等组织处于"虚置状态"。只有在作为直接生产和核算单位的生产小队，生产队长的影响力才更大一些。这就是所谓"政党下乡"。

2."单位制+街居制"的全面推广

1949年9月，山西省人民政府成立，其所辖城市有太原市、阳泉工矿区、长治城关区。城市基层政权为区、街制。太原市人民政府成立后，宣布废除闾、邻制，改区、街、村公所为区、街、村人民政府。将原16个区合并为8个区、42个主街裁并为39个行政街、44个主村裁并为36个行政村，核实自然街321条、自然村163个。1950年合并为4个区，随即将区、街政府改为区、街公所，作为市的派出机关。1955年街公所改为街道办事处。1960年撤销区一级建制，建立人民公社，由市直辖。1961年，恢复区建制。以后管辖区逐年扩大，基层政权时有变更。大同、阳泉、长治等城市，基层政权的演变亦与太原相同，即初设市时，均为市属区、街、村制，逐步演变为区、街道办事处、居民委员会。

与此同时，以单位为准行政区划的单位制，也在各个城市建立起来。从1966年到1976年，全省兴建国营企业5000多个，神头发电厂、侯马发电厂、太原铜业公司、山西化工厂、山西焦化厂、太原合成洗涤剂厂、原平化肥厂、山西维尼纶厂、山西印染厂、太原涤纶厂、山西轴承厂、太原自行车厂等一批国有大中型企业都在这一时期兴建。从社会管理体系构建来看，单位不仅承担着单位办社会的诸多职能，还扮演着一个行政区的角色，是准政府公共权力的代表。由此，在单位社会中，城市政府对整个城市实施全涵式、全方位的管理。城市的单位几乎都有幼儿园、食堂、集体职工宿舍、小学、中学、医院、公共浴室、小卖部、理发室、电影院等等，个人一旦进入单位，可以享受到单位提供的各种保障，如住房、就业、医疗、教育、娱乐等。

单位体制下，政府行政管理就是社会管理，社会管理以行政一元化为基础，对社会进行控制和调节。全体社会成员被划分为单位人和不属于任何单位的社会人，并将其归类管理。单位人由其工作单位实施管理，社会人由所属辖区的居委会负责管理。城市社会通过对社会成员的身份区分和组织化管理，使得城市人口处于政府的严密调控之下。同一组织的人口有较高的同质性，不同组织的人口被一堵无形的墙隔开，整个社会人口处于封闭、分隔状态，社会流动性较弱，由此实现了政府对城市人口的整合和控制。

3.社会组织的缓慢发展

社会组织是国家治理体系和治理能力现代化的有机组成部分，是社会治理的重要主体和依托。中华人民共和国成立70年以来，山西社会组织的发展并非一帆风顺，而是历经曲折不断发展壮大，在不同时期呈现不同发展特征，进而形成了具有明显时代特点的发展阶段。

中华人民共和国成立后，为了强化对社会组织的规范管理和依法管理，国家不断推进社会组织管理的法律法规体系建设。1950年10月19日，政务院出台了中华人民共和国第一部《社会团体登记暂行办法》，《暂行办法》对社会团体的类别、登记范围、登记程序、登记管理事项等进行规范，拉开了中华人民共和国依法管理社会组织的序幕。《暂行办法》最突出的标志就是确立了一直延续至今的社会组织分级登记管理制度，提出根据社会团体的活动范围来确定登记部门的级别，要求在全国范围内开展活动的社会团体向内务部申请登记，而活动范围具有地域限制的社会团体则向所在地的地方政府申请登记。1951年3月国务院内政部制定的《社会团体登记暂行办法实施细则》出台。《暂行办法》和《实施细则》是中华人民共和国政府对社会组织进行登记管理的法律基础和法律依据，标志着我国的社会组织管理进入法制化轨道，同时也拉开了我国由民政部门担任社会组织登记管理专门机构的序幕。1949年到1956年，一大批大型人民团体和大量学术性、文艺性社团相继成立，其中包括青联、妇联、工商联、科协等具有广泛代表性的人民团体。再加上解放前成立的共青团、总工会等，造就了这一时期社会组织的短暂繁荣。中华人民共和国成立后，在山西建立的较重要的社会团体有山西总工会、中国共产主义青年团山西省委员会、山西省妇女联合会、山西省工商业联合会、山西省科学技术协会、山西省文学艺术界联合会、山西省青年联合会、山西省归国华侨联合会等。

从1957年到改革开放前的20年时间，由于受"左"倾政治路线以及"文化大革命"的严重冲击，中华人民共和国成立前及成立初期已建立的社团几乎停止了活动，也没有建立新的社团，社会组织发展几乎停滞。在山西，社会组织处于发展低谷时期。省妇联、省工商联、省文联等在"文化大革命"中被迫停止活动，直到党的十一届三中全会后才恢复活动。

由于中华人民共和国成立初期我们国家采用计划经济体制和一元化的领导体制，再加上我们对社会组织的管理缺少经验，导致社会组织管理体制带有明显的行政化烙印。社会组织管理基本上是照搬行政事业单位的管理模式、仿照官僚体制来实施。社会团体层层建立分支机构和部门，同时赋予相应的行政级别。在以单位人为主体的时代，社会团体的管理也是参照政府部门进行，导致后来我国社会组织逐渐具有官僚化、行政化、贵族化倾向，背离了社会组织的本质。

（三）计划管理体制的作用与影响

这种全能型社会管理体制以户籍制度、单位制度、职业身份制度和档案制度为基础，在城市以街居体制辅助，在农村以人民公社制度辅助，实现职业身份统一确定、各类人员统一安置、社会事务统一部署、一切活动统一组织，社会绝对服从政府统一领导、统一指挥、统一管理。这一时期社会管理的目标，就是极大地增强国家的组织动员能力和对社会的控制能力，使社会成员都被固定在某一个既定的位置上。

1.计划管理体制的本质特征

社会管理体制的组织体系与经济组织、政治组织混为一体，整个国家按照统一计划、集中管理、总体动员的原则组织起来，这种体制涵盖了经济、政治、社会，社会管理的内容和方法化为政治管理、经济管理的方法，政治管理和经济管理的方法又进一步强化了社会管理的方法，使社会被整个行政管理体系覆盖。

社会管理组织体系的行政化，主要体现为社会管理组织由政府控制，政府对社会管理组织具有至高无上的约束力和话语权，从组织结构、组织设置、设置原则、运行方式到经费保障等等都贯穿着政府的权威和意志，一切都由政府说了算。在组织设置上，各单位组织和居委会按照业务职能和相关机构设置与行政机关相呼应，单位组织和居委会也分别归属某一层级行政机关管理和监督，即通常所说的"条条管理"和"归口管理"的原则。如此，政府通过单位组织和街居组织实现对城市社会的整合和控制，单位和街居成为政府实现社会管理的平台和载体。

社会管理组织是一种单线调控的组织体系，按照国家的指令，以满足单位成员的各种要求为目标来建构其内部体系。国家通过对单位或是街居进行有效的调控来实现社会的整合和秩序的稳定。社会成员只能凭借"单位人"的身份来实现个人的社会化，不能直接与国家对话。国家把政策、方针和发展计划下达到单位组织，单位组织经过吸收、理解后再传达到个人，个人信息的反馈不能跨越某个级别直接上传，因而这种社会管理组织调控机制不仅是单线的还是单向的。

完善的行政化的社会管理组织体系为国家深入和渗入基层社会，对社会进行整合和控制，奠定了坚实的组织基础，从而使我国社会管理体制具有明显的行政倾向，整个基层社会蒙上了浓厚的行政色彩。城市社会被结构化于国家权力体系，社会被国家权力渗透、覆盖，整个社会流着国家行政体系的血，国家与社会几乎是重合的。社会管理变成了社会统治。

2.计划管理体制的功能

这种社会管理体制的主要模式就是"强国家弱社会"。只有国家有强大的整合能力和动员能力，才能保证自己的行政权力畅通无阻。而在社会力量薄弱，不足以通过自身的力量整合和管理社会时，强国家的出现会在一定程度上替代社会实施社会管理的职能。在"强国家弱社会"格局中，社会生活的主体是全方位的国家行为，国家对社会实行全方位的、无一遗漏的控制性管理，社会的方方面面实行计划管理，整个社会的运行完全是一种"国家机制"，基本上没有自主的社会体系。

这种社会管理体制是一种有效的整合和控制机制，是控制社会秩序的有效手段。国家获得了对社会中绝大部分稀缺资源的控制权和配置权，由此，社会成员更多依赖所在的生产队或者单位获得国家的资源，并日益演化为一种生存的本能。生产队和单位组织成了国家整合和控制社会的依托和平台，在此体制下，整个社会具有较高的同质性，社会的整合能力也较强。

在当时的历史条件下，面对国内外严峻的政治、经济、社会形势，建立高度集权的社会管理体制，对于镇压反革命，巩固新生的人民民主政权，清除旧制度，建立新秩序，实现社会稳定具有积极的作用。强有力的中央行政集权往往是后发国家能够在较短时间内实现现代化的主要依靠因素。尽快成为工业强国的愿望越是强烈,就越希望建立强有力的中央政府,社会成员对政府控制社会的容忍力也比较强。

管控型的社会管理体制造成社会权利缺失与依赖型人格。在这种社会管理模式下,国家通过对资源的垄断和占有,一定程度上满足了社会成员对基本生活保障的需求,但是却造成民间没有任何独立的提供资源和机会的源泉,强化了社会成员对工作和生产单位的依附性,任何社会个体成员要取得最基本的生存条件,只能从国家和政府单位、准政府组织那里获得劳动报酬、社会福利与保障等各方面的社会资源。国家通过相对分散的独立的单位组织有效地控制了社会成员和社会资源,从而使得国民应该享有的各项自由与权利受到很大限制,社会成员不仅丧失了最基本的社会管理的参与权,就连最起码的人身自由都不能自己掌握,社会成员的一切,甚至包括个体的生活,例如服饰衣着等都被严格地管起来。

二、改革开放推动社会管理体制深刻变革
(1978~2012)

随着经济体制改革目标的确立,市场和社会的活力被进一步激发出来,社会结构的剧烈转型以及大量社会矛盾的出现,对社会管理体制提出了新的要求,推动了社会管理体制的改革和创新,使社会管理体制在不断的新旧更替中完成自己的使命。2004年,党的十六届四中全会在《中共中央关于加强党的执政能力建设的决定》中提出加强社会建设和管理,推进社会管理体制创新,社会管理的

概念正式提出，社会管理体制的变革也更加深刻。

(一) 社会转型对社会管理体制提出新要求

改革开放以后，中国开始由计划经济向社会主义市场经济转轨，这就催生了国家体制之外的社会主体，这些主体的生成和壮大，在推进体制外经济发展的同时，促进了社会结构的变迁和分化，社会发展进入转型时期。

所有制结构变革促进了社会管理体制的变迁。体制外力量的发展和经济体制的不断探索与实践，使我国所有制结构发生了变化，由单一的公有制经济结构，逐步演变为以公有制为主体、多种所有制形式共同发展的所有制结构。所有制结构的变化使社会结构发生很大变化，社会经济成分、就业方式、利益关系等开始出现多样化趋势，原有的体制框架已经无法容纳日渐分化的利益群体，计划社会管理体制不再适应经济社会的变动。

在农村，随着国家意识形态的转换和改革开放政策的实行，人民公社体制解体，家庭联产承包责任制推行，由此打破了原有的农村利益格局，乡村社会秩序发生了激烈动荡。在国家权力自主退出对乡村社会全能控制的同时，乡村社会的自身发育也同时出现，在各地自发出现了各种自治性的村民委员会组织。为了弥补由于公社体制退出而造成的"制度真空"，国家权力积极支持了这种乡村自治行为，并将其纳入制度。由此，中国乡村治理进入乡政村治时期。国家权力的有限收缩促进了乡村社会的自身发育，国家的民主建构开启了，国家权力与社会权利的良性互动终于进入"预定轨道"。

在城市，大量知识青年返城，为了安置回城知识青年，几乎所有的街道办事处和居委会都办起了集体企业，政府开启了国家分配和自谋出路相结合的就业制度的第一次改革。但是第三产业发展严重滞后，生活服务设施极不健全，导致人民日常生活中出现了诸如理发、洗澡、吃早点、换煤气罐等多方面的困难，需要社会提供更多和更好的服务，以提高生活质量。为此，民政部率先提出在政府的指导和资助下，以城市街道办事处和居委会为组织依托，动员社会力量兴办社会福利设施，为居民群众特别是有困难的居民和家庭提供服务，这就是社区服务的开端。1986年，民政部在推动社区服务工作的基础上第一次提出社区的概念，社区服务开始在全国普及。单位制在这一时期逐步松动和萎缩，但单位的社会管理功能继续惯性发挥作用，街居制在社会管理中的作用和地位逐步上升，社区居委会建设的主要任务是社区服务。但是这一时期，由于社会管理行政体制改革进展缓慢，街居组织虽然承担的社会事务增多了，但它更多地充当了政府的"腿"的角色，政府单位部门依然是社会事务管理的绝对主体，社会组织发育受到严格的管控，成长缓慢。社会成员对单位的依赖心理依然存在。1992年党的十四大召开以后，我国不断突破公有制经济和非公有制经济的界限，促进社会经济体制改革的理论创新和实践突破。国有企业改革的深化，促使单位作为社会管理的基本单元濒临解体，逐步出现了国家、市场、社区的三元化社会结构，原来单位办社会所负担的多元化职能逐步向社会回归。这实质是社会职能的分化和专业分工，即不同的社会管理职能由不同的组织来承担，其实现途径是通过政企分开、政社分开、企社分开来实现社会组织的分化和专业化，实现社会职能的分化。

（二）山西社会管理体制的变迁

人民公社解体，村委会成为农村基层社会管理主体，"单位人"开始向"社会人"转变，城市社区建设兴起，标志着自治精神在社会管理中的回归。社会力量的发育和成长为建构治理多元化的社会管理体制提供了社会支持。社会管理体制由社会管控走向社会治理。

1.单位制、社区制并行的管理模式

十一届三中全会后，山西陆续撤销"文化大革命"期间设立的街道革委会，恢复了街道办事处。根据1979年公布的《城市街道办事处组织条例》，山西确定街道办事处的主要任务一是认真落实居民政策，妥善安置受迫害的居民群众；二是积极发展街道经济和生活服务事业，做好待业青年的安置工作；三是抓好居民委员会的组织整顿和改造。1980年1月，《城市居民委员会组织条例》重新公布，山西开始了居委会的重建工作。到2000年，山西共成立居民委员会3041个。此后，各城市的居民委员会迅速发展，到2011年，全省范围内当年完成选举的居委会数量达到了22646个。

山西的城市社区服务起步于1986年，具有代表性的是太原市南城区坞城街道办事处进行的以"双拥"为主要内容的社区服务初期探索。1988年，山西确定在太原市、大同市进行社区服务工作试点，并逐步向全省推开。1993年，民政部会同国家纪委等13个部委联合颁发《关于加快发展社区服务业的意见》后，社区服务在全省各城市普遍开展起来。1995年年底，全省各类社区服务设施发展到1706个，便民利民服务网点发展到4030个。1996年，省政府下发《山西省社区服务五年发展计划》和《关于加快发展社区服务业的通知》，明确了全省1996年至2000年社区服务业的发展目标和基本任务，制定了相关的扶持保护政策。重点在太原、大同等主要城市扶持兴建了一批示范骨干社区服务设施。2010年，全省城市共有社区公共服务设施6134个，全省建有社区服务中心（站）1204个，占社区总数的57%，达到每百户居民拥有社区服务设施面积不低于20平方米标准的307个，占社区总数的14%。

2011年7月，全省有社区1906个，1671个社区解决了办公用房，其中有966个面积在100平方米以下，占社区总数的53.7%。1/3的社区没有解决办公经费，已解决的办公经费仅有2000多元，除去日常开销、接待各类检查以及联系工作的需要，难以满足工作需要，社区服务在比较困难的条件下逐步发展起来。

在此过程中，随着国有企业改革的深入，单位体制逐渐松动瓦解，大量的社会事务涌向社区。加上体制外资源增多，社会流动性增强，社会问题复杂化，而原有的社会管理体制出现漏洞和管理真空，在一定程度上推动了社会管理体制的改革和发展，这一时期城市社会管理组织体系由"单位制+街居制"逐渐转为"单位制+社区制"为主导的社会管理组织体系。

2.村民自治与农村社区建设的提出

废除人民公社体制是党的十二大后的一项重大改革举措。1982年年初，中共中央、国务院做出了废除农村人民公社的决定。4月12日，中共中央、国务院发出关于农村人民公社政社分开问题的通知，要求各地进行试点。

1982年山西省选择9个县区13个人民公社进行了建乡试点。在此基础上，山西省委、省政府于1984年2月24日发出《关于切实搞好政社分开，建立乡政府工作的通知》。随后，省政府又于当年4月1日制定了《关于政社分开和建立乡（镇）人民政府的工作方案》。这两个文件相继下发后，全省政社分设工作全面铺开。各地以公社的范围为乡（镇）的范围，相继召开了乡（镇）党代会、人代会，通过民主选举和法律程序产生了乡（镇）党委、乡（镇）人民政府。原人民公社自行解散。到1985年，全省改革农村人民公社政社合一体制、建立乡（镇）人民政府的工作胜利完成。在此基础上，大队一级组织也进行了改革。原来的生产大队改为行政村，选举产生了村党支部和村民委员会。村民委员会是基层群众性自治组织，其任务主要是办理本村的公共事务和公益事业，调解民间纠纷，协调维护社会治安，协助乡人民政府搞好本村的行政、生产建设、教育、卫生和计划生育等工作。村民委员会在村党支部领导下开展工作。1984年，山西在原有的31780个生产大队的基础上建立村民委员会32287个，到1985年，山西的村民委员会设立工作在全省范围内基本结束，村民委员会作为村民自治的组织载体初步形成。[1]

村委会的产生意味着农村社会全面进入村民自治时期。村民自治就是广大农民群众直接行使民主权利，依法办理自己的事情，创造自己的幸福生活，实行自我管理、自我教育、自我服务的一项基本社会政治制度。村民自治的核心内容是四个民主，即民主选举、民主决策、民主管理、民主监督。

山西于2007年开始农村社区建设实验工作，先后申报确定两批实验单位，涉及29个县（区）、180个乡（镇）、2334个村。申报全

---

[1] 山西省地方志办公室：《山西省志·民政志》，中华书局，2016年，第200页。

国农村社区全覆盖示范单位的县（区）6个。2007年3月，山西确定长治、山阴、大同南郊、太原尖草坪、原平、祁县、侯马、河津、盂县、文水10个县（市、区）为首批农村社区建设实验县（市、区），并被民政部确定为全国农村社区实验县（市、区）。2008年3月，《山西省开展农村社区建设实验工作的实施意见（试行）》下发，确定实验县（市、区）建设工作的基本原则、实验范围、实验内容、工作目标。并提出10个县（市、区）进行农村社区建设的具体工作要求，2009年4月，省民政厅下发《关于开展"农村社区建设试验活动全覆盖"创建活动的通知》，并发文安排自荐、申报全国农村社区建设实验全覆盖示范单位的相关工作。2010年6月，全省农村社区建设实验工作现场推进会在运城市平陆县召开。《中国社会报》头版以"三千沟壑百朵花"为题，整版介绍了山西省在不富裕农村开展农村社区实验的经验。会后，各市又选择1个至2个县、每个县选5个至10个村进行农村社区实验，农村社区实验建设工作在全省各地全面推开。2012年，山西向民政部申报6个全国农村社区建设实验全覆盖示范单位。2013年6月，民政部专家考评组对运城市平陆县、河津市、盐湖区和太原市清徐县进行了评估验收。

3.社会组织的稳步发展

党的十一届三中全会以后，社会团体登记管理工作由民政部门承担。山西因条件所限，工作呈粗放式管理。1990年，经省编办批准，省民政厅成立社会团体管理处，专门负责社会团体管理登记工作，至此，山西省的社团登记工作渐趋正规。1991年至1997年，山西各级民政部门全面承担社会组织登记管理工作。在此期间，全省民政系统对各类社团进行清理整顿和复查登记工作，以复查登记工作为基础,对各级各类社团进行了规范化管理。1997年至2007年,山西各级民政部门贯彻落实中央关于民间组织管理的方针政策和《社团登记管理条例》,落实双重负责的管理体制,重点开展了社会团体及其分支(代表机构)和气功组织的清理整顿,积极培育发展行业性、公益性社团和农村专业经济协会。2013年,省民政厅创新社会组织登记管理体制,制定下发《创新社会组织登记管理的意见》和《社区社会组织备案登记管理暂行办法》,明确行业协会商会类、科技类、公益慈善类、城乡社区服务类4类社会组织由民政部门直接登记,对能正常开展活动但暂不具备登记条件的社会组织实行备案登记的工作在全省全面开展。到年底,直接登记社会组织89家,备案登记社区社会组织682家。

截至2013年年底,全省范围内共注册登记社会组织12201个,其中,社会团体7103个、民办非企业单位5043个、基金会55个。

(三)社会管理体制的功能变迁

随着人民公社和单位体制的瓦解,特别是20世纪90年代以来社会主义市场经济目标的确立,社会管理体制由管控走向管理,其功能的作用方式发生了极大的变化。

1."乡政村治"模式的实现

按照八二宪法,农村基层组织基本上可分为乡镇与行政村两个层级。在乡镇级,乡镇人民代表大会应是最高权力机关。从《地方组织法》规定来看,乡镇人民政府作为中国政权体系中最基层的行政机关,应是同级人民代表大会的执行机关,乡镇人民代表大会才是社区的权力中心。宪法与法律还规定,村民委员会是村民自我管理、自我教育、自我服务的基层群众性自治组织。村不是一级国家政权机关，村民委员会与乡镇政府的关系是被指导与指导关系，而不是被领导和领导关系。这就是改革以后形成的乡村治理之所谓"乡政村治"体制。

"乡政村治"管理体制下，乡镇政府不再作为唯一的权威主体和权力中心，村民自治组织成为农村基层公共事务的重要治理主体。同时，农民政治素质、管理素质等逐步提升，权利意识日益高涨，他们更加主动参与到各类社会公共事务的管理当中，一定程度上发挥着基层社会管理主体的作用。但是"乡政村治"治理模式仍然保持集中统一的党政权力体系，不管是在乡一级还是村一级，其权力结构都是一个以党组织为核心、党的书记为"当家人"、党政高度一体化和政治、经济与社会权力高度集中的金字塔式的权力结构。乡镇的实际工作仍然深受公社时期党的一元化领导的影响，在强调党的领导的同时，也以新的形式强化了党的一元化领导体制，上下组织之间习惯于采取行政措施处理关系，习惯于直接指挥和控制，善于运用各种杠杆和利益导向实行间接、弹性控制。但由于集体经营方式的变化，国家不可能再经由公社那样的全能治理架构来一竿子到底实现控制，必须借助县、乡、村三级与分散的农户打交道，从农村抽取资源用于现代化建设事业。当时农村面临着农民负担不断加重、农业生产连续下滑、耕地撂荒、宗族势力抬头、民间非法组织猖獗等社会问题。一直到2006年税费改革以及乡镇机构、农村义务教育、县乡财政管理体制等三项改革为主要内容的农村综合改革推行，才把乡镇职能转到改善民生、服务"三农"、优化环境、维护稳定上来，重点强化乡镇政府的社会管理和公共服务职能，一举解决了以农民负担为表征的农村治理危机。

2.社区制管理模式的兴起

在城市,随着单位体制的松动和单位的瓦解,大量的社会事务涌入社区,社区成为各种社会问题的聚集场域。单位的解体和单位办社会逐步被否定,单位的社会功能在单位内化的基础上逐步消失,出现了大量游离于单位之外的碎片化、原子化的个体。脱离了单位组织的个人和群体,如下岗失业人员、再就业人员、离退休人员,聚居于社区,他们与社区的联系愈来愈紧密,社区成为他们赖以生存的重要场所和载体。此外,单位体制之外的组织也开始大量产生,如民营企业、外资公司等,单位精英成员逐渐向资源配置更为有效的市场领域转移,许多新型的社会组织,如各种营利组织、非营利组织、社会中介组织也进入社区,个体户、打工者、自由职业者等涌入社区加剧了社区的复杂性和流动性。面对新的社会形势和大社会问题的,新的社会整合机制必须建立。

单位体制下全能型的社会管理空间主要以单位制为支撑,以单位为主要表现形式。单位体制下,单位社会管理设施俱全,单位无所不能,不出单位,就可以满足个体基本的生存需要和生活需要,离开了单位,反而无法生存,因为单位之外几乎没有可流动的社会资源。国家、市场、社区治理空间的出现,主要以社会转型为背景,以社区制和社区为主要支撑和表现形式,以开放、分工、合作为主要特征。这主要因为社区具有超强的容纳功能和吸附能力,可以容纳不同的社会群体、不同的经济形态和体制形式、不同的组织实体,计划和市场、行政和契约都可以在社区内出现。社区制成为社会整合的重要机制。

社会管理体制的变迁标志着行政一元化社会管理体制组织基础的

松动。单位社会逐步失去了继续生存的土壤,以政府和社区为主的社会管理体制在城市发展起来。以社区制为主体的社会管理组织体系就是要通过基层社会管理体制的创新,把街居组织从国家行政体制的框架中解脱出来,重构街居与居民和政府、单位与居民和政府之间的关系。社区制就是通过社会组织和社会职能的专业分工,合理划分社区建设过程中政府组织、经济组织、社会中介组织、社区组织等之间的权责,并通过社会力量的培育,促进城市基层社会自治和社会和谐。这实质上反映了社会管理公共权力资源配置的分化和国家与社会关系的变化。总体来说这一时期的城市社会管理体制基本上摆脱了计划经济体制的影响,逐步建立起以社区制为主、单位制残存的过渡性的社会管理模式。但是正如有学者指出,从单位制到社区制不是简单的要素替代,而是基层微观社会结构的整体性变迁。由于社区不像单位那样占有经济和政治资源,对其成员的控制能力远弱于单位。社区内也不存在一个刚性的制度化的管理体系,加上户籍制度逐步松弛、人员流动削弱了社区对人员的束缚能力,因此社区无法简单替代单位的基层社会治理功能。社区的建设和发展只在一定程度上解决了一定范围的社会问题,社会管理存在一定程度的治理低效甚至真空。因此,社会管理体制需要进一步改革和创新。

三、党的十八大以后社会治理的创新发展（2012～ ）

2012年,党的十八大将社会管理模式概括为党委领导、政府负责、社会协同、公众参与、法治保障,目标是保障改善民生、扩大公共服务、完善社会管理、促进社会公平正义。这一表述在完善我国社会管理理论体系的同时,也为我国治理理论从社会管理跃升到社会治理奠定了基础。2013年,党的十八届三中全会明确提出全面深化改革的总目标是完善和发展中国特色社会主义制度,推进国家治理体系和治理能力现代化,将创新社会治理体制作为推进国家治理体系和治理能力现代化的重要组成,明确提出了创新社会治理体制和提高社会治理水平的总体要求。首次提出了党委领导、政府主导、社会各方参与,实现政府治理和社会自我调节、居民自治良性互动的系统治理机制与方式,社会治理理论从社会控制、社会管理提升到社会治理阶段。

(一) 从社会管理到社会治理的转变

社会管理和社会治理存在着较大差异,主要体现在主体、主体承担的责任、实现形式、实践路径等方面。从二者的比较可以看出,社会治理使公民的积极性、主动性得以最大程度的发挥,公民参与社会生活的热情高涨,公民之间的合作进一步密切,有利于社会的文明进步。因此,社会管理向社会治理转变尤为必要,加强社会治理建设,提高社会治理水平,是实现社会管理向社会治理转变的主要途径。

1.社会治理面临的新形势

经过多年改革开放的发展,经济发展进入新常态,国内外形势也发生了深刻的变化,不同群体在改革中的利益需求更加多元、矛盾纠纷更加复杂,社会治理面临新的发展形势和任务。《光明日报》发表文章,对社会治理发展形势面临的4个变化做出了深刻分析:

(1) 社会结构在深刻变化。在传统的治理格局下,人被分割在不同单位(城镇)与集体(农村)之中,社会结构几乎处于长期固化状态，单位（或集体）治理就是社会治理的同义语。伴随改革开放而来的一个直接结果就是中国人已从过去的"单位（或集体）人"变成了"社会人"，整个社会结构也由原来简单的工农联盟变成了日益分化的不同阶层。而老年型社会的到来与不断深化，呈现出来的是家庭规模小型化与少子高龄化现象，代际关系也不再像过去那样紧密。

（2）利益格局在深刻调整。面对多年形成的利益失衡格局，新时期深化改革的核心任务就是要打破利益失衡与利益固化的藩篱，通过增量改革与存量结构调整来实现全民合理分享国家发展成果，同时畅通不同社会阶层向上流动的通道，形成利益相对均衡的新常态，这必然触及一些人的既得利益，由此导致的社会问题可能更加复杂，需要通过社会治理解决的问题也会更加复杂。

（3）民生诉求在全面升级。共同贫穷的时代早已被送进了历史，新时期的民生诉求已不再满足于吃饭、穿衣问题，而是普遍要求公平正义与全面提升生活质量，包括对教育、就业、分配、社会保障、安全、环境、健康等的诉求都在持续升级。人们的维权意识与维权方式也在发生重大变化，从个体维权到集体维权，从底线维权到发展维权，维权正在成为一种新常态。

（4）社会生态日益复杂化。人们的价值取向已经多元化，舆论生态亦已多元化，传统的与现代的、境内的与境外的、"左"的与右的观念同时并存，而发达的互联网则成了放大器。全国现有7.31亿网民，手机网民达6.95亿，网络预约出租车用户规模达2.25亿，网络直播用户规模达到3.44亿，网络预约专车用户规模为1.68亿。互联网正在全方位地改变着人们生活的方方面面，揭示了新时期的社会治理不可能再简单延续过去的方式方法了。[1]

社会治理形势的变化加大了社会治理难度,使社会治理面临了新的问题和挑战。阶层结构和利益格局复杂化,财富和收入差距较大;职业选择和劳动就业市场化,社会流动加快;处于原有单位体制之外的"社会人"成为就业主体;社区社会化,在原有的熟人街道社区、单位大院社区之外,出现大量商品房陌生人社区,还有城乡接合部的杂居社区;家庭小型化,单身家庭、单亲家庭、空巢家庭等不断增多,家庭的教化功能有所弱化;价值观念发生深刻变化,需要重塑道德约束和社会信用;等等。这些变化对治理体系和治理能力的建设提出了新要求。

2.从社会管理到社会治理的理论突破

2013年,党的十八届三中全会发布的《中共中央关于全面深化改革若干重大问题的决定》首次使用了"社会治理"的概念,这是中国共产党成立以来在党的正式文件中第一次提出"社会治理"概念,标志着我们党执政理念的新变化。社会领域此前经常使用的"社会管理"这一表述,随之调整为"社会治理"。

社会管理和社会治理存在着较大差异,主要体现在主体、主体承担的责任、实现形式、实践路径等方面。在主体上,社会管理将政府视为管理主体,将社会视为被管理的客体,更强调作为管理主体的政府对作为管理客体的社会进行管理和控制;社会治理则强调一方主体与另一方主体的平等合作,强调多元主体,政府和社会都是一方治理主体,两者平等合作,对公共事务进行共同治理。在实

---

[1] 郑功成:《新时期社会治理的挑战与机遇》,《光明日报》2015年1月26日。

现形式上，社会管理是单向度的，强调政府对社会单方面的自上而下的管控，而社会治理强调多元主体之间的多向度的协商与合作，从而达成对公共社会事务的有效治理。在主体承担的责任上，社会管理更多强调政府对社会公共事务的管理，社会治理首先强调公民对社会公共事务的自我管理与自治，同时并不排斥政府对社会公共事务的管理，并强调政府与社会的合作共治。在实践路径上，社会管理体现为刚性的、静态的、被动的管控，是主体与客体之间的管理与被管理状态，而社会治理则体现为柔性的、动态的、主动的治理，是多元平等主体之间的最佳状态。

从二者的比较可以看出，社会治理使公民的积极性、主动性得以最大程度的发挥，公民参与社会生活的热情高涨，公民之间的合作进一步密切，有利于社会的文明进步。因此，社会管理向社会治理转变尤为必要，加强社会治理建设，提高社会治理水平，是实现社会管理向社会治理转变的主要途径。社会治理与社会管理相比，最突出的进步就在于对社会活力的重视和促进，新的内在要求会让社会力量发挥出更大作用。从社会管理到社会治理的转变，适应了21世纪、新阶段我国经济社会发展的客观要求，表明了我们党对共产党执政规律、社会主义建设规律和人类社会发展规律认识的深化，体现了我们党与时俱进、开拓创新的精神，是党的执政理念提升的重要标志。

（二）多元化社会治理体制的构建

党的十八大以来，受益于从管理到治理的理念升级及相关制度安排所拓展的新格局，受益于技术进步为治理创新开辟的新空间，山西省在改进社会治理方式、激发社会组织活力、创新有效预防和化解社会矛盾体制、健全公共安全体系等方面都进行了一系列的改革探索，初步构建起了多元化的社会治理体系。

1. 打造共建共治共享的社会治理格局

党的十九大报告提出要打造共建共治共享的社会治理格局。这为加强和创新社会治理指明了方向。打造共建共治共享的社会治理格局，关键是要加强社会治理制度建设，完善党委领导、政府负责、社会协同、公众参与、法治保障的社会治理体制，改进社会治理方式，提高社会治理水平，让人民享有更加幸福安康的生活。

近年来，山西加大"放管服"改革力度，基本建立了以经济手段和法律手段为主的宏观调控体系，市场在资源配置上的基础性作用日益明显。政府不再直接管理企业，实行政企分开，企业自主经营、自负盈亏，政府对微观经济的干预大大减少；加强了对市场的规范和监管，努力完善市场准入和退出机制；加快了行政审批制度和垄断领域的改革，推进公共服务创新；稳步推进社会保障体系的建设，更加关注社会的公平与公民权利，政府越来越重视社会管理和公共服务职能。

山西在发挥党和政府的主导作用的同时，也不断强调发挥市场、社会和公民在社会治理中的作用，逐步建立起政府与市场、社会在社会治理中的合作伙伴机制。为此，加大了政府职能的转变力度，加快推进政企分开、政资分开、政事分开、政府与市场中介组织分开，把不该由政府管理的事项转移出去，把该由政府管理的事项切实管好，从制度上更好地发挥市场在资源配置中的基础性作用，更好地发挥公民和社会组织在社会公共事务管理中的作用，更加有效地提供公共产品；加大了对社会组织的支持力度，也出台了规范社会组织的相关法律法规，为社会的自我管理和自治提供了相应的制度条件和环境；加大了文化、教育、卫生、体育、环境保护等服务和公共产品的提供力度，2018年全省一般公共预算支出4285.4亿元，其中，教育、医疗卫生、社会保障和就业、住房保障、交通运输、节能环保、城乡社区等民生支出3423.8亿元，占到总支出的80%。

2.建立起完善的治安防控体系

2012年，随着社会建设和社会管理理念的提出，各地纷纷开始建设社会管理服务平台，并通过网格化形式实现对城乡基层社会的综合治理。山西省针对基层社会服务管理体系建设先后出台了《关于加强基层社会服务管理体系建设的指导意见》《山西省基层社会服务管理信息平台建设方案》《关于深入推进全省社会服务管理体系建设的若干意见》《关于建立基层社会服务管理体系经费保障的通知》等一系列文件，明确了全省信息平台建设的整体思路和工作模式，实现了省、市、县、乡、村五级综治中心和网格化管理的省域全覆盖。同时建成了以网格化管理为基础，县、乡、村三级社会管理服务中心与网格四级联动的网格化管理体系。

2013年以来，全省不断增加投入，用于公共安全视频监控系统建设，基本实现了重点行业、重要部位、重点场所的视频监控系统全覆盖，同时大力推动公安、综治、发改三类公共安全视频监控交换共享平台建设。视联网作为综治信息化和"雪亮工程"综治共享平台的重要载体和依托，进一步推动了信息技术与社会治安综合治理的深度融合，提升了社会治理智能化水平。2016年，山西省实现了省、市、县三级综治视联网全覆盖，并逐步向乡镇（街道）和重点村延伸，提升了各级综治中心的指挥调度能力和对社会治安状况的掌控能力、分析研判能力以及远程可视化应用能力。实施公共安全视频监控建设联网应用"雪亮工程",在打击违法犯罪、维护社会治安、提高人民群众安全感方面发挥了重要作用。

为进一步推动综治领导责任制落实到位,2017年省委、省政府出台了《山西省健全落实社会治安综合治理领导责任制实施办法》,省综治委配套制订了综治督察、挂牌督办和重点管理、实绩档案、综治审查、一票否决5个办法,形成了"1+5"综治责任体系。党的十八大以来,各级综治部门充分运用综治政策工具,严肃责任查究,督促各级各部门严格落实平安建设主体责任,共对各相关单位的1611名主要负责人进行了约谈,对1376个单位实施了挂牌督办,对39个县(市、区)实施了重点管理,对166个单位实施了一票否决。

广泛动员广大群众参与基层社会治理,深入开展平安志愿服务活动,出台了《加强全省平安志愿者服务工作的意见》和配套实施方案,形成了"1+5"制度体系,推动平安志愿者队伍进一步壮大。长治市平安志愿者协会大力开展平安志愿服务活动,内容从最初的报警服务逐步扩展到维护社会治安秩序、见义勇为、协助侦破案件、排查化解不安定因素、调解矛盾纠纷。临汾市翼城县《经纬剧场》栏目以当地生活中真实的案例为蓝本,以电视短剧的形式演绎法制故事。10年来,全县参与演出的群众达到6200余人次,报名参演的群众达到上万人,群众共治效果在这里得到充分体现,受到了中央综治委的充分肯定。目前,山西省平安志愿者队伍、治安联防队伍等群防群治力量不断壮大,社会治理已经由政府部门"单打独斗"转变为政府主导、群众广泛参与,为维护社会稳定、促进社会和谐做出了积极贡献。

3.学习"枫桥经验",加强人民调解工作

山西确定了15个县区、153个乡镇街、1085个村(社区)同步开展推广学习新时代"枫桥经验"的试点工作,创新工作理念和方式方法,坚持以法治思维和法治方式开展矛盾调解工作,努力让人民群众在每一个案件中感受到公平正义。

积极拓宽人民调解工作领域,构建人民调解立体式组织网络,实现人民调解工作全方位全覆盖。不断优化人民调解员队伍结构,按行业性、专业性调委会,乡镇街道调委会,村居调委会3∶2∶1的比例配备专职人民调解员,打造专兼职相结合的人民调解员队伍。建立健全工作制度,使调解工作各个环节有章可循。加强人民调解信息化建设,着力提高人民调解工作社会化、法治化、智能化、专业化水平,积极打造人民调解工作升级版,依法及时就地化解各类矛盾纠纷。

坚持发展"枫桥经验",全力做好矛盾纠纷排查化解工作。要坚持调防结合、以防为主,充分发挥人民调解在维护社会稳定中的主动性、防范性、预见性作用,及时发现矛盾风险隐患。坚持应调尽调、就地化解,将大量矛盾纠纷吸附在基层,化解在第一线,确保小事不出村(居)、大事不出乡(镇)、矛盾不上交。坚持以案释法,指导广大人民调解员在调解纠纷的同时宣传社会主义法治、弘扬社会主义核心价值观,引导广大群众尊法学法守法用法,积极推进自治法治德治"三治"融合。

着眼于矛盾纠纷的源头治理。省委、省政府还印发了《山西省建立健全重大决策社会稳定风险评估实施意见》,重点在征地拆迁、村矿(村企)、劳动关系、环境污染、医患关系、交通事故等六大领域和重点工程项目上开展重大决策社会稳定风险评估。同时，积极探索完善社会稳定风险评估工作量化标准，总结推广寿阳县"1+5+1"评估机制，即《寿阳县重大决策社会稳定风险评估实施办法》，重大决策稳定风险评估登记备案、督促提醒、指标考核、责任追究、报告编制5项制度和重大不稳定问题清单制度，得到了中央综治办的充分肯定。

4.加强城乡社区治理

党的十八大以来，山西省更加重视城乡社区治理，各地普遍推行民主化、网络化、网格化、精细化管理，完善城乡社区治理体系，创新城乡居民全面服务管理新模式。畅通民主渠道，开展基层协商，推进城乡社区协商制度化、规范化和程序化。坚持因地制宜，突出特色，推动各地立足自身资源、条件、人文特色等实际，完善社区治理模式。

（1）制定社区规划。以县为单位，各县（市、区）都把社区建设纳入总体规划，编制完成了城乡社区布局规划。短短几年内，一批设施完善、功能齐备、标准一流的社区办公活动场所陆续建成，多数都有了专项经费支持，全省城乡社区基础设施建设大大改善。

（2）加强专业化建设。为了提升社区干部队伍服务城乡居民的能力，各地从优化社区干部队伍年龄结构着手，纷纷引进社工人才和大学生充实社区队伍，着力打造社区综合性工作者队伍。每年采取集中和分片培训的办法，对社区干部进行系统培训，并要求全部持证上岗，鼓励在职社区干部参加社会工作资格考试和学历教育。全省社区工作者职业化、专业化水平稳步提高。社区干部队伍的知识层次和服务理念有了根本性的变化。

（3）服务内容日益丰富。从重管理到重服务，从重共性到重个性，"小社区"服务"大民生"效应初显。在强化社区服务功能的同时，拓宽社区服务领域，大多数社区设置了"一站式"服务大厅、图书阅览室、民事调解室、老年餐桌、日间照料中心、康复中心、文娱活动中心，充足了服务资源，满足了群众的各种需求。与此同时，还增加了费用代缴、送餐上门、健康讲堂、康复治疗、学童代管等服务项目。太原市开展了居家和社区养老服务改革试点工作，打造全覆盖、全天候、零距离的基层服务体系，避免服务"盲区""真空"。构建15分钟便民生活圈，让居民感受到购物、餐饮、日常修理、金融服务、医疗卫生、文化娱乐等的服务效应，真正把社区建设成为人民群众安居乐业的幸福家园。

5.社会组织的全面发展

2013年，民政部门为了激发社会组织活力，在全国范围内开放对行业协会商会类、科技类、公益慈善类和城乡社区服务类社会组织的直接申请登记。2014年《基金会管理条例》修订出台，这部新修订的条例是在原有基金会管理经验的基础上借鉴了发达国家基金会管理的经验而修订的，体现了我国基金会管理体制的时代性和先进性。随后，国家又相继出台关于社会组织的年度检查办法，社会组织管理的法制化、规范化程度不断提高。2016年，全国人大常委会先后通过《中华人民共和国慈善法》和《中华人民共和国境外非政府组织境内活动管理法》。2017年2月，全国人大常委会通过修订后的《中华人民共和国红十字会法》；同年3月，全国人大通过《中华人民共和国民法总则》，不断完善社会组织管理的法律体系。2016年，中办、国办印发了《关于改革社会组织管理制度促进社会组织健康有序发展的意见》，从改革、完善管理制度入手推动社会组织发展。

山西围绕加强社会组织建设，采取了一系列措施，一是强调并实施政府职能转变，建立政府权力和责任清单，推行三项清单，推动政府职能转变和简政放权，提高服务社会组织发展的能力。二是加强党对社会组织的领导，充分发挥社会组织中基层党组织的核心作用；三是持续加大对社会组织的帮扶力度，通过政府购买服务、政府财政资助等手段促进社会组织提升能力、服务社会；四是推进群团组织改革，去除群团组织行政化、官僚化、娱乐化行为，把群团组织建设成为服务群众、联系群众、维护群众利益的组织。

2018年，全省各地按照政府扶持、社会承接、专业支撑、项目运作的思路，以满足广大居民基本需求为目标，通过政府购买服务的方式，在城乡社区推动以社会工作者为主导、社会组织为载体、城乡社区为平台的社会工作服务模式。重点围绕老年人、城乡低保对象、农村留守人员等特殊人群，提供精神慰藉、资源链接、能力提升、关系调适、社会融入等专业社会工作服务。

（三）取得的成效与影响

党的十八大以来，山西不断完善公共服务体系和社会保障体系建设，创新信访工作机制，有效调处化解矛盾纠纷，创新立体化社会治安防控体系，在创新城乡社会治理机制方面进行了有益的探索，治理体系更加完善，社会大局保持稳定，公共安全全面加强，治理能力和水平都有了很大提升。

1.社会秩序安全稳定

（1）严厉打击违法犯罪活动。严厉打击严重暴力犯罪、毒品违法犯罪、"两抢一盗"犯罪,从严查处非法集资、网络传销、套路贷等突出经济犯罪,深入整治群众反映强烈的社会治安问题。2018年,全省刑事案件同比下降9.1%,命案同比下降22.48%,特别是涉枪涉爆、涉黄涉赌等突出问题得到有力整治,文物犯罪高发势头得到有效遏制。群众安全感指数达到91.9%,创历史新高。

(2)重点信访问题得到有效治理。按照中央关于防范化解重大风险和信访工作的决策部署,全省上下持续开展防范化解重大风险"先手行动",打好重点领域、重点人群、重点问题、重点人的矛盾化解攻坚战,把风险隐患消除在源头,把信访矛盾化解在基层,更好地维护群众合法权益,维护社会和谐稳定。2018年,深入开展社会风险防范化解专项行动和信访矛盾化解攻坚工作,排查各类矛盾纠纷13.6万件,化解率达到96.17%,推动信访维稳形势进一步好转。

(3)加大法治建设力度。推进法治攻坚、法治惠民、法治创建、乡村法治建设等专项活动,制定出台了《全省政法机关支持服务保障民营企业发展的实施意见》,建立完善企业涉法维权协调机制,大力破解生效裁判执行难题,组织开展打击破坏生态环境违法犯罪的专项行动,从严惩处脱贫攻坚中的贪污、受贿、玩忽职守问题,为全省转型发展和脱贫攻坚提供了有力的法治保障。

(4)扫黑除恶专项斗争深入推进。扫黑除恶专项斗争开展以来,全省上下深入贯彻中央部署要求,强势开局,持续攻坚,重拳出击,严厉打击,取得了明显阶段性成效。特别是中央扫黑除恶第2督导组进驻督导和全国扫黑除恶专项斗争推进会后,全省上下进一步掀起斗争高潮,共打掉涉嫌黑恶势力犯罪团伙1007个,其中黑社会性质组织70个、恶势力犯罪集团275个。全省纪检监察机关立案查处涉黑涉恶腐败、充当"保护伞"及失职失责问题591件1288人,其中党纪政务处分617人、组织处理738人、移送司法机关51人,开辟了从严治党和反腐败斗争的新战场。

2.标准化综治中心建设有序推进

2016年,根据《社会治安综合治理综治中心建设与管理规范》国家标准要求,全省范围内开启了综治中心标准化建设,将原来的社会管理服务中心(平台)升级为综治中心(平台),并从实际出发,建设实体,突出实战,推动功能定位科学化、运行机制高效化、基本设施标准化、组织机构实体化、网格管理精细化、工作手段信息化,全面推进综治中心提档升级,构筑维护社会稳定的坚强防线。目前全省已建成省级综治中心1个、市级综治中心11个、县级综治中心119个、乡级综治中心1397个、村级综治中心28199个,实现了省、市、县、乡、村高标准五级综治中心全覆盖。

所有的综治中心建设都配备了"一厅四室",即群众接待厅、监控研判室、防控处置室、心理服务室和矛盾纠纷调处室,延伸拓展综治视联网络覆盖面,搭建立体化治安防控工作平台。同时,与居民日常生活密切相关的法院、检察院、公安、司法、人社、住建、卫计、民政、工商、老龄委、教育、文化、残联等多个职能部门的服务职能进驻综治中心,延伸基层综治服务职能,面向群众开展各类服务,实现了服务重心下移、管理职能延伸、平安创建联动,形成集社会治理、公共服务、矛盾化解、维护稳定于一体的综治工作平台。

标准化综治中心聚焦社会治安综合治理和平安建设,履行组织协调、指派调度、督导考核、责任查究等职责，同时，同步建设综治信息系统，将综治中心与综治信息系统同安排、同建设、同推进。2017年以来，全省综治中心共受理各类事件4849119件，处置4112421件，处置率84.81%。

3.网格化管理全面推行

2012年以来，随着全省各地县、乡、村三级基层社会服务管理体系的先后建立，网格化管理开始逐步推广。最初从社区开始，把社区划分为若干网格，社区干部和社区党员及志愿者按格定岗，为社区群众提供无缝隙的公共管理服务，并渐渐向农村地区延伸。到2013年7月，基本实现全省基层社会服务管理体系全覆盖，指挥有力、协调顺畅、运转高效的网格化管理运行体系也覆盖到了所有城乡地区。

（1）在网格划分上，确定了基础网格划分的办法。根据地域面积、人口数量、治安状况等基本要素，城镇以街巷、楼院、单位为基础，农村以居住区域、村民小组为基础，扩大网格覆盖面，划小基本单元，将辖区内人、地、物、事、组织等要素分类整合，全部纳入网格服务管理范畴。同时依托综治信息系统，对全省基础网格实行了统一编码，使每个网格成为社会治理的基本单元和组织节点，确保了网格划分更加科学合理，做到了覆盖无缝隙。目前，全省共划分网格62301个，配备网格长（员）69703名。

（2）在服务管理上，实行组团式服务。网格划定后，要组建服务团队，并根据网格内服务对象的数量、范围、特点和需求，开展菜单式、特色化、品牌化的服务。同时，通过设立为民办事全程受理站、楼栋服务工作点等措施，将社保、民政、计生、信访等基层管理服务资源打包整合,为城乡居民提供"一条龙"服务。

（3）运行机制上,网格长通过手机App将事件及时上报,各级综治中心对上报信息进行全面收集、及时汇总和分析研判,并对重大事件进行任务指派、调查落实、处理反馈、结案归档。通过"六步闭环"运作机制,规范了工作流程,落实了工作责任,将大量矛盾纠纷和风险隐患消除在了萌芽状态。目前,全省已累计受理各类事件2000余万件、处置1800余万件,处置率达90%以上。

4.基层矛盾纠纷化解机制逐步健全

根据2016年出台的《关于完善我省矛盾纠纷多元化解机制的实施意见》,全省各地纷纷成立矛盾调解委员会和矛盾调解中心,并大力加强县、乡、村三级调解中心（室）规范化建设。县一级调解中心有的有独立场所、调解员和运行经费,有的依托县（市、区）信访大厅或综治中心建设;乡镇（街道）调解中心多数依托乡镇（街道）司法所或便民中心建设;村（社区）调解室多数依托村（社区）综治中心或警务室等建设。在矛盾纠纷三级调解中心（室）全部建成的基础上,各地又纷纷进一步加强了专业性、行业性领域矛盾纠纷调解组织的建设和人民调解委员会的建设,并全部按照"六统一""四落实"的标准制作了场所标识、徽章、印章等,制定了工作职责、工作流程、规章制度,推动矛盾纠纷排查调处工作走上规范化、法治化、信息化轨道。

在工作机制上形成了党政统一领导、政法综治部门牵头协调、调解中心具体实施、有关部门齐抓共管、全社会共同参与的矛盾纠纷多元化解工作格局。实际工作中,实行村（社区）每周、乡镇（街道）每半月、县（区）每月排查一次,重大节日、敏感节点和苗头性问题及时组织力量集中排查，对排查出来的较大矛盾纠纷全部建立调解台账，严格实行"零报告"制度。做到及时发现、掌握和化解各个辖区存在的各类矛盾纠纷及不稳定苗头、隐患。严格落实矛调例会制度，坚持市、县（市、区）每月、乡镇（街道）每半月一次的矛调例会，主要对本地区重大矛盾纠纷隐患进行分析研判、协调解决。严格执行通报制度，县（市、区）每月对乡镇（街道）的矛调工作进行通报，市矛排办每月对各县（区）矛调工作进行通报排名，并寄送县（区）政法委书记、综治办主任。5年来，全省共排查各类矛盾纠纷67万余起，调处65万余起，调解成功率达97%以上。

5.城乡社区服务能力大幅提升

强化基层带头人队伍建设，拓展基层领导选拔渠道，选优配强居村书记队伍，不断提高社区和农村"两委"班子成员待遇。社区工作者队伍进一步壮大，2018年，专业持证社工将近4000人，其中35周岁以下占到了58.09%，大专及以上学历者占82.69%，新招录人员队伍结构进一步优化，职业体系也已初步建立。完善基层综合服务管理平台和网格化管理机制，拓展社区服务内容，加强社会治理服务体系建设，延伸社区治理覆盖面，提升社区治理绩效，建成社会广泛参与、覆盖全体居民、基本满足不同需求的城乡社区服务体系。

加快了城乡社区公共服务体系建设的进度，在劳动就业、社会保障、卫生计生、教育事业、社会服务、住房保障、文化体育、公共安全、公共法律服务、调解仲裁等方面提高服务供应能力，通过志愿者和政府购买服务的方式为社区居民提供服务。着力增加了农村社区的公共服务供给，促进城乡社区服务项目、标准相衔接，逐步实现均等化。将城乡社区服务纳入政府购买服务指导性目录，完善政府购买服务政策措施，按照有关规定选择承接主体。提升城乡社区医疗卫生服务能力和水平，要求各级基层医疗卫生机构按照国家卫生健康委关于乡镇卫生院和社区卫生服务中心服务能力标准，从基础设施建设、科室设置、设备配置、业务开展等四方面，推进乡镇卫生院和社区卫生服务中心标准化、规范化建设，进一步提升服务能力、改善服务质量，更好满足居民群众基本医疗卫生服务需求。探索建立社区公共空间综合利用机制，合理规划建设文化、体育、商业、物流等自助服务设施。积极开展以生产互助、养老互助、救济互助等为主要形式的农村社区互助活动。鼓励和引导各类市场主体参与社区服务业，支持供销合作社经营服务网点向城乡社区延伸。

针对山西省社区综合服务设施建设相对滞后的情况，2016年3月，山西省民政厅联合省委组织部、省发改委、省财政厅、省国土厅、省住建厅、省文化厅、省地税局、省体育局、省残联等部门印发了《进一步加强全省城市社区活动场所和公益性服务设施建设的若干意见》，力争通过三至五年的努力，实现全省所有城市社区活动场所和公益性服务设施建筑面积达到500平方米以上。从2016年起连续三年对各地有条件进行新、改、扩建的城市社区综合服务设施进行援助配建。由地方政府负责标准化设计、主体框架和社区办公场地等部分的建设；省委组织部每年安排1500万元省管党费，支援配建社区党员服务中心；省民政厅每年安排5500万元福彩公益金，支援配建社区养老和老年人日间照料中心等社区服务设施。通过近两年的努力，截至2017年年底，山西省城市社区综合服务设施总面积增至约87.8万平方米（新增约11.8万平方米，增幅15.53%），平均每百户居民拥有综合服务设施面积上升到17.29平方米（提高1.88平方米，增幅12.2%）。一批服务设施齐全、功能完善、治理有序、群众满意的新改扩建社区综合服务设施相继落成并投入使用。截至2018年年末，山西省城镇有各种社区服务设施6355个，其中，综合性社区服务中心608个。

四、发展与展望

中华人民共和国成立70年来，山西加快了社会全面发展，社会治理领域发生了广泛而深刻的变化，在取得非凡成就的同时，也面临着各种不确定因素带来的社会问题和社会风险，这就要求进一步正确把握社会的运行和变革规律，妥善处理和协调各方面关系，有领导有秩序地把山西社会治理领域的变革发展不断推向前进。

（一）经验总结

1. 坚持加强和改善党的领导，充分发挥党在社会治理中的核心作用

社会治理改革是一项纷繁复杂、艰巨繁重的历史任务，要顺利推进这一重大任务，必须充分发挥党总揽全局、协调各方的领导核心作用，牢牢把握社会治理的正确方向。中国共产党的执政地位也决定了深化社会治理改革必须在党的领导下进行。同时，要始终加强党的自身建设，自觉改善党的领导，不断增强党的政治领导力、思想引领力、群众组织力、社会号召力，不断提高党的领导水平，并以党的自我革命推动伟大的社会革命。这也是最为重要的经验。

2.坚持不断解放思想,推动社会治理理论创新

70年来,山西社会治理变革取得的较大成就,得益于不断解放思想、坚持推进党的社会治理理论创新,特别是摆脱了许多不合时宜的传统思想和理念的禁锢,包括不断纠正以往实际工作中普遍存在的经济建设"一手硬"、社会建设"一手软"的问题,坚持用新理论、新思路、新办法解决改革开放和现代化建设中的新问题,努力使社会治理变革体现时代性、符合规律性、富有创新性。这是最根本性的经验。

3.坚持全面深化改革,着力推进社会治理体制创新

加强和创新社会治理,关键在于不断深化改革,推进体制机制创新。中华人民共和国成立70年以来,加强和创新社会治理领域工作,就是紧紧抓住了体制机制改革创新这个"牛鼻子",包括改革城乡二元结构,推行户籍制度改革,实行基层自治制度,创新社区治理体制,发展各类社会组织,发挥市场、社会力量的作用,不断推进就业、分配、教育、医疗、社会保障、住房等制度的改革创新。通过转变政府职能,加强和改进政府社会管理,持续推进"放管服"改革,提高社会治理水平。通过推动事业单位分类改革,优化事业单位构成,强化公益类事业单位的基本公共服务属性;通过建立政府购买公共服务制度,撬动和激活了公共服务市场。只有通过不断深化社会领域体制改革,才能更好推动社会治理现代化。

4.坚持运用多种手段,不断创新社会治理方式

坚持系统治理、依法治理、综合治理,努力实现社会治理由单一行政手段向多种手段综合并用转变。特别是在信息时代,复杂性、风险性前所未有,不稳定、不确定性因素难以完全预料,这使得社会治理难度加大，必须高度重视运用现代信息技术，打造"互联网＋"社会治理模式，把精细化、标准化、智能化、专业化贯穿于社会治理全过程，把体制机制变革与现代科技应用深度融合起来，有效利用大数据、云计算、物联网等信息化手段，不断提高社会治理的质量、效率和效能。

（二）存在的问题

当前，山西作为综改试验区，先行先试的政策将进一步推进改革的深入，也必将进一步促使利益格局继续调整。这就使得社会矛盾和问题交织叠加，社会治理面临的形势更加复杂，国家治理体系和治理能力有待加强，还需要在观念、政策、方法等各方面进行创新和改进。

1.社会治理体制不完善

现行社会治理体制是传统的高度一元化的社会治理体制，与党委领导、政府负责、社会协同、公众参与的社会治理模式的要求还有一定的差距，具体表现在以下三个方面：

（1）应对新的社会事务和社会问题的管理体制不完善。现行社会治理体制无法因应社会发展中出现的新情况、新问题。比如，社会组织管理体制、社会保障体制、社会应急体制、社区管理体制、社会工作体制等尚未建立或不够完善。以社会组织管理体制为例，管理社会组织登记和开展活动的法律目前仍停留在行政法规的层面上，缺乏高层次的立法，已无法适应社会组织的发展需求，一方面不能对体制内的社会组织实现高效管理，另一方面大量的社会组织因不具备登记注册条件而游离于体制之外。

（2）社会治理的综合决策和执行机制不完善。社会治理是一项系统工程，涉及多个部门，但在机构设置上还没有统筹协调社会治理的专门机构，造成在实际决策和执行过程中，从部门利益出发，各自为政，多头管理，相互之间缺乏必要的协调与沟通，一些社会事务既有可能被重复管理，又有可能因相互推诿而处在条块的真空之中，导致管理的高成本、低效率。

（3）社会治理的绩效评估机制不完善。政府和社会组织是社会治理的重要主体，对它们的社会治理绩效进行客观公正的评估，以期对它们施加影响，改进社会治理方式，提高社会治理效率，应该是社会治理的重要内容。但受历史惯性的影响，山西省还没有建立独立、专业的社会治理评估机构，形成完善、科学的社会治理绩效评估机制。

2.社会治理机制不健全

社会治理行为系统内部的运行机制应当由五大块组成，分别为决策制定机制、组织协调机制、资源动员机制、服务传递机制和监督评议机制。尽管山西省已经在基层社会治理领域进行了机制创新的尝试，并且取得了一定成效，但总体而言，基层社会治理运行机制的改革目前仍处于起步阶段。改革试点的成功往往体现在某一机制或某几个机制上，山西省基本上还没有出现健全的五大机制协调运行的成功案例。

某些社区虽然已建立了比较完善的基层社会多元管理主体间的组织协调机制，但却没有较好的资源动员机制来保证基层社会治理系统的资源输入。良好的资源动员机制应当是一种多元化渠道的供给模式，但是，目前山西省基层社会治理过程中的资源动员是一种单一化行政供给模式。尽管如此，从总体水平上看，政府财政投入还远远不能满足社会治理各个方面的需要，政府对基层社会治理方面的投入，特别是对服务环节的投入有待进一步提高。同时，社会力量的资源供给水平也不高，社会上蕴藏的大量人力、物力、财力资源并没有被充分调动起来，大量社会资源还没有参与到与自身利益密切相关的社会治理各个环节之中。在政府与社会资源供给都不到位的情况下，基层社会治理的资源支撑体系是缺乏稳定性的，这使得很多社会政策不能持续有效运行。

山西省基层社会治理机制的运行过程中还存在的另外一个很重要的问题就是缺乏各机制间的顺畅衔接。比如资源动员机制和服务传递机制之间应该形成有效衔接，这种衔接是一种双向传递的形式。社会治理主体在向社会中的各类组织动员社会资源的过程中，可以为他们提供一些优惠服务，来确保社会治理系统资源的持续性输入。这样一种双向的互惠互利衔接模式有利于保障系统资源输入的稳定性。再如，决策制定机制与监督评议机制间的衔接通常呈现一种单向性。社会治理过程中，管理主体仅关注监督评议机制对决策制定机制的监督管理作用，却忽略了后者对前者的信息反馈作用。参与决策制定过程的民众，在监督评议中是重要的信息反馈来源。如果各系统机制之间没有衔接，各自处于分离状态，很容易造成机制彼此之间的矛盾。因此，在社会治理系统内部的各项运行机制间搭建桥梁十分重要。

3.社会治理主体职能发挥不充分

（1）政府职能转变不到位。从长期注重经济职能到更加突出社会治理和公共服务职能，是政治体制改革的一个重要方面。在这一职能转变过程中，政府越位、错位和缺位的现象时有出现，并表现出服务意识不强、管理手段和方式落后等特点，具体表现为社会治理和公共服务投入不足，社会治理手段单一、方式简单两方面。政府社会治理和公共服务职能薄弱，与在这方面的投入不足有很大关系。本应由政府供给资金的社会保障、教育、医疗卫生、就业服务、环境治理等社会事业和公共服务，由于得不到完全的资金保障，使社会问题越积越多，给社会治理带来很大压力。当前，政府主要还是依靠行政手段管理社会事务，许多本来应该运用法律手段、经济手段、思想教育手段，或者通过社会组织来解决的问题，也习惯于通过设立政府机构管理。把过多的社会责任和事务矛盾集中在政府身上，使政府不堪重负，势必影响管理效率。在社会治理中，许多政府官员还不习惯于通过官民协商对话、平等沟通等民主政治手段来吸纳群众诉求、化解社会矛盾，不习惯于通过依法行政、公正执法、公正司法等法律途径来解决矛盾纠纷。利用行政手段和强制方式解决社会问题和社会矛盾对许多官员来说驾轻就熟，同时又能收到立竿见影的效果，但这样不仅不利于问题的解决，有时甚至还会激化政府与公众的矛盾。比如近年来，因拆迁、征地、环境污染等造成的民生问题越级上访、进京上访、敏感时期上访的数量有所增长，这既说明了公众诉求和参与渠道之狭窄，也体现了政府社会治理手段单一、方式简单。

（2）社会组织发育不成熟。山西省现有社会组织一万多个，数量不断上涨，同时所展现出来的实力也日益庞大，但是其所体现出来的作用与全省现阶段的社会治理要求并不相符，组织发育还不成熟。首先就是社会组织所能利用的资源比较匮乏。很多社会组织所依赖的资金来源都是民间捐款，全省的民间捐款数额比较低，在社会组织之中的地位也比较小，仅占社会组织资金的10%左右，资金匮乏问题严重。其次是组织缺乏专业的人才，现在的社会发展水平对于社会组织的要求比较高，对组织之中人员的能力要求也是比较高的，这就要求我们的组织中需要大量的专业人才，才能使组织不断提高其能力，适应现在社会的进步与发展。再次是缺乏有效的统一。现阶段，山西省社会组织发展状况的主要特点就是各个组织间没有或很少进行沟通合作，使得各组织之间独自运行，形成的力量也都是比较弱小的。最后是结构很不合理，影响了功能发挥。任何社会组织都有特定的服务对象，所以社会组织的组成结构清晰地反映了其功能的发挥状况。当前，山西省社会组织发展很不平衡。总体来看，互益性组织，尤其是互益性经济类组织，如行业协会、商会等发展较快，而公益性社会组织，如基金会、民办非企业单位发展相对较慢，为弱势群体服务的社会组织更是少之又少。这种结构使社会优势群体能够借助社团获得更多的社会资源，而弱势群体在社会自主领域依然处在绝对弱势的地位，这实际上加大了社会的不平等。事实上在社会上较有影响的社会组织，绝大多数是官办、官管，在社会中开展的较有影响的活动也多有政府支持和参与，比如，工会、妇联、共青团等，与行政机构几乎没有实质性差别。

（3）社会工作人员专业化程度较低。据了解，山西省现在在职在岗的社会工作者绝大多数都未接受过专业学习，而从高校科班毕业的那一小部分社会工作者，实务能力也难如人意。事实上，由于缺少专业的社工岗位以及相应的管理和教育体制不完善，不少社会工作专业的毕业生流向了其他领域，造成社工领域专业人才缺乏和专业人才流失并存的矛盾局面。社工队伍不仅总体规模小，而且从业人员的专业水平和服务能力总体上也比较低。社会工作长期以来积累下来的是由政府负责的、非专业化的运作模式。以往，社工并不是一种专门的职业，实际从事社会工作的人员基本上是以行政干部和准行政干部的身份出现的，大多没有受过社会工作所要求的较系统的专门训练。在基层社区，从事社会工作的多是离退休职工、下岗工人、基层政权的领导以及具有较高威望的族长和居民。这些人员，虽然在长期的工作实践中摸索出一套行之有效的方法，积累了很多经验，但由于缺乏系统的理论指导，其工作方法往往只是暂时性地解决问题，不能达到"助人自助"的效果。被纳入行政框架中的社会工作，在功能定位上归入行政管理的范畴。这种社会工作是行政干部按照行政程序进行的，缺乏专业的社会工作价值理念，也不善于使用社会个案工作、社会工作行政等专业的社会工作方法。在"政社分离"过程中，社会组织作为政府剥离出来的部分社会治理和公共服务职能的主要承担者，迫切需要高学历、高素质的专门人才，但许多社会组织政治地位不高、经济待遇低、社会公信力也不够高，使人对这些部门敬而远之，专业的社工人才更是严重缺乏。社会组织走不出人才缺乏的困境，其功能就无法充分发挥。

（三）建议与展望

随着进入新时代，我国社会的主要矛盾发生了明显变化，社会治理面临的任务、预设的目标也有所变化。今后一个时期社会治理的重要任务就是要以社会协同为路径，构建共建共治共享的社会治理格局。要注重用创新引领和推进社会治理，综合运用多种手段和多种形式引导、服务、组织、协调社会活动。通过不断推进社会治理理念创新、体制创新、制度创新、方式创新和科技运用创新，运用创新思维、创新路径、创新方法、创新手段全面推进社会治理社会化、法治化、智能化、专业化。

1.规范社区服务站建设

社区是社会治理的基本单元，在全部社会治理中地位重要。基础不牢，地动山摇。推进社会治理现代化，必须加快社区治理体系建设，推动社会治理重心向基层下移。随着工业化、城市化、市场化进程的加快，我国城乡社区治理出现了一系列新情况新问题。在农村，不少地方出现"空心村"现象，农村社会治理人才短缺、主体弱化、公共服务短缺。在城市，不少社区治理体制机制不健全，居委会行政负担过重、职能权责不清、自治能力不足。只有加强城乡社区治理体系建设，才能全面提升基层社会治理水平。为此，一要在实施乡村振兴战略中充分发挥农村社区作为基层群众性自治组织的作用，强化基层自治体系建设、矛盾化解体系建设、治安防控体系建设、社区服务体系建设，推进农村社会有效治理。二要完善社区综合治理机制，加强社区规范化建设，强化社区职能；改革社区政务服务机构设置，探索推行"大部制"；优化社区规模和服务空间；完善社区工作运行机制，完善社区多元治理体系，充分发挥各类社会组织参与社区治理的作用。三要加大社区治理的投入，建立良性合理的激励机制，培养高素质的社区建设人才队伍。四要加强社区文化建设，大力传播先进文化，弘扬传承优秀特色文化，营造社区温馨家园。五要总结推广新时代基层社会治理创新经验。要以"枫桥经验"为样本，与时俱进地创新社会治理内涵和模式，着力提升基层社会治理现代化水平。

2.完善社会组织管理体制

社会组织在社会治理中有着不可替代的重要作用,是构建党委领导、政府负责、社会协同、公众参与、法制保障的社会治理模式中承上启下的关键环节。促进社会组织的大繁荣、大发展,对于促进公民社会的发育、提高社会的自我治理水平具有十分重要的意义。

要加强与社会组织的协作治理。合作治理更强调参与主体的平等地位,但相比而言,协作是较合作更高形态的组织间关系。后者不仅要求多元主体基于共同目标参与行动,而且强调多元主体按照一定的分工发挥各自的特定作用。中国的社会治理应当迈向科学的协同治理。一方面,进一步明确政府主导和社会参与的具体分工与协作模式,基于各自优势科学配置治权,明确各自权责。以社会组织为例,针对自我保护型社会组织,政府可以采取"孵化赋能策略"提升社会组织的自我服务能力。针对专业服务型社会组织,政府可以采取"竞争性购买策略"吸纳此类社会组织的专业服务能力。另一方面,构建政府与社会协作平台,使社会组织在治理中获得合法性、生存资源及活动空间,同步推动国家能力特别是服务能力获得建设性的增长,并促进国家权力与社会自治保持"有机团结"。在此过程中,应当重视责任的同步配置,促使参与治理者规范行使治权。

政府要放宽社会组织的准入条件,将数量庞大的"非法"社会组织纳入国家统一的管理体系之中,以体现公民结社自由的权利。在此基础上,逐步加大对社会组织日常运作的管理,对其运作的规范性、合法性进行监督和管理,对其行为的后果及质量进行制约和监督。应提请注意的是,政府在监督过程中应尽量避免行政干预,要注重运用政策诱导、资金支持、舆论传媒等手段促使它们充分发挥作用，满足社会需要。在条件成熟时，可以考虑设立社会组织监管机构。

此外，还要畅通社会组织的资金来源渠道。稳定的资金来源既是社会组织加强自身建设的重要条件，同时也是自身能力状况的集中体现。首先，要完善税收优惠政策，降低优惠门槛，制定统一的优惠标准，同时对捐赠者辅之以其他政策优惠和表彰宣传，提高企业和个人捐赠的积极性，增加社会捐赠收入。其次，政府通过直接增加资金投入或通过项目委托、政府采购等形式使社会组织在提供服务的同时，得到一定的资金补偿。再次，借鉴国外经验，支持部分社会组织遵循"非分配约束"机制开展经营活动，将合法的经营收入全部用于从事组织章程规定的业务活动和该组织的进一步发展，并加强政府和社会监督。

3.完善社会利益协调机制

从群众的根本利益出发，完善党和政府主导的维护群众权益机制、诉求表达机制、矛盾调处机制，维护群众合法权益，保持良好社会秩序。

（1）建立畅通的利益表达机制。要加强社会主义民主政治建设，充分发挥人民代表大会和政治协商会议的作用，建立健全全社会协商对话制度，并把它作为不同群体和个人利益要求表达的一种基本形式加以规范化和普遍化，增进上下左右的沟通，增强透明度，减少不同利益群体之间的摩擦与冲突。在各利益群体中建立健全党团组织、工会组织等，为群体成员的利益表达提供条件，使之通过正当、规范的途径进入公共决策过程。

（2）建立健全利益调节机制。要学会和善于综合运用政策、法律、经济、行政等手段调节利益矛盾；要善于综合运用教育、协商、调解等行之有效的解决利益矛盾的方法，对群众反映的问题，要依法、及时、合理地处理，努力把矛盾解决在基层和萌芽状态。政府在制定相关政策时，也要注意反映和兼顾不同方面群众的利益，既要以最广大人民群众的根本利益为出发点和落脚点，又要高度重视和维护人民群众最现实、最关心、最直接的利益；既要反映大多数群众的要求和呼声，又要兼顾少部分群众的利益，特别是要对社会中的困难群体给予更多的关心和帮助，坚决纠正各种损害群众利益的行为。

（3）建立正确的利益导向机制。要引导人们正确把握利益多样化与人民根本利益一致性的关系、个人利益和集体利益的关系、局部利益与整体利益的关系、当前利益与长远利益的关系，使人们对人民内部不同利益群体之间的矛盾冲突有一个全面的认识，增强主人翁意识和社会责任感，用长远的眼光来看待存在的问题和困难。要引导人们正确认识经济发展水平与利益分配公平程度的关系，使之充分认识到只有经济发展水平提高了，利益分配才有可能体现真正的公平合理，从而把各方力量集中到推动国民经济持续快速健康发展上来。要引导人们树立合法、公平的利益观念，通过正当的途径和方法获取个人利益，在法律允许的范围内和不违反道德规范的前提下获取个人利益，反对不合理、不健康的价值观和利益观。

4.健全社会运行监控体系

（1）建立社会发展监测预警网络体系。一般来说，进行社会发展监测预警，需要做到面面俱到，对社会进行全方位的布控。但是，由于突发公共事件具有较强的破坏性，对国家安全和社会稳定的影响巨大。因此，首先，要明确监测预警的重点，关注危机高发的领域，如突发性重大公共卫生事件，利益失衡引起的罢工、集体上访、示威游行，以及大规模群体事件、重大刑事案件、恐怖活动、宗教及民族冲突等。其次，要建立社会发展监测预警工作机制，可以由政府成立的统一社会治理部门来承担社会发展监测预警中枢机构的职责，会同公安、民政、统计等部门，形成纵横交叉、立体网状式的监测预警工作体系。再次，要建立综合性、多元化、全方位的信息收集网络，使有关信息能够及时传递到体制内部的相应层级，真正起到预警的作用。最后，要注重社会发展监测预警信息的披露，及时预警可能发生的危机事件，便于公众提前做好应对准备；及时公开重大社会问题的原因及处理结果，便于公众了解事件真实情况，防止谣言引起的社会恐慌或动荡。

（2）建立社会发展综合评价指标体系。社会发展综合评价指标体系是根据特定的目的和需要，依据一定的理论原则，从众多的社会指标中选择出有内在联系的、有代表性的重要指标，按照特定的结构有机组合成的指标群或指标集合。它作为一种特定的监测工具和手段，具有系统性、计量性、具体性和时间性等特征，能够量化反映社会运行状况，客观评价社会发展水平，实时监测社会运行中的矛盾和问题。因此，应尽快建立全省统一的、科学合理的社会发展综合评价指标体系，实现社会发展监测、评估的制度化、规范化和科学化。通过动态的评价指标体系，实时跟踪社会运行总体态势，科学预测社会发展未来趋势，提前预警社会危机风险来源，为政府科学制定社会发展计划和政策提供依据，也便于政府对可能发生的危机提前采取应对措施。

5.培养职业化、专业化的社会工作者队伍

社会工作者是社会治理的基础,有高素质的人员才会有高水平的管理。社会工作者的素质和职业化、专业化水平,直接影响社会治理精细化的发展。

要明确各类社会治理者的配备标准,对社区、街道、区、市各级社会治理机构应明确人员配备的数量,特别是要对社区的组成人员、社区服务站的专兼职人员及交叉任职的情况做出具体的、可操作的规定。

要提高社会工作者的专业化水平,对社会工作者实行定期培训,鼓励和引导各类社会工作者参加国家社会工作者职业水平考试。要加强社会工作培训基地建设,依托部分高校和社会工作服务机构,建立一批示范性培训基地,积极组织开展各种形式的社会工作专业培训。要鼓励引导社会工作专业毕业生面向社会工作一线就业,严把社会工作机构进人关,大量吸纳受过系统教育的专业人员进入社工队伍,逐步替代非专业人士充实专业社工岗位,从而促进社会工作者知识结构的优化,打造出一支专业化、职业化的社工队伍。

6.加强信息化建设

传统模式下的工作手段已不能适应越来越高的工作要求,必须寻求更加科学现代的手段进行基层社会治理,加强和革新社会治理服务模式,对整个基层社会治理服务体系进行全方位创新。在这当中,电子信息网络技术的发展和应用,为社会治理提供了更加高效、公正、透明的服务手段,为基层社会治理服务创新提供了技术支持和运行保障。

电子信息技术无疑是实现社会治理创新的重要手段，这也给电子化环境建设带来了进一步发展的历史机遇。借助社会治理创新这股东风，要提前谋划电子化环境建设，建立健全领导组织体系，加大人力、财力、物力的投入，科学合理制定与社会治理创新相适应的实施方案，切实有效建设以符合善治为价值取向的社会治理要求的电子化行政环境，并以之为手段，推动社会治理体系中各个层次的改革创新，加强社会治理服务功能，不断加强统筹、政治、文化等各方面的有效建设，不断提高社会治理科学化水平和民主化水平，促进社会公平和稳定，为构建社会主义和谐社会创造更加良好的社会条件。今后一段时期，特别要注重信息化技术在农村地区的推广应用。

建立社区技术信息数据库是当前提升社会治理水平的重要途径。通过社区基础信息数据库，社区自治组织积极开展与居民利益密切相关的公共事务和公益事业，例如宣传宪法、法律、法规和国家的政策，维护居民的合法权益，教育居民履行依法应尽的义务，爱护公共财产，维护社区治安、环境、卫生，开展多种形式的社会主义精神文明建设活动；协助人民政府或者它的派出机关做好计划生育、优抚救济、青少年教育等工作；向人民政府或者它的派出机关反映居民的意见、要求和提出建议。同时，代表居民行使当家做主的权利，并参与社区管理的各项事务，成为社区资源的整合者，从社区建设和管理的要求出发，把社区相关管理与服务主体各方面的资源进行整合，协调它们之间的关系，并监督它们的工作，使它们共同管理和服务社区居民。

当前和今后一个时期，山西将继续加快推进社会治理现代化，坚持和发展"枫桥经验"，着重解决影响国家安全、社会安定、人民安宁的重大风险问题，不断提升社会治理的社会化、法治化、智能化、专业化水平，积极探索体现中国特色、时代特征的社会治理新模式，形成共建共治共享的现代社会治理新格局，不断提升治理能力和治理水平。

参考文献

[1] 山西省地方志办公室.山西省志[M].北京：中华书局，2013.

[2] 山西省地方志办公室.山西通志[M].北京：中华书局，1996.

[3] 山西省统计局.山西省统计年鉴[M].北京：中国统计出版社，1983—2018.

[4] 山西省地方志办公室.山西年鉴[M].太原：山西人民出版社，1993、1994、1996、1999.

[5] 喻厚伟.城镇化与消费文化变迁[M].北京：社会科学文献出版社，2017.

[6] 山西省统计局.改革开放40年山西经济社会发展成就系列报告[R].2018.

[7] 陈跃.中华人民共和国成立以来中国共产党就业政策与实践研究[M].北京：人民出版社，2011.

[8] 赖德胜，李长安，张琪.中国就业60年：1949—2009[M].北京：中国劳动社会保障出版社，2010.

[9] 牛仁亮.辉煌山西60年[M].北京：中国统计出版社，2009.

[10]《山西四十年》编辑委员会.山西四十年：1949—1989[M].北京：中国统计出版社，1989.

[11] 山西省统计局.数说山西改革开放40年(内部出版)，2018.

[12] 赵满华.民生视角下山西就业问题研究[M].北京：经济科学出版社，2014.

[13] 张小建.民生之本：为实现劳动者充分就业而奋斗[M].北京：中国劳动社会保障出版社，2011.

[14] 莫荣.中国积极就业政策：形成、发展和完善[M].北京：社会科学文献出版社，2015.

[15] 山西省民政厅养老服务处.养老政策法规汇编（2003—2008年）.

[16] 涂玉华.城乡统筹背景下的中国养老保障制度发展问题研究[M].成都：西南财经大学出版社，2014.

[17] 宋晓梧.中国社会体制改革30年回顾与展望[M].北京：人民出版社，2008.

[18] 杨燕绥.中国老龄社会与养老保障发展报告（2013）[M].北京：清华大学出版社，2014.

[19] 马桑.中国基本养老保障一体化建设研究[M].北京：人民出版社，2014.

[20] 国务院发展研究中心社会部课题组.养老服务体系发展的国际经验与中国实践[M].北京：中国发展出版社，2019.

[21] 周爱民，姜耀辉，田利.中国养老保障制度的发展和发展[M].北京：经济科学出版社，2017.

[22] 刘子操.城市化进程中的社会保障问题[M].北京：人民出版社，2006.

[23] 谭克俭.农村养老保障体系构建研究[M].北京：中国社会出版社，2009.

[24] 姚新武，尹华编.中国常用人口数据集[M].北京：中国人口出版社，1994.

[25] 山西省人口普查办公室.世纪之交的中国人口（山西卷）[M].北京：中国统计出版社，2005.

[26] 彭云.中国计划生育全书[M].北京：中国人口出版社，1997.

[27] 山西省史志研究院编.山西通志　人口志[M].北京：中华书局，1999.

[28] 翟振武，张枫.计划生育利益导向机制——广东模式研究[M].北京：中国人口出版社，2008.

[29] 中华人民共和国国家统计局.中国统计年鉴（2017）[M].北京：中国统计出版社，2017.

[30] 翟振武.20世纪50年代中国人口政策的回顾与再评价[J].中国人口科学，2000(1).

[31] 汤兆云.20世纪70年代中国人口政策研究[J].江西社会科学，2003(3).

[32] 梁中堂.中国生育政策研究[M].太原：山西人民出版社，2014.

[33] 中国发展研究基金会.人口形势的变化和人口政策的调整[M].北京：中国发展出版社，2012.

[34] 田雪原.大国之路：21世纪中国人口与发展宏观[M].北京：中国社会科学出版社，2016.

[35] 杨虹.山西高等职业教育取得的成绩问题与对策研究[D].太原：山西大学，2015.

[36] 陈伟.山西产业转型中职业技术教育发展研究[C].北京：中国地质大学，2015.

[37] 李晋.高等职业教育和山西经济发展的实证研究[J].太原大学学报，2003(4).

[38] 刘珊，张正义.论山西高等职业教育的发展[J].太原师范学院学报（社会科学版），2005(4).

[39] 山西省教育厅.山西教育年鉴[M].太原：山西人民出版社，1949—2018.

[40] 中国教育年鉴[M/OL].http://www.moe.edu.cn.

[41] 匡瑛，石伟平.走向现代化：改革开放40年我国职业教育发展之路[J].教育与经济，2018(4).

[42] 陈鹏，王辉.改革开放40年我国职业技术教育学的嬗变和反思[J].职业技术教育，2018(16).

[43] 魏明.改革开放40年我国职业教育课程改革历程审视[J].中国职业技术教育，2018(28).

[44] 信欣.我国中华人民共和国成立初期职业技术教育发展探析[J].厦门城市职业学院学报，2012(9).

[45] 刘文杰.中华人民共和国成立70年我国职业教育发展回顾与前瞻[J].内蒙古社会科学，2019(3).

[46] 于海侠，杨云龙.对改革开放40年来我国高等职业教育政策变迁的认识与思考[J].职业教育研究，2019(2).

[47] 祁占勇，李莹.改革开放40年来我国高等教育政策的演进逻辑与理性选择[J].高等教育研究，2018（4）.

后　记

2019年，中华人民共和国成立70周年了。这是我们国家的大事喜事。为全面深刻反映中华人民共和国70年的辉煌成就和重大变革，山西省社会科学院（山西省人民政府发展研究中心）党组研究并编撰《中华人民共和国成立70周年山西发展丛书》，目的就是从经济结构变化、社会发展变迁、能源经济发展、区域发展进步、重大发展成就、口述山西发展等方面进行叙述和阐述，以70年来山西的成就和变革来反映祖国的繁荣昌盛和人民的幸福安康，来向祖国70华诞献礼。院（中心）党组书记、院长杨茂林统筹组织经济所、能源所、社会所、历史所、信息内刊部、思维所的科研力量，集中研究攻关，统编全书和审定书稿，撰写总序和改定后记；景世民、张文丽、韩东娥、王云珠、高专诚、李小伟、高春平、冯素梅、崔云朋、贾步云、刘晓丽等以高度的责任心和使命感，带领科研人员夜以继日，辛勤劳作，历时半载，终成丛书，为庆祝中华人民共和国70华诞献上绵薄之力。这套丛书凝聚着我院（中心）科研人员的心血，凝集着对伟大祖国的热爱，充满着对祖国发展进步的自豪。这项工作得到山西省委宣传部大力支持，夏祯副部长全力支持研究工作，并推动这套丛书成为省级重大图书出版项目。

《山西社会发展变迁》作为丛书之一，全面系统地记录了70年来山西社会领域发展变迁的历史脉络、重大事件和辉煌成就，进一步弘扬了改革创新精神，将为开创山西美好未来、促进山西社会发展提供源源不断的动力支撑。本书是科研人员集体研究成果，具体分工如下：高专诚、李小伟负责框架设计；李小伟负责撰写总论、专题四、专题七；安培培负责撰写专题一；柏婷负责撰写专题二；张雪莲负责撰写专题三；韩淑娟负责撰写专题五；高瑞负责撰写专题六。

本书在写作过程中，得到了山西省统计局、山西省民政厅、山西省人力资源和社会保障厅、山西省卫生健康委员会等相关部门，以及山西人民出版社的大力支持，在此表示诚挚谢意！

由于山西社会发展涉及内容广泛，本书在撰写中难免挂一漏万，加之作者水平有限，书中尚有不足，惠请读者指正！

编者

2019年12月